2014

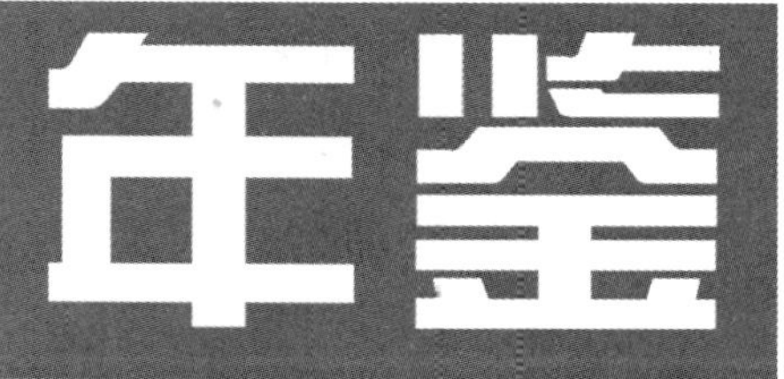

太原统计年鉴

TAIYUAN STATISTICAL YEARBOOK

太原市统计局编

中国统计出版社
China Statistics Press

图书在版编目(CIP)数据

太原统计年鉴. 2014 / 太原市统计局编. -- 北京 : 中国统计出版社, 2014.7
ISBN 978-7-5037-7109-5

Ⅰ. ①太… Ⅱ. ①太… Ⅲ. ①统计资料 – 太原市 – 2014 – 年鉴 Ⅳ. ①C832.251–54

中国版本图书馆 CIP 数据核字(2014)第 129329 号

太原统计年鉴–2014

作　者 / 太原市统计局
责任编辑 / 陈越月
装帧设计(或封面设计) / 崔　晰
出版发行 / 中国统计出版社
地　址 / 北京市丰台区西三环南路甲 6 号　邮政编码 / 100073
电　话 / 邮购(010)63376909　书店(010)68783171
网　址 / http://csp.stats.gov.cn
印　刷 / 太原市中远新印刷有限公司
经　销 / 新华书店
开　本 / 880mm×1230mm　1/16
字　数 / 1000 千字
印　张 / 21.5 印张
版　别 / 2014 年 7 月第 1 版
版　次 / 2014 年 7 月第 1 次印刷
定　价 / 400 元

如有印装差错，由本社发行部调换。

太原统计年鉴2014

编委会和编辑出版人员

编 者 说 明

一、《太原统计年鉴》收录了全市和各县(市、区)经济、社会各方面的统计数据,是一部统计信息密集、综合性强、全面反映太原市国民经济和社会发展情况的资料性年刊。

二、全书内容共分15个篇章,即:1.综合;2.人口、计划生育和社会治安;3.从业人员和劳动报酬;4.固定资产投资、建筑业;5.能源消费与库存;6.物价指数;7.城镇居民住户调查;8.农村住户调查;9.公用事业;10.农业;11.工业、交通运输和邮电;12.国内外贸易和旅游;13.财政、金融、税务和保险;14.科教、文卫、体育和民政;15.县(市、区)经济概况。

三、本年鉴总量指标计算所采用的价格,除注明外均为当年价格。

四、本年鉴资料主要来自年度统计报表、抽样调查和业务部门统计年报。

五、本年鉴表中符号使用说明:

“空格”表示该项统计数据不详、不足计量单位或无。

“#”表示其中主要项。

六、读者在使用历史资料时,凡与本年鉴有出入的,均以本年鉴为准。

七、本年鉴中部分数据合计数由于单位取舍不同而产生的计算误差,均未作机械调整。

八、本年鉴出版发行,受到社会各界的关心和支持,对此深表谢意。并欢迎提出宝贵意见。

太原市概况

太原，古称晋阳、并州。国土面积6988平方公里，建成区面积354平方公里，常住人口427.77万人。现辖6区3县1市和2个国家级开发区、3个省级开发区。

太原是国家历史文化名城，始建于公元前497年的春秋时期，具有2500多年建城史，曾是九个独立王朝的国都或陪都，素有“龙城”之美誉。从春秋战国的军事重镇，到李渊父子起兵建唐的“龙兴之地”，从北朝、五代华夏民族融合的地域中心，到晋商叱咤明清的商贸都会，悠久的历史孕育出太原深邃璀璨的晋阳文化，产生过李世民、武则天、狄仁杰和王之焕、元好问、罗贯中等杰出的政治家和伟大的文学艺术家，留下了晋祠、蒙山大佛、双塔寺等弥足珍贵的文物旅游资源。太原是晋商之都，历史上一直是我国北方重要的商业、手工业城市，也是晋商的发源地和传统晋商活动的中心。太原是国家重要的工业基地，产业基础雄厚，工业门类齐全，特别是装备制造业具有传统优势，是国家不锈钢、铝镁合金、重矿设备、重型汽车、铁路装备生产基地。太原是山西省国家资源型经济转型综合配套改革试验区的中心城市、国家循环经济标准化试点城市、国家创新型试点城市、全国文明创建先进城市。

2013年，太原市全力贯彻党的十八大精神，认真落实中央和省委、省政府的各项决策部署，坚持以转型综改试验先导区建设为统领，以提高经济增长质量和效益为中心，积极应对挑战，奋力克难攻坚，努力推动经济社会协调发展。全年完成地区生产总值2412.87亿元，增长8.1%；财政总收入495.57亿元，增长9.0%；公共财政预算收入247.33亿元，增长14.7%；城镇居民人均可支配收入24000元，增长11.0%；农民人均纯收入11288元，增长12.0%，率先转型跨越发展、建设一流省会城市迈出坚实步伐。

太原市2013年国民经济和社会发展统计公报

太原市统计局　国家统计局太原调查队

2014年3月18日

2013年，在市委、市政府的坚强领导下，全市上下深入贯彻党的十八大精神，认真落实中央和省的各项决策部署，坚持以转型综改试验先导区建设为统领，以提高经济增长质量和效益为中心，全市经济总体呈现出“稳中有进、稳中提质”的运行态势，各项社会事业取得新进展，人民生活水平不断提升，率先转型跨越、一流省会城市建设迈出坚实步伐。

一、综合

经济增长：初步统计，全市实现地区生产总值（GDP）2412.87亿元，比上年增长8.1%。其中：第一产业增加值38.73亿元，增长3.2%；第二产业增加值1052.08亿元，增长10.6%；第三产业增加值1322.06亿元，增长6.1%。第三产业中，交通运输、仓储和邮政业增加值180.12亿元，增长8.1%；批发零售和住宿餐饮业增加值465.18亿元，增长6.2%；金融业增加值253.11亿元，增长8.8%。

人均地区生产总值56547元，比上年增长7.6%，按2013年平均汇率计算达到9130美元。

图1　2009-2013年地区生产总值

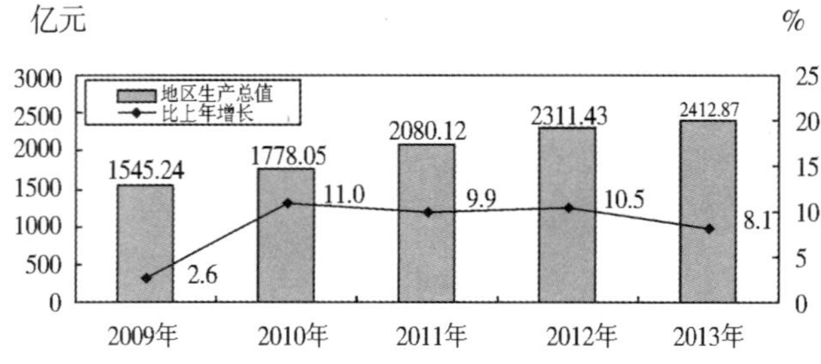

产业结构：三次产业比重为1.6%、43.6%、54.8%，分别拉动经济增长0.1、4.8和3.2个百分点。与上年相比，第一产业比重持平，第二产业比重下降1.2个百分点，第三产业比重提高1.2个百分点。

财政：全市公共财政预算收入247.33亿元，增长14.7%。其中：税收收入207.33亿元，增长20.3%，国内增值税、营业税、企业所得税、个人所得税、资源税和城建税共计完成税收153.84亿元，增长10.7%。

图2　2009-2013年公共财政预算收入

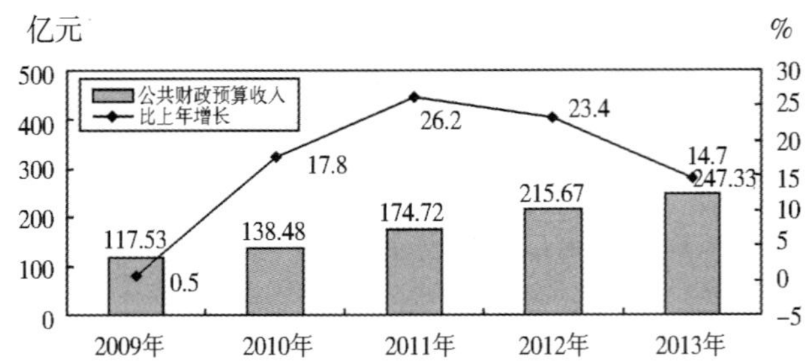

全年公共财政预算支出319.11亿元，比上年增长15.0%。其中教育、医疗卫生、社会保障和就业、住房保障、交通运输、节能环保、城乡社区事务等民生支出264.55亿元，增长16.2%，占全市公共财政预算支出的82.9%。

物价：居民消费价格总水平（CPI）比上年平均上涨3.1%。其中：食品价格上涨5.5%，非食品价格上涨2.0%；消费品价格上涨2.8%，服务项目价格上涨3.7%。商品零售价格总水平平均上涨1.3%。工业生产者出厂价格（PPI）下降8.4%。工业生产者购进价格下降4.8%。

图3　2009-2013年价格指数走势图

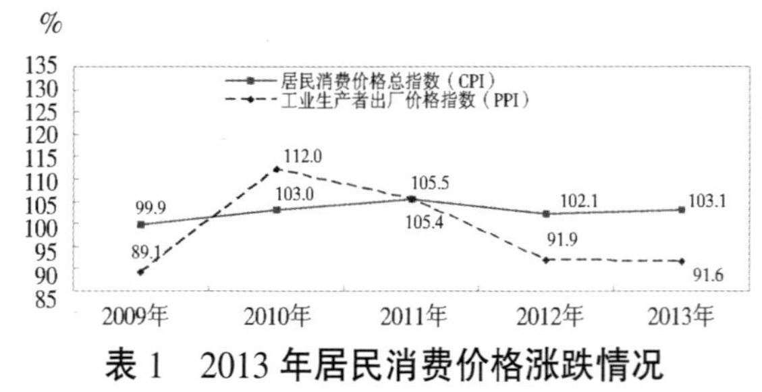

表1　2013年居民消费价格涨跌情况

指　标	比2012年涨(跌)(%)
居民消费价格总指数	3.1
食　品	5.5

指　　标	比 2012 年涨(跌)(%)
烟　酒	0.9
衣　着	0.9
家庭设备用品及维修服务	3.8
医疗保健和个人用品	1.4
交通和通信	-0.8
娱乐教育文化用品及服务	3.9
居　住	2.7

就业：年末全市从业人员 200.96 万，其中：城镇从业人员 151.87 万人，农村从业人员 49.39 万人。城镇新增就业 10.70 万人，其中创业带动就业 2.49 万人。4.77 万名下岗失业人员实现再就业，其中就业困难人员再就业 1.23 万人。年末城镇登记失业率 3.35%。

二、农业

种植面积：全年农作物种植面积 107.18 千公顷，比上年减少 1.70 千公顷。粮食种植面积 80.48 千公顷，比上年减少 1.29 千公顷。其中：夏粮种植面积 0.35 千公顷，秋粮种植面积 80.13 千公顷。蔬菜种植面积 21.78 千公顷，药材种植面积 0.83 千公顷。

表 2　2013 年主要农产品产量

产品名称	产量(吨)	比 2012 年增长(%)
粮　食	327786	2.6
其中：夏　粮	2045	-56.0
秋　粮	325741	3.5
其中：小　麦	2045	-56.0
玉　米	286894	4.8
马铃薯	10516	8.7
油　料	3056	5.2
棉　花	52	-53.2
蔬　菜	1272343	-1.2
水　果	51145	-27.7

造林：全年造林面积 35.94 万亩。零星植树 1200 万株。新增育苗面积 1.68 千公顷。

畜禽及水产品产量：年末大牲畜存栏 4.13 万头，猪出栏 41.82 万头。肉类产量 5.02 万吨，禽蛋产量 2.73 万吨，牛奶产量 9.54 万吨。水产品养殖面积 2.39 千公顷，水产品产量 2787 吨。

农机及化肥施用：年末全市农业机械总动力 133.60 万千瓦。全年农用化肥施用量（折纯）28966 吨。

三、工业和建筑业

工业：规模以上工业企业 460 家，比上年增加 20 家。规模以上工业增加值 770.94 亿元，增长 10.1%。

图 4　2009-2013 年规模以上工业增加值

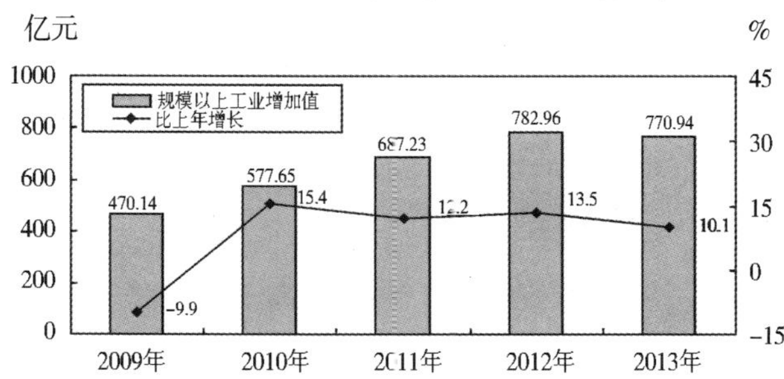

中央企业增加值 125.06 亿元，增长 10.3%；省属企业增加值 302.54 亿元，增长 7.6%；市属及以下企业增加值 343.34 亿元，增长12.6%。

表 3　2013 年规模以上工业增加值分类

指　　标	增加值(亿元)	比 2012 年增长(%)
规模以上工业企业	770.94	10.1
其中：轻工业	76.05	5.4
重工业	694.89	10.6
其中：国有控股企业	444.18	7.8
其中：国有企业	27.55	8.7
集体企业	3.23	-11.2
股份合作企业	0.09	13.9
股份制企业	521.04	6.1
外商及港澳台商投资企业	209.23	22.6
其他经济类型企业	9.80	21.9

占全市规模以上工业增加值 83.9%的十大行业中，增加值比上年增长的有 7 个。

表 4　2013 年规模以上工业十大行业增加值

行　　业	增加值(亿元)	比 2012 年增长(%)
计算机、通信和其他电子设备制造业	196.25	26.1
黑色金属冶炼及压延加工业	148.19	19.0
煤炭开采和洗选业	136.33	-2.6
烟草制品业	32.49	10.1
石油加工、炼焦业	31.92	2.5
通用设备制造业	26.94	-1.7
燃气生产和供应业	19.02	25.0
电力、热力生产和供应业	18.92	6.7
专用设备制造业	18.63	-18.5
交通运输设备制造业	17.79	5.6

新兴接替产业增加值 418.52 亿元，增长 12.4%，占全市规模以上工业增加值的 54.3%。其中：装备制造业增加值 289.73 亿元，增长 14.9%，占全市规模以上工业增加值的 37.6%。

图5 2012年、2013年
工业新兴接替产业、传统产业比重图

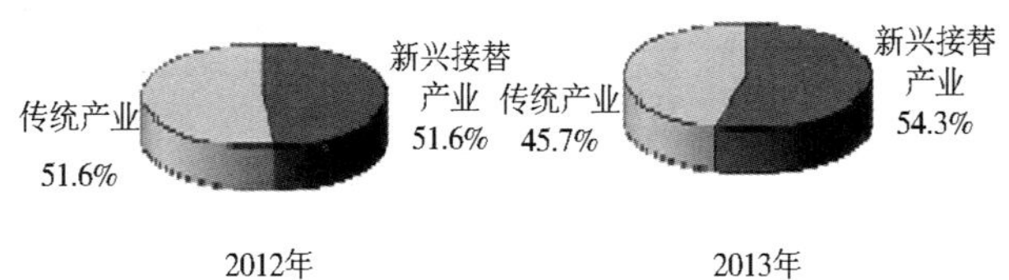

表5 2013年规模以上工业装备制造业增加值

行业	增加值（亿元）	比2012年增长（%）
装备制造业	289.73	14.9
计算机、通信和其他电子设备制造业	196.25	26.1
通用设备制造业	26.94	−1.7
专用设备制造业	18.63	−18.5
交通运输设备制造业	17.78	5.6
仪器仪表制造业	16.15	−2.8
金属制品业	7.11	−7.5
电气机械和器材制造业	6.27	11.0
汽车制造业	0.60	−29.8

煤炭、钢铁、炼焦、电力等传统行业增加值352.42亿元，增长7.8%，占全市规模以上工业增加值的45.7%。其中：占比19.2%的钢铁行业增加值增长19.0%，占比17.7%的煤炭行业增加值下降2.6%，占比3.7%的炼焦行业增加值增长5.6%，占比2.2%的电力行业增长6.7%。

表6 2013年规模以上工业企业主要产品产量

产品名称	单位	产量	比2012年增长（%）
原煤	万吨	3711.47	2.3
洗煤	万吨	2940.80	−2.0
发电量	亿千瓦小时	279.25	−4.2
食醋	万吨	45.47	−1.0
白酒（折65度）	千升	4920.71	−47.6
碳酸饮料	万吨	15.53	14.9
卷烟	亿支	158.50	1.6
家具	万件	2.79	4.9
机制纸及纸板	万吨	9.74	9.7
焦炭	万吨	1136.15	0.6
氢氧化钠（折100%）	万吨	3.07	−69.2
橡胶轮胎外胎	万条	166.57	−2.2
子午线轮胎外胎	万条	153.61	−3.7
水泥	万吨	594.74	−5.8
生铁	万吨	698.58	−0.1
粗钢	万吨	977.76	4.4
不锈钢	万吨	322.56	3.9
钢材	万吨	939.37	6.2
金属镁	万吨	2.03	−0.4
金属切削机床	台	466.00	−32.8
数控机床	台	108.00	−7.7
起重机	万吨	5.72	0.4
采矿设备	万吨	10.00	−29.9
金属轧制设备	万吨	7.48	16.7

注：发电量为全社会口径。

规模以上工业主营业务收入3444.77亿元，增长2.8%。利税总额110.63亿元，下降12.1%。利润总额12.13亿元，下降44.0%。亏损企业亏损额50.47亿元，增长1.8%。

建筑业：具有建筑业资质等级的总承包和专业承包建筑业企业总产值1961.17亿元，增长22.5%；利税总额115.83亿元，增长22.4%；利润总额55.87亿元，增长22.4%；上缴税金59.96亿元，增长22.4%。

四、固定资产投资

固定资产投资：全年固定资产投资1670.74亿元，比上年增长26.5%。其中：中央项目投资111.57亿元，下降10.3%；省属项目投资349.03亿元，增长20.2%；市属及以下项目投资1210.14亿元，增长33.6%。

图6 2009-2013年固定资产投资

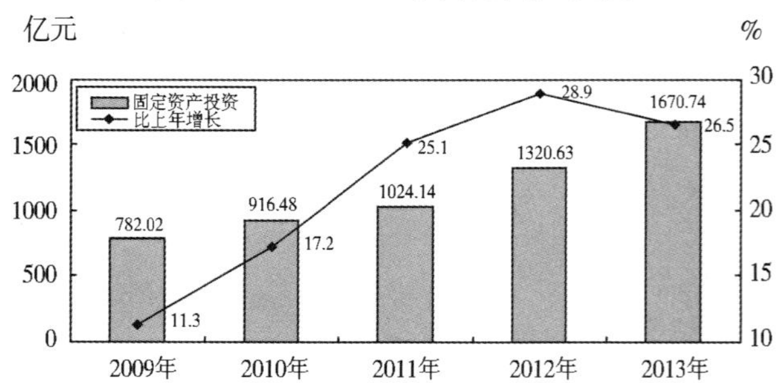

分产业看，第一产业投资25.31亿元，增长44.5%；第二产业投资531.52亿元，增长21.9%。其中：工业投资525.78亿元，增长22.4%；第三产业投资1113.91亿元，增长28.4%。三次产业投资比重为1.5%、31.8%和66.7%。

工业投资中，非煤产业投资428.24亿元，增长26.7%，占工业投资的比重达到81.4%。新兴接替产业投资279.86亿元，增长25.7%，占工业投资的比重达到53.2%。

分经济类型看，国有投资932.30亿元，增长44.9%；非国有投资738.44亿元，增长9.0%，其中：民间投资713.90亿元，增长12.5%。

表 7　2013 年分行业固定资产投资额

指　　标	投资额（万元）	比 2012 年增长（%）
总　计	16707390	26.5
农、林、牧、渔业	253077	44.5
采矿业	1052903	6.3
制造业	3342187	31.2
电力、热力、燃气及水的生产和供应业	862724	13.6
建筑业	57428	-7.1
批发和零售业	195648	-26.2
交通运输、仓储和邮政业	577682	-44.6
住宿和餐饮业	77446	-7.9
信息传输、软件和信息技术服务业	265341	3.1
金融业	3025	210.3
房地产业	6358489	14.5
房地产开发投资	4299194	17.9
租赁和商务服务业	152307	132.6
科学研究和技术服务业	85303	-37.0
水利、环境和公共设施管理业	2920743	248.0
居民服务和其他服务业	50097	40.2
教育	179105	24.8
卫生和社会工作	74702	-16.7
文化、体育和娱乐业	47432	-28.6
公共管理和社会组织	151751	67.1

全年在建固定资产投资项目 1335 个。其中：5 亿元以上项目 137 个，计划总投资 2500.93 亿元，完成投资 631.93 亿元，占全市固定资产投资的比重为 37.8%；10 亿元以上项目 67 个，计划总投资 2020.43 亿元，完成投资 496.82 亿元，占全市固定资产投资的比重为 29.7%。

房地产开发：全年房地产开发投资 429.92 亿元，比上年增长 17.9%。住宅投资 309.97 亿元，增长 19.1%，其中：90 平方米以下住房投资 73.94 亿元，占住宅投资的比重为 23.9%；商业营业用房投资 50.57 亿元，增长 23.0%。全年商品房竣工面积 226.17 万平方米，商品房销售额 295.21 亿元。

五、能源

能源生产：全市一次能源生产折标准煤 2651.10 万吨，比上年增长 3.4%；二次能源生产折标准煤 4368.20 万吨，增长 0.7%。

能源投资：能源工业投资 172.87 亿元，比上年增长 9.9%。其中：煤炭工业投资 97.54 亿元，增长 6.5%；焦炭工业投资 1.70 亿元，下降 41.3%；电力工业投资 21.15 亿元，增长 8.1%。

国内首个反映产地煤炭市场价格的“太原指数”正式上线。

用电：全年全社会用电量 247.43 亿千瓦小时，下降 0.2%。其中：农业用电 1.74 亿千瓦小时，增长 2.6%；工业用电（含电厂自用电）175.02 亿千瓦小时，下降 3.5%；建筑业用电 3.46 亿千瓦小时，增长 4.6%；第三产业用电 34.73 亿千瓦小时，增长 7.8%；城乡居民生活用电 28.56 亿千瓦小时，增长 10.9%，城乡居民人均生活用电 667.65 千瓦小时。万元 GDP 电耗 1059.79 千瓦小时，下降 7.7%。

六、国内贸易

消费品零售：全年社会消费品零售总额 1281.46 亿元，比上年增长 13.5%。其中：城镇消费品零售额 1255.53 亿元，增长 13.2%；乡村消费品零售额 25.93 亿元，增长 25.7%。

表 8　2013 年社会消费品零售总额

指　　标	零售额（亿元）	比 2012 年增长（%）
社会消费品零售总额	1281.46	13.5
分地域：城　镇	1255.53	13.2
其中：城　区	1183.63	13.0
乡　村	25.93	25.7
分行业：批发业	60.95	8.4
零售业	1142.46	16.1
住宿业	10.53	-9.6
餐饮业	67.52	-12.7

图 7　2009-2013 年社会消费品零售总额

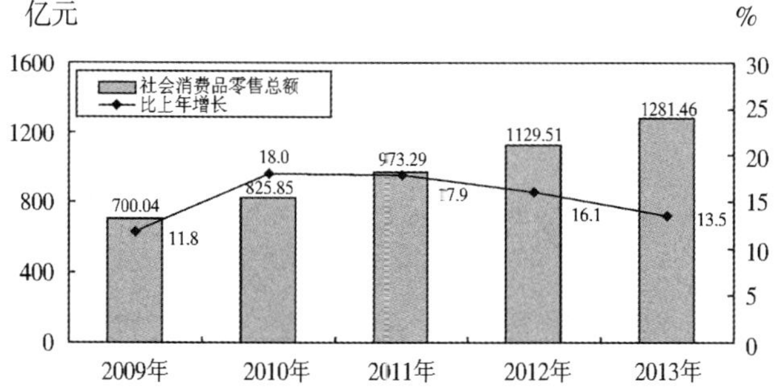

限额以上贸易企业零售额 814.13 亿元，比上年增长 7.4%，占社会消费品零售总额的 63.5%。

表 9　2013 年限额以上批发零售业商品零售类值

指　　标	零售额（万元）	比 2012 年增长（%）
汽车类	3049701	5.4
石油及制品类	943389	9.0
文化办公用品类	63436	14.2
通讯器材类	62598	-5.7
家用电器和音像器材类	524724	31.1
中西药品类	452298	33.2
建筑及装潢材料类	7536	10.4
日用品类	158142	10.4
家具类	6360	-3.6

指　标	零售额（万元）	比 2012 年增长（%）
粮油、食品、饮料、烟酒类	866369	15.3
服装类	829475	19.0
化妆品类	83785	15.8
金银珠宝类	249079	39.2

七、对外经济

进出口贸易：全年外贸进出口总额 91.63 亿美元，比上年增长 8.2%。其中：出口额 52.95 亿美元，增长 24.8%；进口额 38.68 亿美元，下降 8.5%。

图 8　2009-2013 年外贸进出口总额

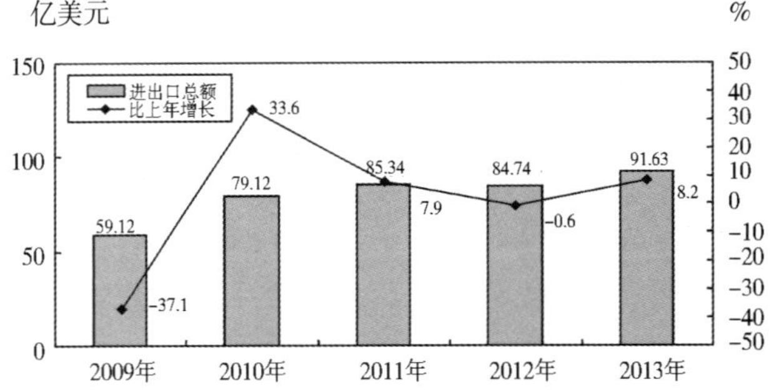

出口商品中，煤炭、焦炭、金属镁分别为 1.58 亿美元、1.01 亿美元、0.90 亿美元，占出口额的 6.6%。不锈钢材、机电产品分别为 8.86 亿美元、35.89 亿美元，占出口额的 84.5%。

表 10　2013 年外贸进口总额

指　标	绝对数（亿美元）	比 2012 年增长（%）
进出口总额	91.63	8.2
出口额	52.95	24.8
其中：一般贸易	13.66	-10.0
加工贸易	38.22	44.1
其中：机电产品	35.89	50.1
高新技术产品	30.47	72.1
其中：国有企业	16.05	-9.9
外商投资企业	30.93	71.1
进口额	38.68	-8.5
其中：一般贸易	22.92	-15.2
加工贸易	15.53	9.3
其中：机电产品	14.94	6.5
高新技术产品	7.71	-8.3
其中：国有企业	22.59	-8.2
外商投资企业	8.79	-10.4

注：高新技术产品和机电产品分类有交叉。

有贸易往来的国家和地区 151 个。年进出口额在千万美元以上的国家和地区 52 个，比上年增加 4 个。

招商引资：全年新设立外商投资企业 18 家。实际利用外商直接投资额 9.44 亿美元，增长 20.7%。武宿综合保税区封关运行。

八、交通、邮电和旅游

交通运输：年末全市公路线路里程累计达到 7317 公里，其中高速公路 288 公里。公路密度 104.7 公里/百平方公里。

表 11　2013 年铁路、公路、航空运输量与周转量

指　标	单　位	绝对数	比 2012 年增长(%)
货物运输量	万吨	15342.45	7.9
铁　路	万吨	4239.01	-7.5
公　路	万吨	11099.00	15.2
航　空	万吨	4.44	5.0
货物周转量	百万吨公里	42328.05	-1.2
铁　路	百万吨公里	29231.52	-7.2
公　路	百万吨公里	13096.53	15.2
旅客运输量	万人次	5530.44	3.2
铁　路	万人次	2523.08	-0.5
公　路	万人次	2227.00	4.0
航　空	万人次	780.36	14.5
旅客周转量	百万人公里	12278.56	-0.5
铁　路	百万人公里	6345.66	-5.2
公　路	百万人公里	5932.90	5.0

注：铁路运输为太原地区口径。

年末全市民用汽车保有量 89.50 万辆，比上年末增长 13.5%，其中私人汽车 75.65 万辆，增长 16.5%。本年新注册汽车 13.60 万辆，增长 2.7%。年末轿车保有量 53.08 万辆，增长 17.5%，其中私人轿车 47.95 万辆，增长 19.0%；本年新注册轿车 8.58 万辆，增长 3.0%。

邮电：全年邮电业务总量 79.61 亿元，比上年增长 3.1%，其中：邮政业务总量 5.21 亿元，下降 2.4%；电信业务总量 74.40 亿元，增长 3.5%。年末市话到达 120.15 万户。农话到达 6.04 万户。移动电话用户 726.22 万户，其中：3G 移动电话用户 236.76 万户。全市固定及移动电话用户总数达到 852.41 万户。每百人拥有电话 199 部，其中：固定电话和移动电话普及率分别达到 29 部/百人和 170 部/百人。计算机互联网用户 143.48 万户，净增加 8.55 万户，其中：宽带网用户 133.12 万户，增加 9.73 万户。

旅游：全市接待海内外游客 3691.33 万人次，比上年增长 23.7%。其中：国内游客 3644.73 万人次，增长 23.9%；海外游客 46.60 万人次，增长 10.3%。海外游客中：外国人 32.74 万人次，香港同胞 7.94 万人次，澳门同胞 0.87 万人次，台湾同胞 5.05 万人次。全年旅游总收入 430.90 亿元，增长 21.2%。其中：国内旅游收入 413.52 亿元，增长 21.7%；旅游外汇收入 2.76 亿美元，增长 12.9%。

九、金融和保险

金融：年末全市金融机构本外币各项存款余额

9948.51 亿元，比年初增长 10.8%；本外币各项贷款余额 7222.35 亿元，增长 11.8%。

人民币各项存款余额 9819.68 亿元，增长 10.3%，其中：个人储蓄存款余额 3307.99 亿元，增长 9.4%；人民币各项贷款余额 7111.87 亿元，增长 11.4%。人民币贷款中，中长期贷款余额 4416.14 亿元，增长 9.2%；短期贷款余额 2394.45 亿元，增长 17.8%。

保险：全年原保险保费收入 97.55 亿元，增长 6.6%。其中：寿险业务保费收入 52.91 亿元，增长 0.4%；健康险业务保费收入 6.01 亿元，增长 19.7%；意外伤害险业务保费收入 2.34 亿元，增长 15.3%；财产险业务保费收入 36.28 亿元，增长 14.2%。

支付各类赔款及给付 35.29 亿元，增长 39.1%。其中：寿险业务给付 13.99 亿元，增长 61.9%；健康险业务赔款及给付 2.24 亿元，增长 43.2%；意外伤害险业务赔款 0.57 亿元，增长 11.2%；财产险业务赔款 18.50 亿元，增长 26.2%。

十、城市建设

基础设施建设：完成汾东新区、晋阳新区、西山生态景观区、城中村和棚户区改造等 30 余项编制规划，组织完成“一环两路”等城市主要干道综合设计。新建改造府东府西街、并州路、太茅路、西渠路等道路 105 条，总长 196 公里。轨道交通 2 号线一期工程首开段正式开工。城市中环路建成使用，主线全长 48.46 公里。50 个城中村实施改造，11 个城中村完成整村拆除。全年城市基础设施建设投资 357.27 亿元，增长 1.4 倍。推进城市管理的信息资源整合，建立网格化数字城管系统，列入首批国家智慧试点城市。

年末全市天然气供气总量 55438 万立方米。集中供热面积 12003 万平方米，集中供热扩网 2148 万平方米。扎实推进国家“公交都市”示范城市建设，年末城市公交运营车辆 2824 辆，其中：公共汽车 2691 辆，电车 133 辆。公交运营线路网长度 3814 公里，年客运量 2.13 亿人次。新增加气站 4 座。新增公共自行车服务点 628 个，投放自行车 2.2 万辆，单车周转率和单日租车量均居全国第一。

城市绿化：实施中环路、府东府西街、并州路等 39 项园林绿化重点工程。创建省级园林单位 6 个，省级园林小区 4 个，省级园林道路 2 条，省级星级公园 5 个。全市共有综合性公园 31 个，专类公园 11 个，带状公园 4 个，街头游园 128 个，社区游园 42 个，街旁绿地 47 块。建成区绿化覆盖面积达到 12762 公顷，园林绿地面积 11190 公顷，公园绿地面积 3617 公顷。建成区绿化覆盖率 39.88%，绿地率 34.97%，人均公园绿地面积 10.96 平方米。

十一、教育和科学技术

教育：年末共有普通高等院校 44 所（其中高职院校 23 所），普通中等专业学校 32 所，成人中等专业学校 11 所，职业高中学校 15 所，普通中学 226 所，小学 543 所，幼儿园 608 所。

表 12　2013 年各类教育学生数

指　　标	招生(人)	在校生(人)	毕业生(人)
研究生	7704	22658	6479
普通高等教育	120022	378728	99379
中等职业教育	32616	120481	44906
普通高中	29357	88514	28835
普通初中	43784	134307	50960
普通小学	46148	254414	46477
特殊教育	135	993	147
学前教育	43688	113446	36945

全市学前三年毛入园率 95.1%。小学学龄儿童入学率，初中生入学率、巩固率均达到国家标准。2013 年我市高考一本、二本达线率和录取率在全省继续名列前茅。

科学技术：组织开展“百院百企”、“百校百企”科技合作对接活动，全年技术市场共登记技术合同 452 项，成交金额 15.2 亿元。研究与试验发展（R&D）经费支出 79.5 亿元，比上年增长 12.0%，占地区生产总值的比重为 3.3%。国家认定企业技术中心 11 家，省级企业技术中心 58 家。年末累计认定高新技术企业 174 家。全年鉴定 255 项科技成果，获得国家科技奖励 3 项。全年核定申请专利 7926 件，比上年增加 779 件。每 10 万人专利申请数 185 项，比上年增加 17 项。规模以上工业高新技术产业增加值 264.07 亿元，增长 6.3%，占地区生产总值的比重为 10.9%。

十二、文化、卫生和体育

文化：年末全市共有专业、具备规模的民营艺术表演团体 17 个。群艺文化馆 12 个，博物馆 11 个。公共图书馆馆藏图书 659.11 万册。国家综合档案馆 12 个，馆藏档案资料 128.70 万卷（件、册）。广播节目 12 套，电视节目 18 套。有线广播电视用户 105.77 万户（其中数字电视用户 100.47 万户），有线电视入户率 96.2%。广播人口覆盖率 99.9%，电视人口覆盖率 100%。城乡公共文化基础设施建设加强，“三馆一站”免费开放，太原美术馆建成投入使用。开展“文化精品惠民基层行”活动，农村公益电影放映实现全覆盖。全年荣获国家级奖 30 项、省级奖 32 项，晋剧《傅山进京》荣获第八届全国戏剧文化奖“原创剧目大奖”和“表演大奖”等 9 个奖项。新编现代晋剧《上马街》荣获山西省“五个一工程”奖。舞蹈《回娘家》荣获第十届中国艺术节“群星奖”。年末共列入国家级非物质文化遗产保护项目 16 项、省级保护项目 67 项、市级保护项目 115 项。

卫生：年末共有卫生机构2638个（不含村卫生室），医疗床位35247张。每千人拥有医疗床位8.2张。各类卫生技术人员47388人，其中：执业（助理）医师18913人，注册护士21056人。每千人拥有医生4.4人。实际参加新型农村合作医疗的农民105.40万人，参合率99.6%。新农合“先住院、后付费”改革经验在全国推广。基本药物制度覆盖到政府办的所有基层医疗卫生机构。

体育：全年太原运动员在国内外大赛中，获得3枚金牌、3枚银牌、4枚铜牌、17个第四至第八名。成功举办2013太原国际马拉松赛、第四届世界大学生龙舟锦标赛、“傅山杯”全国传统武术邀请赛、第十一届全国“篮球城市”交流活动等赛事。其中，“2013太原国际马拉松赛”荣获全国马拉松金牌赛事、体育旅游精品赛事、中国十大优质赛事等称号。

十三、人口、人民生活和社会保障

人口：据2013年人口抽样调查，年末全市常住人口427.77万人，比上年末增加2.14万人。其中：城镇人口359.84万人，增加3.33万人；乡村人口67.93万人，减少1.19万人。城镇化率84.12%，比上年提高0.36个百分点。男性人口216.77万人，女性人口211.00万人，性别比为102.73:100。

全年出生人口3.96万人，人口出生率9.29‰；死亡人口1.82万人，死亡率4.28‰；自然增加人口2.14万人，自然增长率5.01‰。

人民生活：全年城镇居民人均可支配收入24000元，比上年增长11.0%；城镇居民人均生活消费支出14338元。农民人均纯收入11288元，增长12.0%；农民人均生活消费支出7407元。城乡居民收入比为2.13:1，比上年缩小0.02个百分点。

图9　2009-2013年城镇居民人均可支配收入

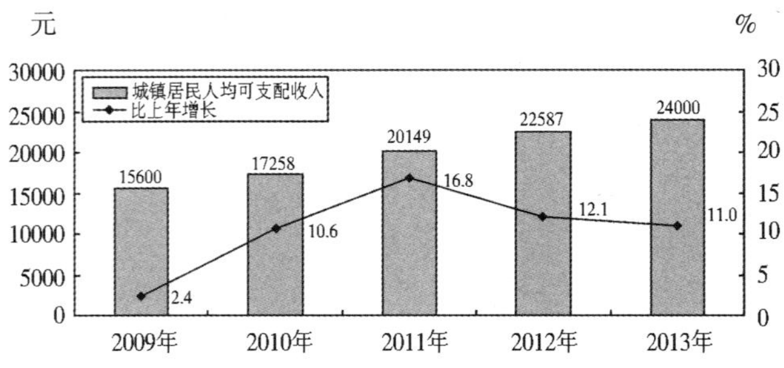

图10　2009-2013年农民人均纯收入

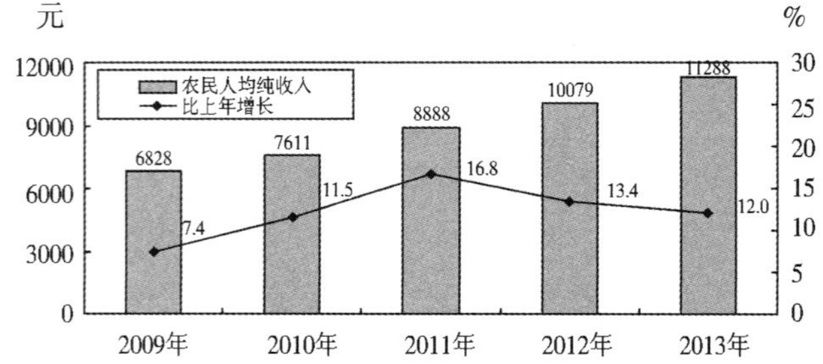

社会保障：城镇社会保险参保率97.85%。全市企业职工参加养老保险79.15万人，参加城镇基本医疗保险235.13万人，参加失业保险81.57万人，参加工伤保险91.14万人（其中参保农民工17.28万人），参加生育保险94.09万人。年末城市低保覆盖人口4.17万人，农村低保覆盖人口4.82万人，4239人纳入农村五保供养，全年发放最低保障资金3.53亿元。

全市各类收养类单位39个，床位5038张，收养4242人。救济农村五保户4222户，城市临时救助5132户次，农村临时救助1563户次。

十四、环境保护和安全生产

环境质量：全年市区二级以上空气质量天数162天，达标比率为44.4%。空气污染综合指数8.73%。集中式饮用水源地水质达标率保持100%，地表水环境功能区水质达标率75.0%，娄烦汾河水库列入国家重点支持的15个江河湖泊动态名录。市区区域环境噪声年均值53.0分贝、交通噪声年均值68.0分贝。为推进环境综合整治、改善省城环境，主动关停、搬迁232户重点污染企业，全年PM2.5达标199天，达标比率为54.5%。

气温降水：全年平均气温8.9~12.2℃，降水量437~546mm。地下水水位平均上升1.08米。

安全生产：全年共发生生产经营性事故783起，下降3.8%。未发生重大以上安全生产事故。煤炭百万吨死亡率为0.409。

注：

1、本公报数据为统计部门和其它相关部门初步统计数据。

2、地区生产总值、各产业（行业）增加值绝对数按现价计算，增长速度按不变价格计算。

3、规模以上工业企业是指年主营业务收入在2000万元及以上的法人工业企业；固定资产投资统计起点为项目计划总投资500万元及以上；限额以上批发零售企业是指年销售额2000万元及以上的批发企业和年销售额500万元及以上的零售企业。

4、邮电业务总量按2010年不变价格计算。

5、依据城乡住户一体化改革制度，2013年城镇居民人均可支配收入调整为全市口径数。

6、环境空气优良天数按照国家环保部发布的《环境空气质量评价技术规范》(试行) HJ663-2013的标准进行评价。

7、根据国家统计局规定，节能降耗指标单独发布。

目 录

CONTENTS

一、综合

二、人口、计划生育和社会治安

三、从业人员和劳动报酬

四、固定资产投资、建筑业

五、能源消费与库存

六、物价指数

七、城镇居民住户调查

八、农村住户调查

九、公用事业

十、农业

十一、工业、交通运输和邮电

十二、国内外贸易和旅游

十三、财政、金融、税务和保险

十四、科教、文卫、体育和民政

十五、县(市、区)经济概况

第 1 篇

综合

资料整理、审核

陆建云　　崔　晰　　王　平　　田　军

常　铁　　王晋伟　　刘建程　　刘　星

李　江

1-1 太原市县(市、区)及乡镇、办事处名称

县 级	乡 级
小店区	北格镇、刘家堡乡、西温庄乡、坞城街办、营盘街办、北营街办、平阳路街办、黄陵街办、小店街办、龙城街办
迎泽区	郝庄镇、迎泽街办、桥东街办、文庙街办、柳巷街办、老军营街办、庙前街办
杏花岭区	中涧河乡、小返乡、三桥街办、敦化坊街办、巨轮街办、涧河街办、鼓楼街办、杏花岭街办、坝陵桥街办、大东关街办、职工新街街办、杨家峪街办
尖草坪区	向阳镇、阳曲镇、马头水乡、柏板乡、西墕乡、汇丰街办、古城街办、柴村街办、迎新街街办、南寨街办、上兰街办、新城街办、光社街办、尖草坪街办
万柏林区	王封乡、化客头街办、东社街办、千峰街办、下元街办、和平街办、万柏林街办、兴华街办、南寒街办、杜儿坪街办、白家庄街办、长风西街街办、小井峪街办、西铭街办、神堂沟街办
晋源区	金胜镇、晋祠镇、姚村镇、义井街办、罗城街办、晋源街办
古交市	河口镇、马兰镇、镇城底镇、阁上乡、嘉乐泉乡、梭峪乡、岔口乡、常安乡、原相乡、邢家社乡、东曲街办、西曲街办、桃园街办、屯兰街办
清徐县	清源镇、东于镇、徐沟镇、孟封镇、马峪乡、柳杜乡、西谷乡、王答乡、集义乡
阳曲县	黄寨镇、东黄水镇、大盂镇、泥屯镇、侯村乡、凌井店乡、高村乡、杨兴乡、西凌井乡、北小店乡
娄烦县	娄烦镇、杜交曲镇、静游镇、庙湾乡、马家庄乡、盖家庄乡、米峪镇乡、天池店乡

1-2 行政区划

单位：个

指 标	街道办事处	社区居委会	乡政府	镇政府	村民委员会	自然村
总 计	**53**	**594**	**31**	**21**	**924**	**1521**
小店区	7	94	2	1	62	68
迎泽区	6	95		1	19	33
杏花岭区	10	115	2		32	40
尖草坪区	9	62	3	2	84	94
万柏林区	14	104	1		49	64
晋源区	3	36		3	81	99
清徐县		24	5	4	188	203
阳曲县		10	6	4	117	344
娄烦县		6	5	3	142	217
古交市	4	37	7	3	146	343
高新区		1				
经济区		10				
民营区					7	16

1-3 自然资源

指　　标	单　位	数　量
一、人口、土地		
全市户籍总人口	人	3679451
人口密度(按户籍人口计算)	人/平方公里	527
土地面积	平方公里	6988
二、气候		
平均气温	摄氏度	8.9—12.2
日照时间	小时	2305—2803
无霜期	天	156—249
降水量	毫米	437—546
三、林地		
当年造林面积	千公顷	21.2
森林覆盖率	%	20.76
四、水利		
采用水量总计	万立方米	67522.12
地下水采用总量	万立方米	34424.01
地表水采用总量	万立方米	33098.11
五、矿产(保有量)		
煤矿	亿吨	171.4
铁矿	万吨	60500
溶剂灰岩	万吨	9064
水泥灰岩	万吨	11538
石膏	万吨	6031

注:矿产为2010年底数。

1-4 土地状况

单位:平方公里

指　　标	面　积	占总面积(%)
总面积	**6988**	**100.0**
按地形分		
平原	1240	17.7
丘陵	2117	30.3
山地	3631	52.0
按特征分		
农用地	**5766**	**82.6**
耕地	1166	16.7
园地	174	2.5
林地	2766	39.6
草地	1660	23.8
建设用地	**987**	**14.1**
城镇村及工矿用地	678	9.7
交通运输用地	146	2.1
水域及水利设施用地	163	2.3
其他土地	**235**	**3.3**

1-5 取水情况

单位：万立方米

指 标	2013	2012
总取水量(包括外调水损失量)	**74954.93**	
采用水量总计	**67522.12**	**61711.75**
按取水用途分		
生活	19445.84	15928.71
生产	40768.70	38766.77
生态	7307.58	7016.27
按水源分		
河川径流	33098.11	27165.31
河水	33098.11	27165.31
地下水	34424.01	34546.44
#深层水	25397.99	27440.00
另:污水利用量	7432.81	8206.00

1-6 按行政区划分土地面积及人口密度

指 标	土地面积（平方公里）	常住人口（人）	人口密度（人/平方公里）
总 计	**6988**	**4277690**	**612**
市辖区合计	**1460**	**3491066**	**2391**
小 店 区	295	820004	2780
迎 泽 区	117	601109	5138
杏花岭区	170	653854	3846
尖草坪区	285	424294	1489
万柏林区	305	765956	2511
晋 源 区	288	225849	784
县(市)合计	**5528**	**786624**	**142**
清 徐 县	609	348408	572
阳 曲 县	2059	121395	59
娄 烦 县	1276	107433	84
古 交 市	1584	209388	132

注：常住人口为抽样调查数。

1-7 社会经济主要指标人均水平

指 标	单位	1985	1990	1995	2000	2005	2009	2012	2013
一、地区生产总值	元	**1905**	**3648**	**8331**	**13021**	**26294**	**44319**	**54440**	**56547**
二、主要产品产量									
原煤	吨	9.92	11.03	11.20	8.36	13.17	10.05	8.54	8.70
发电量	千瓦小时	1075.96	1428.63	3122.47	3731.02	4671.15	5937.88	6822.27	6544.41
粗钢	公斤	659.31	738.01	854.64	821.45	1037.05	2414.30	2205.05	2291.63
成品钢材	公斤	361.98	384.54	575.72	841.16	1277.96	2371.05	2081.12	2203.42
水泥	公斤	327.50	287.43	532.81	558.59	925.42	1304.97	1522.87	1586.17
粮食	公斤	131.23	150.63	119.50	96.79	85.75	91.36	75.25	76.82
蔬菜	公斤	198.43	229.97	244.44	411.00	420.76	366.54	303.33	298.18
猪牛羊肉	公斤	5.17	6.65	12.02	15.64	17.25	11.76	10.01	9.98
奶	公斤	8.67	13.61	13.19	15.12	27.25	27.95	24.14	22.39
三、社会消费品零售总额	元	**771**	**1381**	**3111**	**6224**	**11282**	**20699**	**26603**	**30032**
四、人民生活									
城镇居民可支配收入	元	646	1573	3939	6019	10476	15607	22587	24000
城镇居民消费性支出	元	585	1357	3409	5341	7806	11708	13970	14338
# 食品	元	308	653	1588	1750	2412	3764	4652	4600
衣着	元	112	241	514	564	1050	1313	1459	1507
居住	元		36	194	388	856	1390	1466	1481
农民人均纯收入	元	526	763	1444	2643	4402	6828	10079	11288
城乡居民储蓄存款年末余额	元	486	1894	7064	13788	30110	59800	71164	77525

1-8 国民经济主要比例关系

单位：%

指 标	1985	1990	1995	2000	2005	2010	2011	2012	2013
一、地区生产总值三次产业增加值比例									
第一产业	6.5	6.3	5.1	3.9	2.3	1.7	1.6	1.6	1.6
第二产业	66.9	55.5	47.1	41.8	47.1	44.9	45.6	44.8	43.6
第三产业	26.6	38.2	47.8	54.3	50.6	53.4	52.8	53.6	54.8
二、工业总产值轻重比例（不变价）									
轻工业	25.8	25.0	20.7	18.7	7.6	7.9	7.2	6.3	6.0
重工业	74.2	75.0	79.3	81.3	92.4	92.1	92.8	93.7	94.0
三、农林牧渔总产值内部比例（不变价）									
农业产值	74.3	69.1	56.9	57.9	51.9	59.4	60.1	59.2	60.1
林业产值	6.2	2.7	3.6	2.2	1.5	8.9	8.6	9.0	10.0
牧业产值	19.3	27.5	38.7	39.2	39.8	27.7	27.2	27.1	25.2
渔业产值	0.2	0.7	0.8	0.7	0.8	0.7	0.6	0.6	0.5
农林牧渔服务业					6.0	3.3	3.5	4.1	4.2
四、固定资产投资三次产业比例									
第一产业	0.3	0.7	0.1	0.7	0.7	1.5	1.4	1.3	1.5
第二产业	61.9	74.2	52.9	48.9	72.5	28.4	28.2	32.9	31.8
第三产业	37.8	25.1	47.0	50.4	26.8	70.1	70.4	65.8	66.7
五、固定资产投资额占地区生产总值比例	**44.0**	**28.0**	**30.1**	**26.4**	**49.1**	**51.5**	**49.2**	**57.1**	**69.2**
六、地方财政收入占地区生产总值比例	**11.5**	**9.8**	**5.8**	**5.4**	**6.4**	**7.2**	**8.4**	**9.3**	**10.3**

注：1.2005 年起工业总产值轻重比例为规模以上工业按当年价格计算。

2.2009 年起农林牧渔总产值内部比例按当年价格计算。

1–9 人民物质文化生活提高情况

指 标	单位	1985	1990	1995	2000	2005	2010	2011	2012	2013
一、城乡居民收入										
农民人均纯收入	元	526	763	1444	2643	4402	7611	8888	10079	11288
城镇居民人均可支配收入	元	646	1573	3939	6019	10476	17258	20149	22587	24000
城镇非私营单位在岗职工平均工资(含铁路驻并单位)	元	1199	2351	5538	8394	18547	38838	44372	48102	51035
二、平均每人居住面积										
城镇居民	平方米	5.63	7.07	8.15	10.13	11.94	13.65	14.87	15.10	16.66
农村居民	平方米				26.00	28.60	35.14	36.90	37.00	
三、每百户居民拥有耐用消费品(抽样)										
电冰箱										
城镇居民	台	2	52	68	90	96	98	98	96	89
农民	台		2	12	27	34	53	68	71	61
彩色电视机										
城镇居民	台	17	84	98	115	119	110	107	108	102
农民	台	3	9	36	65	85	105	103	104	98
洗衣机										
城镇居民	台	64	95	88	94	99	97	102	103	95
农民	台	12	33	50	59	64	89	95	93	87
四、每千人拥有卫生技术人员和医疗卫生床位数										
每千人拥有卫生技术人员	人	10.4	10.6	10.6	9.6	9.0	10.9	9.8	10.5	11.1
每千人拥有医疗卫生床位数	张	7.8	8.8	8.5	8.0	7.0	7.6	7.0	7.8	8.2
五、储蓄										
城乡居民储蓄存款年末余额	亿元	11.29	48.76	197.54	419.63	1183.95	2386.79	2667.11	3021.50	3307.99
平均每人储蓄存款余额	元	486	1894	7064	13788	30110	61943	63202	71164	77525

1-10 主要年份地区生产总值(按当年价格计算)

年 份	地区生产总值(万元)	第一产业	第二产业	#工业	第三产业	人均 GDP(元/人)
1952	23254	5462	8478	6693	9314	281
1957	56180	6503	31848	22952	17829	418
1962	57561	5693	32500	30383	19368	389
1965	90129	9243	63524	59517	17362	573
1970	112489	10879	83496	80874	18114	654
1975	143898	15360	102906	99874	25632	752
1978	186758	11036	140152	123482	35570	937
1980	222998	13961	156965	138361	52072	1075
1985	442126	28885	295782	239985	117459	1905
1990	939154	58755	520827	453958	359572	3648
1995	2330302	118405	1098481	916245	1113416	8331
1996	2816550	155484	1297001	1036916	1364065	9879
1997	3270713	155584	1464366	1123811	1650763	11265
1998	3507880	162090	1540109	1185511	1805681	11912
1999	3645620	145302	1558760	1218172	1941558	12242
2000	3962652	154936	1656880	1298969	2150836	13021
2001	4512131	143440	1919746	1486525	2448945	13452
2002	5031377	175155	2080977	1579489	2775245	14915
2003	6136637	179952	2677365	2041164	3279320	18099
2004	7637621	209264	3534977	2697006	3893380	22423
2005	8995771	201903	4240499	3223916	4553369	26294
2006	10418835	194405	4761286	3702587	5463144	30326
2007	12917719	196389	6360520	5192419	6360810	37444
2008	15261555	229807	7367734	5941734	7664014	44054
2009	15452409	285603	6755410	5010410	8411396	44319
2010	17780539	302806	7984887	5968847	9492846	46144
2011	20801243	338486	9491930	7084696	10970827	49292
2012	23114326	360209	10355731	7842789	12398386	54440
2013	24128724	386054	10520819	7722716	13221851	56547

注：1.2001 年起人均 GDP 为按抽样调查总人口计算，其余年份为按公安户籍人口计算。
2.2005 年至 2008 年为第二次经普调整后数据。

1-11 主要年份地区生产总值构成

单位：%

年 份	地区生产总值	第一产业	第二产业	#工业	第三产业
1952	100.0	23.5	36.5	28.8	40.0
1957	100.0	11.6	56.7	40.9	31.7
1962	100.0	9.9	56.5	52.8	33.6
1965	100.0	10.3	70.5	66.0	19.2
1970	100.0	9.7	74.2	71.9	16.1
1975	100.0	10.7	71.5	69.4	17.8
1978	100.0	5.9	75.0	66.1	19.1
1980	100.0	6.3	70.4	62.0	23.3
1985	100.0	6.5	66.9	54.3	26.6
1990	100.0	6.3	55.5	48.3	38.2
1995	100.0	5.1	47.1	39.3	47.8
1996	100.0	5.5	46.0	36.8	48.5
1997	100.0	4.8	44.8	34.4	50.4
1998	100.0	4.6	43.9	33.8	51.5
1999	100.0	4.0	42.8	33.4	53.2
2000	100.0	3.9	41.8	32.8	54.3
2001	100.0	3.2	42.5	32.9	54.3
2002	100.0	3.5	41.4	31.4	55.1
2003	100.0	2.9	43.7	33.3	53.4
2004	100.0	2.7	46.3	35.3	51.0
2005	100.0	2.3	47.1	35.8	50.6
2006	100.0	1.9	45.7	35.5	52.4
2007	100.0	1.5	49.2	40.2	49.3
2008	100.0	1.5	48.3	38.9	50.2
2009	100.0	1.9	43.7	32.4	54.4
2010	100.0	1.7	44.9	33.6	53.4
2011	100.0	1.6	45.6	34.1	52.8
2012	100.0	1.6	44.8	33.9	53.6
2013	100.0	1.6	43.6	32.0	54.8

1-12　主要年份地区生产总值指数

单位：%

年　份	地区生产总值	第一产业	第二产业	#工业	第三产业
1957	106.7	98.1	111.1	119.0	102.7
1962	92.5	86.6	90.3	94.2	98.8
1965	120.4	97.9	132.6	134.9	98.8
1970	164.3	110.0	198.0	202.1	109.9
1975	116.5	105.5	121.3	120.6	106.0
1978	128.9	89.7	134.2	124.0	126.7
1980	106.5	112.1	102.7	100.3	118.9
1985	105.4	91.7	105.5	106.4	108.2
1990	109.1	126.8	107.9	102.0	109.3
1995	113.0	102.6	113.3	116.0	113.3
1996	112.6	115.9	112.5	108.7	112.6
1997	110.5	103.3	110.0	107.7	112.2
1998	108.8	105.0	110.1	109.7	106.5
1999	107.7	96.9	106.5	108.2	111.2
2000	109.0	106.8	108.1	108.7	111.1
2001	111.8	90.9	110.5	108.2	114.2
2002	112.0	121.0	112.2	111.3	111.3
2003	115.6	104.1	118.8	117.8	113.9
2004	115.9	102.7	119.6	117.7	113.8
2005	115.6	101.1	116.2	117.6	115.8
2006	112.1	93.8	110.5	111.4	114.4
2007	116.8	100.5	120.9	125.6	113.7
2008	108.5	101.4	103.0	101.3	114.0
2009	102.6	104.1	93.8	88.4	110.2
2010	111.0	104.9	112.0	112.5	110.5
2011	109.9	103.5	111.6	111.9	108.7
2012	110.5	105.5	109.7	112.2	111.3
2013	108.1	103.1	110.6	110.1	106.1

1-13 地区生产总值及构成

指　　标	绝对额(万元)		构成(%)	
	2013	2012	2013	2012
地区生产总值	**24128724**	**23114326**	**100.0**	**100.0**
第一产业	**386054**	**360209**	**1.6**	**1.6**
第二产业	**10520819**	**10355731**	**43.6**	**44.8**
工业	7722716	7842789	32.0	33.9
建筑业	2798103	2512942	11.6	10.9
第三产业	**13221851**	**12398386**	**54.8**	**53.6**
交通运输、仓储和邮政业	1801204	1684398	7.5	7.3
批发和零售业	3524839	3207468	14.6	13.9
住宿和餐饮业	1126991	1093866	4.7	4.7
金融业	2531149	2412185	10.5	10.4
房地产业	673783	608294	2.3	2.6
其他服务业	3563885	3392175	14.7	14.7

1-14 总产出(按当年价格计算)

单位：万元

指　　标	2013	2012
总　计	**73987942**	**69941915**
第一产业	**722383**	**674967**
第二产业	**47210239**	**45368757**
工业	27147808	29260154
建筑业	20062431	16108603
第三产业	**26055320**	**23898191**
# 交通运输、仓储和邮政业	4481863	3914489
批发和零售业	5761510	5250398

1-15 支出法地区生产总值(按当年价格计算)

单位：万元

指 标	2013	2012	为 2012 年%
总 计	**24128724**	**23114326**	**108.1**
一、最终消费	**10857483**	**10342528**	**104.7**
居民消费	8153556	7531369	108.7
农村居民	579394	530091	108.3
城镇居民	7574162	7001278	108.8
政府消费	2703927	2811159	94.1
二、资本形成总额	**13732069**	**12812796**	**110.5**
固定资本形成总额	12764568	11868704	111.2
存货增加	967501	944092	102.7
三、货物和服务净出口	**-460828**	**-40998**	

1-16 支出法地区生产总值构成(按当年价格计算)

单位：%

指 标	2013	2012
总 计	**100.0**	**100.0**
一、最终消费	**45.0**	**44.7**
居民消费	33.8	32.6
农村居民	2.4	2.3
城镇居民	31.4	30.3
政府消费	11.2	12.1
二、资本形成总额	**56.9**	**55.4**
固定资本形成总额	52.9	51.3
存货增加	4.0	4.1
三、货物和服务净出口	**-1.9**	**-0.1**

1-17 资本形成总额

单位：万元

指 标	2013	2012
总 计	**13732069**	**12812796**
固定资本形成总额	**12764568**	**11868704**
# 住宅	3685587	3525906
非住宅建筑物	4519963	4117648
机器和设备	2292060	2075438
存货增加	**967501**	**944092**
# 农林牧渔业	4194	5912
工业	159320	135326
建筑业	39217	131994
批发零售业	79027	-200917

1-18 太原市主要年份国民经济主要指标

指　　标	1985	1990	1995	2000	2005	2010	2011	2012	2013
年末户籍常住人口(人)	2344452	2612087	2827710	3087491	3403874	3654990	3650188	3658409	3679451
按性别分									
男性	1258322	1384876	1490281	1607655	1766902	1867963	1862956	1862459	1871142
女性	1086130	1227211	1337429	1479836	1636972	1787027	1787232	1795950	1808309
按农业、非农业分									
农业人口	919217	975743	995113	1048251	1014606	1024831	1033124	1041498	1034634
非农业人口	1425235	1636344	1832597	2039240	2389268	2630159	2617064	2616911	2644817
社会从业人员(人)	1377500	1592200	1773000	1611200	1616195	1760476	1772600	2019300	2009600
按三次产业分									
第一产业	235500	248400	258000	276800	271587	242519	241000	245600	242600
第二产业	770000	853400	872000	611500	530983	569339	564900	731600	679600
第三产业	372000	490400	643000	722900	813625	948618	966700	1042100	1087400
按职工、非职工分									
城镇非私营单位职工	989000	1111000	1124000	884117	757996	846286	837908	1034487	967484
#国有	756000	892000	919000	533148	458206	460685	463360	449151	373448
集体	233000	219000	205000	119411	62939	47730	49139	43204	38541
城镇私营企业和个体从业人员	8000	61000	127000	217056	355324	422952	454282	490913	551188
农村从业人员	351000	385000	434000	503753	502875	491238	480410	493900	490928
城镇非私营单位在岗职工工资总额(万元)	115920	257007	609421	724376	1378220	3147504	3660429	4754774	4809134
#国有单位职工	94900	220674	529353	441159	828598	1705528	1932643	2133086	1785456
城镇集体单位职工	21020	35909	67586	60029	54590	83962	106575	108251	113919
城镇非私营单位在岗职工年平均工资(元)	1199	2351	5538	8394	18547	38838	44372	48102	51035
#国有单位职工	1279	2510	5788	8460	18375	37684	42819	48924	50913
城镇集体单位职工	938	1696	3371	5285	9192	18255	22887	26372	31155
城镇居民人均可支配收入(元)	646	1573	3939	6019	10476	17258	20149	22587	24000
城镇居民人均消费性支出(元)	585	1357	3409	5341	7806	12106	13111	13970	14338
#食品	308	653	1588	1750	2412	3710	4286	4652	4600
衣着	112	241	514	564	1050	1234	1414	1459	1507
居住		36	194	388	857	1172	1562	1466	1481
农民人均纯收入(元)	526	763	1444	2643	4402	7611	8888	10079	11288
农民人均生活消费支出(元)				1634	2601	3879	5884	6550	7407
#食品				696	909	1312	1870	2219	2518
衣着				204	350	493	709	751	837
居住				225	334	642	1166	1037	1141
地区生产总值(万元)	442126	939154	2330302	3962652	8995771	17780539	20801243	23114326	24128724
第一产业	28885	58755	118405	154936	201903	302806	338486	360209	386054
第二产业	295782	520827	1098481	1656880	4240499	7984887	9491930	10355731	10520819
工业	239985	453958	916245	1298969	3223916	5968847	7084696	7842789	7722716
建筑业	55797	66869	182236	357911	1016583	2016040	2407234	2512942	2798103
第三产业	117459	359572	1113416	2150836	4553369	9492846	10970827	12398386	13221851
人均地区生产总值(元/人)	1905	3648	8331	13021	26294	46144	49292	54440	56547
地区生产总值指数(%)	105.4	109.1	113.0	109.0	115.6	111.0	109.9	110.5	108.1

1-18 续表1

指 标	1985	1990	1995	2000	2005	2010	2011	2012	2013
第一产业	91.7	126.8	102.6	106.8	101.1	104.9	103.5	105.5	103.1
第二产业	105.5	107.9	113.3	108.1	116.2	112.0	111.6	109.7	110.6
工业	106.4	102.0	116.0	108.7	117.6	112.5	111.9	112.2	110.1
建筑业	99.5	150.1	99.9	105.0	112.1	110.4	110.7	102.4	112.3
第三产业	108.2	109.3	113.3	111.1	115.8	110.5	108.7	111.3	106.1
全社会固定资产投资额(万元)	194510	262924	701894	1047702	4385077	9164811	10241444	13206257	16707390
全社会竣工房屋面积(平方米)	3585900	2870100	2848000	4420700	6064048	7795531	9174516	7531608	7877194
全社会新增固定资产(万元)	126292	212335	517719	876782	1193234	4114718	4979053	5284036	5991585
商品零售价格总指数(以上年价格为100)	112.0	100.7	114.5	96.0	100.2	102.6	104.8	101.2	101.3
食品类		99.7	124.2	93.8	103.7	108.2	114.2	103.7	105.6
服装鞋帽类		106.9	119.1	100.6	96.3	96.9	101.8	102.1	100.8
纺织品类		106.9	120.1	94.9	98.0	109.6	101.1	103.9	107.6
中西药品及医疗保健用品类		99.1	114.3	101.3	98.7	105.8	106.7	103.6	102.1
文化和体育用品类		93.3	104.0	99.3					
文化办公用品类					99.4	97.6	93.5	96.7	95.3
体育娱乐用品类					99.1	97.9	98.6	101.1	100.0
日用品类		99.8	109.0	98.0	100.7	99.0	101.7	102.1	100.0
家用电器类		93.1	102.2	95.6	97.3	92.6	91.3	95.1	94.4
燃料类		119.9	105.9	107.6	112.8	117.0	107.4	101.5	98.2
建筑装璜材料类	112.0	100.4	102.8	99.4	102.1	97.7	98.5	94.6	99.3
居民消费品价格总指数(以上年价格为100)		101.7	116.8	103.6	101.1	103.0	105.4	102.1	103.1
食品类		99.7	123.4	93.2	103.8	108.4	114.0	103.8	105.5
衣着类		106.9	116.8	99.6	96.2	97.2	102.0	102.1	100.9
家庭设备用品及维修服务类		99.8	106.5	98.6	100.0	100.8	106.1	104.0	103.8
医疗保健和个人用品类		99.1	113.7	101.1	101.6	102.6	103.6	102.1	101.4
交通和通讯类		147.7	94.9	97.8	96.3	97.7	101.6	99.3	99.2
娱乐教育文化用品及服务类		93.3	112.3	96.4	101.9	101.8	101.8	100.7	103.9
居住类		105.9	111.9	107.0	102.4	101.2	99.8	101.1	102.7
服务项目类价格总指数(以上年价格为100)		110.2	107.3	162.1	102.9	102.4	103.8	102.7	103.7
农林牧渔业总产值(万元,按当年价格计算)	38744	73925	193432	246156	344060	560634	631630	674966	722383
农业产值	28489	47608	120504	163107	199305	336794	379376	404721	434021
林业产值	2266	1877	4382	4020	12088	49426	54131	60684	71993
牧业产值	7942	22069	66859	77344	114172	154140	171689	178324	182375
渔业产值	47	662	1687	1685	2689	3063	3753	4113	3261
农林牧渔服务业产值					15806	17210	22680	27125	30733
农林牧渔业总产值指数(以上年价格为100)	99.6	108.3	102.2	106.9	101.3	104.9	103.5	106.2	103.3
农业产值		107.9	95.9	110.1	99.6	102.6	105.1	104.7	102.4
林业产值		93.0	106.8	102.4	74.7	105.5	107.3	112.1	115.3
牧业产值		110.8	112.8	102.8	104.9	106.9	95.6	106.0	100.8
渔业产值		116.5	103.6	103.7	107.6	119.7	119.2	109.6	76.0
农林牧渔服务业产值					100.8	127.0	128.8	119.6	111.6

1-18 续表2

指　　标	1985	1990	1995	2000	2005	2010	2011	2012	2013
主要农作物播种面积(千公顷)	145.34	145.72	139.23	136.82	118.56	113.55	110.04	108.88	107.18
粮食	107.61	116.25	107.93	100.35	83.48	84.78	82.23	81.77	80.48
棉花	0.23	0.12	0.86	0.83	0.22	0.08	0.10	0.07	0.02
油料	22.70	13.52	13.90	11.05	5.05	3.11	2.83	2.59	2.50
主要农产品产量（吨）									
粮食	304534	387806	334171	294557	291865	321585	316043	319481	327786
棉花	133	96	849	998	276	105	139	111	52
油料	16756	13882	6636	10557	3845	2721	2682	2905	3056
肉类	12001	17109	33603	47606	65135	49975	46471	49769	50159
禽蛋	7428	20003	35272	44361	43165	36412	27223	25824	27345
工业企业单位数(个)	1560	1981	2033	383	489	480	439	458	440
按经济类型分									
国有经济	289	331	335	178	95	37	40	37	23
集体经济	1270	1638	1601	89	60	40	24	22	21
其他	1	12	97	116	334	403	375	399	396
按轻重工业分									
轻工业	713	877	727	128	111	107	93	89	86
重工业	847	1104	1306	255	378	373	346	369	354
工业企业总产值(万元,按1990不变价格计算)	620037	1276457	2588265	3105189	9213954	20003397	24274970	25887391	26488396
按经济类型分									
国有经济	536776	1063635	2008511	697609	715540	662004	919818	1025172	835756
集体经济	81674	204830	443982	197970	164977	147631	140590	140448	124931
其他	1587	7992	135772	2209610	8333437	19193762	23214562	24721771	25527709
按轻重工业分									
轻工业	150649	334579	449580	528811	703205	1400948	1746048	1570436	1578127
重工业	469388	941878	2138685	2576378	8510749	18602449	22528922	24316955	24910269
主要工业产品产量									
原煤(万吨)	2140	2840	3133	2544	4482	3775	3942.63	3626.26	3711.47
发电量(万千瓦时)	347800	367800	873200	1135500	1594000	2038000	3066902	2896600	2792500
粗钢(万吨)	152.73	190.24	238.82	249.90	353.34	850.00	938.05	936.22	977.84
生铁(万吨)	110.97	160.00	241.00	292.00	394.22	696.90	701.41	698.36	698.58
焦炭(万吨)	152.56	386.33	893.24	836.00	1201.00	1268.00	1391.32	1128.88	1136.15
水泥(万吨)	76.20	73.94	148.70	170.00	272.65	582.50	592.04	646.58	594.74
太原地区铁路货运量(万吨)	2398	3295	3735	4278	6113	5054	4715	4584	4239
太原地区铁路客运量(万人次)	814	878	992	864	1074	2210	2551	2535	2523
公路货运量(万吨)	1852	4458	9249	8600	11593	8733	8824	9637	11099
邮电业务总量(万元)	1470	3890	36723	238105	540873	1452903	702781	772207	796122
社会消费品零售总额(万元)	229781	456637	1116123	1894200	3840302	8258458	9732937	11295107	12814594
外商直接投资(万美元)	43	141	4500	7280	16490	58501	67914	78232	94426

1-18 续表3

指　　标	1985	1990	1995	2000	2005	2010	2011	2012	2013
接待海外旅游人数(人次)	9695	13519	23594	47886	100859	283194	348841	422451	465965
接待国内旅游人数(万人次)	173	277	462	860	1408	1995	2427	2942	3645
地方财政收入(万元)	50872	92130	134263	214828	569525	1384809	1747179	2156654	2473261
地方财政支出(万元)	32519	61055	146653	245873	718390	1896358	2393147	2774437	3191090
#基本建设支出	4657	4674	11529	5392	25197				
文教科卫支出	7645	15259	35510	53994	141640	532802	698538	855487	892479
#教育事业费支出				35688	92774	359491	447751	550372	547273
学校数(所)	2057	2009	1967	1890	1400	1003	988	965	918
#普通高等学校	9	12	13	12	32	42	43	43	44
中等专业学校	41	46	48	47	28	30	30	30	32
普通中学	278	223	235	237	251	230	232	229	226
小学	1664	1646	1575	1503	1003	607	599	581	543
在校学生数(人)	451732	442897	518546	649236	980584	1154723	1162053	1165513	1166770
#普通高等学校	26976	32463	44480	72689	265535	329712	470155	496923	526279
中等专业学校	17711	29323	43323	83107	53475	76540	72343	71922	70332
普通中学	151704	126591	131401	173635	222462	239953	241626	230938	222821
小学	241219	232653	269039	295062	317752	267325	261630	258900	254414
专任教师数(人)	31419	36427	39028	43109	55733	63377	63417	64546	65698
#普通高等学校	4910	6031	6056	6669	16223	20912	22696	23141	23988
中等专业学校	2369	3221	3543	3373	1623	2266	2641	2771	2787
普通中学	10159	11203	11663	13775	16005	17134	17536	17845	18392
小学	12526	13415	14747	16637	17388	17079	16646	16861	16608
毕业生数(人)	96239	102370	111805	131606	223103	323154	329723	312794	326913
#普通高等学校	4997	8088	12421	12572	53735	97398	123300	132240	140587
中等专业学校	4956	10037	11635	15027	16252	26875	28326	25103	24041
普通中学	36732	40519	32638	44537	64141	71310	82589	82754	79795
小学	45648	37058	45576	48260	49201	52792	48113	47519	46477
卫生机构数(个)	932	998	972	1002	1954	2527	2552	2537	2638
#医院	194	220	221	131	194	191	195	189	182
卫生机构床位数(张)	18332	22944	24082	24817	23652	27771	29876	33461	35247
#医院	16721	21248	22174	19317	21736	24703	26653	30627	32584
卫生技术人员(人)	24328	27780	30101	28418	29549	39930	41329	44774	47194
#医院	15732	19429	21594	21855	22728	28529	30128	32561	34846

注：1.本表地区生产总值、社会消费品零售总额2005年至2008年为第二次经济普查调整后口径。
2.工业企业单位数、工业企业总产值2000年以前为乡及乡以上口径，以后为规模以上工业口径，2005年起为当年价。
3.2011年起固定资产投资起点由计划总投资50万元以上的项目提高到500万元以上，且没有全社会固定资产统计指标。
4.2011年邮电业务总量采用新口径计算。
5.2005年起社会消费品总额不含未通过市场直接向消费者出售的产品。
6.2005年以前外商直接投资包括间接投资。
7.教育指标中不包括幼儿园。
8.卫生指标中不含村卫生室数。

第2篇

人口、计划生育和社会治安

资料整理、审核

王翠莲　　翟秀东　　刘红芳　　刘俊欢

2-1 人口

指　　标	年末人口（人）	为上年（%）
户籍常住人口	**3679451**	**100.58**
按性别分		
男	1871142	100.47
女	1808309	100.69
按农业、非农业分		
农业人口	1034634	99.34
非农业人口	2644817	101.07
按地区分		
市辖区	2854323	100.46
县(市)	825128	100.98
暂住人口	**1086759**	**104.05**

注：本表为公安数据。

2-2 户籍常住人口

单位：人、户

指 标	合 计	按农业、非农业分		农非比	按性别分		性别比例(女=100)	总户数
		农业人口	非农业人口		男性人口	女性人口		
总　计	**3679451**	**1034634**	**2644817**	**0.39**	**1871142**	**1808309**	**103.47**	**1125631**
市辖区合计	**2854323**	**485984**	**2368339**	**0.21**	**1448573**	**1405750**	**103.05**	**811378**
小 店 区	624689	152055	472634	0.32	312198	312491	99.91	162532
迎 泽 区	521120	19518	501602	0.04	255520	265600	96.20	149991
杏花岭区	595205	33168	562037	0.06	302901	292304	103.63	173809
尖草坪区	347182	107725	239457	0.45	180756	166426	108.61	107407
万柏林区	567517	43729	523788	0.08	298891	268626	111.27	153886
晋 源 区	198610	129789	68821	1.89	98307	100303	98.01	63753
县(市)合计	**825128**	**548650**	**276478**	**1.98**	**422569**	**402559**	**104.97**	**314253**
清 徐 县	324997	256384	68613	3.74	161867	163130	99.23	119822
阳 曲 县	151099	117020	34079	3.43	77813	73286	106.18	64440
娄 烦 县	126890	98663	28227	3.50	66292	60598	109.40	49612
古 交 市	222142	76583	145559	0.53	116597	105545	110.47	80379

注：本表为公安数据。

2-3　人口自然变动情况

单位：人、‰

指　标	年平均人数	出生人口合计	性　别		出生婴儿性别比(女=100)	出生率	死亡人口合计	性　别		死亡率	自然增加人数	自然增长率
			男	女				男	女			
总　计	**3668930**	**43460**	**22423**	**21037**	**106.59**	**11.85**	**11448**	**6999**	**4449**	**3.12**	**32012**	**8.73**
市辖区合计	**2847793**	**33648**	**17357**	**16291**	**106.54**	**11.82**	**8349**	**4997**	**3352**	**2.93**	**25299**	**8.88**
小 店 区	621532	8365	4337	4028	107.67	13.46	1137	682	455	1.83	7228	11.63
迎 泽 区	519766	5464	2814	2650	106.19	10.51	1596	901	695	3.07	3868	7.44
杏花岭区	593161	6606	3380	3226	104.77	11.14	2091	1205	886	3.53	4515	7.61
尖草坪区	348914	3657	1892	1765	107.20	10.48	1127	694	433	3.23	2530	7.25
万柏林区	565976	6641	3445	3196	107.79	11.73	1789	1156	633	3.16	4852	8.57
晋 源 区	198446	2915	1489	1426	104.42	14.69	609	359	250	3.07	2306	11.62
县(市)合计	**821138**	**9812**	**5066**	**4746**	**106.74**	**11.95**	**3099**	**2002**	**1097**	**3.77**	**6713**	**8.18**
清 徐 县	322756	3857	1970	1887	104.40	11.95	1401	846	555	4.34	2456	7.61
阳 曲 县	150324	1641	842	799	105.38	10.92	787	526	261	5.24	854	5.68
娄 烦 县	126637	1549	817	732	111.61	12.23	280	205	75	2.21	1269	10.02
古 交 市	221421	2765	1437	1328	108.21	12.49	631	425	206	2.85	2134	9.64

注：本表为公安数据。

2-4　人口机械变动情况

单位：人

指　标	迁入人口合计	迁　入		迁出人口合计	迁　出		净增(+)净减(-)
		省内迁入	省外迁入		迁往省内	迁往省外	
总　计	**62934**	**46236**	**16698**	**72343**	**50083**	**22260**	**-9409**
市辖区合计	**55927**	**40549**	**15378**	**66667**	**46078**	**20589**	**-10740**
小 店 区	18492	14372	4120	24035	19430	4605	-5543
迎 泽 区	8261	5465	2796	8346	4327	4019	-85
杏花岭区	8356	5165	3191	7416	5263	2153	940
尖草坪区	7430	5565	1865	10945	6855	4090	-3515
万柏林区	11430	8390	3040	12066	6838	5228	-636
晋 源 区	1958	1592	366	3859	3365	494	-1901
县(市)合计	**7007**	**5687**	**1320**	**5676**	**4005**	**1671**	**1331**
清 徐 县	2805	2295	510	1050	736	314	1755
阳 曲 县	1367	1163	204	733	624	109	634
娄 烦 县	890	719	171	1344	543	801	-454
古 交 市	1945	1510	435	2549	2102	447	-604

注：本表为公安数据。

2-5 人口抽样调查

单位：人、‰

指 标	2012年总人口	推算2013年人口数	平均人口	男	女	性别比%	出生人口	死亡人口	出生率	死亡率	自然增长率	城镇人口	乡村人口	城镇化率%
太原市	**4256326**	**4277690**	**4267008**	**2167656**	**2110034**	**102.73**	**39628**	**18256**	**9.29**	**4.28**	**5.01**	**3598391**	**679299**	**84.12**
小店区	815898	820004	817951	429098	390906	109.77	6935	2826	8.48	3.45	5.02	750190	69814	91.49
迎泽区	598819	601109	599964	299120	301989	99.05	4985	2693	8.31	4.49	3.82	583933	17176	97.14
杏花岭区	650279	653854	652067	321154	332700	96.53	5770	2194	8.85	3.36	5.48	629437	24417	96.27
尖草坪区	422615	424294	423455	205182	219112	93.64	3827	2148	9.04	5.07	3.97	398199	26095	93.85
万柏林区	761379	765956	763668	390413	375543	103.96	7186	2616	9.41	3.43	5.98	747075	18881	97.53
晋源区	224465	225849	225157	115219	110630	104.15	2607	1222	11.58	5.43	6.15	146929	78920	65.06
清徐县	346941	348408	347675	177677	170731	104.07	3520	2051	10.12	5.90	4.23	107856	240552	30.96
阳曲县	120774	121395	121085	63847	57548	110.95	1448	825	11.96	6.81	5.15	40083	81312	33.02
娄烦县	106988	107433	107211	55382	52051	106.40	1185	738	11.05	6.88	4.17	40793	66640	37.97
古交市	208168	209388	208778	110564	98824	111.88	2165	943	10.37	4.52	5.85	153896	55492	73.50

2-6 计划生育综合情况

单位：人、%

指 标	育龄妇女人数（15-49）周岁	已婚育龄妇女人数					女性初婚			领取独生子女证	
		合 计	已婚未育	现有一孩	现有二孩	现有三孩以上	合 计	#23岁以上	晚婚率	人数	领证率
总 计	**1039048**	**732288**	**48196**	**477736**	**177267**	**29087**	**16326**	**12685**	**77.7**	**486219**	**43.0**
小店区	167565	120862	8593	82814	26749	2704	2855	2235	78.3	92901	53.9
迎泽区	160191	115903	11408	87814	15525	1156	3740	3404	91.0	84738	38.8
杏花岭区	149894	103804	6739	84115	12017	933	1321	1149	87.0	112716	50.5
尖草坪区	98011	72681	3774	50224	17244	1439	1273	1005	79.0	47649	39.5
万柏林区	165444	118716	8737	85783	22092	2104	2248	1861	82.8	83811	39.0
晋源区	53841	38148	2132	19050	14993	1973	1044	657	62.9	20961	45.6
古交市	69508	47153	2099	23332	16389	5333	1046	774	74.0	14573	29.3
清徐县	89987	61220	2128	22431	30661	6000	1560	811	52.0	14462	30.0
阳曲县	38466	24885	960	10929	10985	2011	620	401	64.7	8064	36.7
娄烦县	39569	23886	1124	8277	9160	5325	491	304	61.9	4415	26.5
经济区	5112	3772	452	1863	1354	103	119	76	63.9	1134	34.0
高新区	1460	1258	50	1104	98	6	9	8	88.9	795	35.2

2–7 节育情况

单位：例、人、%

指标	采取各种节育手术例数	男性绝育	女性绝育	宫内节育器	人流	取环	采取各种节育措施人数	男性绝育	女性绝育	宫内节育器	皮下埋植	口服及注射避孕药	避孕套	外用药	其他	综合节育率
总计	**38140**	**10**	**1116**	**36402**	**144**	**467**	**688170**	**2479**	**114205**	**537889**	**122**	**2189**	**28286**	**6**	**2994**	**94.0**
小店区	7256	1	293	6935	8	19	116301	233	17608	91989	12	66	5879		514	96.2
迎泽区	5209	2	55	5004	12	136	108073	95	5957	91301	35	247	9531	2	905	93.2
杏花岭区	3580		24	3532	7	17	99514	107	4083	86886	24	467	7001		946	95.9
尖草坪区	3500	1	174	3271	16	38	67359	84	11247	54809	7	166	1016	1	29	92.7
万柏林区	6140	6	310	5817	3	4	107236	128	13402	92089	14	36	1552	2	13	90.3
晋源区	2786		116	2558	13	99	36124	14	9411	24915	17	722	1015		30	94.7
古交市	3016		16	2912	46	42	45087	1407	11913	30563	8	188	580		428	95.6
清徐县	4047		27	3919	39	62	58549	15	22227	35177	4	59	1063	1	3	95.6
阳曲县	1221		39	1138		44	23162	35	9020	13865		58	95		89	93.1
娄烦县	1110		14	1092		4	22100	354	8241	13240	1	179	52		33	92.5
经济区	231		45	184		2	3478	7	1062	1921		1	483		4	92.2
高新区	43		3	40			1187		34	1134			19			94.4

2-8 生育情况

单位：人、%

指标	合计	年内出生人数								
		政策内出生人数				计划生育率	政策外出生人数			
		小计	一孩	二孩	三孩		小计	一孩	二孩	多孩
总计	**34672**	**31412**	**26272**	**5068**	**72**	**90.6**	**3260**	**227**	**2835**	**198**
小店区	6208	5789	4921	855	13	93.3	419	16	369	34
迎泽区	5219	4792	4188	595	9	91.8	427	37	370	20
杏花岭区	4223	4057	3687	362	8	96.1	166	19	145	2
尖草坪区	3051	2808	2296	507	5	92.0	243	10	233	
万柏林区	6009	5468	4887	572	9	91.0	541	34	507	
晋源区	2493	2263	1564	686	13	90.8	230	13	191	26
古交市	1665	1344	1218	125	1	80.7	321	9	285	27
清徐县	3398	2978	2049	920	9	87.6	420	33	331	56
阳曲县	1092	888	728	158	2	81.3	204	13	184	7
娄烦县	972	729	503	223	3	75.0	243	40	177	26
经济区	302	261	201	60		86.4	41	3	38	
高新区	40	35	30	5		87.5	5		5	

2-9 社会治安及安全生产情况

指　标	单 位	2013	2012
刑事案件立案数	起	36779	43189
刑事案件综合破案数	起	9524	15003
治安案件发现受理数	起	76153	85741
治安案件查处数	起	69425	79172
火灾发生数	起	1451	1338
火灾受伤人数	人	8	
火灾死亡人数	人	10	3
火灾损失折款	万元	698.49	408.90
交通事故发生数	起	1179	1124
交通事故受伤人数	人	1402	1269
交通事故死亡人数	人	221	222
交通事故损失折款	万元	294.00	385.70
安全生产事故发生数	起	2654	2476
# 工矿商贸企业	起	5	8
# 煤矿	起	1	
安全生产事故死亡人数	人	242	234
# 工矿商贸企业	人	7	8
# 煤矿	人	1	

第3篇

从业人员和劳动报酬

资料整理、审核

刘利祯　　卫　洁　　耿　洁　　张劭鹏

3-1 全社会从业人员

单位：万人

指标	2005	2007	2008	2009	2010	2011	2012	2013
总计	**161.62**	**167.94**	**170.54**	**167.33**	**176.05**	**177.26**	**201.93**	**200.96**
按三次产业分								
第一产业	27.16	25.72	25.22	24.75	24.25	24.10	24.56	24.26
第二产业	53.10	56.93	55.70	52.74	56.93	56.49	73.16	67.96
第三产业	81.36	85.29	89.62	89.83	94.86	96.67	104.21	108.74
按城乡分								
城镇	111.33	117.67	121.76	118.06	126.92	129.22	152.54	151.87
农村	50.29	50.27	48.78	49.27	49.12	48.04	49.39	49.09
按行业分								
农、林、牧、渔业	27.15	25.72	25.22	24.75	24.25	24.09		24.26
采矿业	7.93	8.37	8.36	7.92	8.63	8.68		10.49
制造业	32.71	36.11	34.78	32.00	35.22	33.34		31.97
电力、燃气及水的生产和供应业	1.89	1.64	1.76	1.67	1.66	1.79		2.55
建筑业	10.57	10.81	10.80	11.14	11.42	12.67		22.95
交通运输、仓储和邮政业	11.08	13.34	12.78	12.72	13.26	11.19		11.79
信息传输、计算机服务和软件业	1.44	2.08	2.15	1.89	2.33	2.77		6.11
批发和零售业	28.83	25.28	27.04	28.47	31.34	33.20		34.93
住宿和餐饮业	3.45	6.22	6.59	6.31	6.48	6.81		7.60
金融业	2.08	2.20	2.24	2.30	2.66	2.88		3.22
房地产业	0.78	0.90	0.99	0.96	1.05	1.21		1.82
租赁和商务服务业	2.51	2.77	3.25	2.97	3.33	3.90		5.42
科学研究、技术服务和地质勘查业	3.01	3.17	3.15	3.55	3.69	3.77		4.88
水利、环境和公共设施管理业	1.27	1.48	1.67	1.67	1.71	1.77		3.15
居民服务和其他服务业	3.13	3.76	4.87	4.61	4.89	4.94		4.53
教育	6.77	7.06	7.60	7.61	7.55	7.64		7.90

3-1 续表

单位：万人

指　　标	2005	2007	2008	2009	2010	2011	2012	2013
卫生、社会保障和社会福利业	2.59	2.93	3.12	3.20	3.31	3.43		4.01
文化、体育和娱乐业	1.51	1.95	2.08	2.05	1.99	1.98		2.08
公共管理和社会组织	4.97	5.22	5.42	5.53	5.72	5.88		6.42
其他	7.95	6.93	6.68	5.98	5.54	5.32		4.88

注：2012年年报执行国民经济行业分类新标准，各行业和历史数据不可比。

3-2　城镇非私营单位按国民经济行业分组的单位从业人员

指　　标	总　计	单位从业人员年末人数（人）		
		国有	城镇集体	其他经济类型
总　计	**967484**	**373448**	**38541**	**555495**
按企事业机关分组				
企业	723676	135242	33698	554736
事业	191404	185802	4843	759
机关	52077	52077		
其他	327	327		
按国民经济行业分组				
农、林、牧、渔业	2532	2529	3	
采矿业	102243	3575	17	98651
制 造 业	208049	13415	11894	182740
电力、热力、燃气及水生产和供应业	24711	12753	52	11906
建筑业	183500	32679	6319	144502
批发和零售业	44023	13055	4045	26923
交通运输、仓储和邮政业	30241	14975	1109	14157
住宿和餐饮业	23277	8191	1100	13986
信息传输、软件和信息技术服务业	22100	5739	10	16351
金融业	28975	13696	3842	11437
房地产业	11135	2232	290	8613
租赁和商务服务业	26241	14109	1994	10138
科学研究、技术服务业	37244	31931	85	5228

3-2　续表

指　　标	总　计	单位从业人员年末人数（人）		
		国有	城镇集体	其他经济类型
水利、环境和公共设施管理业	19458	15977	3350	131
居民服务、修理和其他服务业	9762	1676	747	7339
教育	78792	76491	1174	1127
卫生和社会工作	36368	32888	2209	1271
文化、体育和娱乐业	14623	13564	222	837
公共管理、社会保障和社会组织	64210	63973	79	158

注：根据国家统计局2013年企业“一套表”制度，本表数据包含了铁路系统驻并单位。

3-3　城镇非私营单位按国民经济行业分组的单位从业人员劳动报酬

指　　标	合　计	单位从业人员劳动报酬（万元）		
		国有	城镇集体	其他经济类型
总　计	**4917691.2**	**1828453.4**	**119689.6**	**2969548.2**
按企事业机关分组				
企业	3768080.7	696523.7	106127.3	2965429.7
事业	891325.5	873644.7	13562.3	4118.5
机关	257016.9	257016.9		
其他	1268.1	1268.1		
按国民经济行业分组				
农、林、牧、渔业	9830.2	9820.4	9.8	
采矿业	786729.6	19731.2	40.9	766957.5
制造业	896993.8	41223.4	27792.6	827977.8
电力、热力、燃气及水生产和供应业	154209.5	89355.4	148.2	64705.9
建筑业	841230.7	112500.6	16336.5	712393.6
批发和零售业	180469.0	54207.3	9032.6	117229.1
交通运输、仓储和邮政业	156921.5	89862.3	2807.4	64251.8
住宿和餐饮业	55709.9	21658.9	3002.5	31048.5
信息传输、软件和信息技术服务业	124110.4	43679.9	16.0	80414.5
金融业	310556.2	134090.5	36647.1	139818.6
房地产业	45663.4	7410.4	331.9	37921.1

3-3 续表

指　标	合　计	单位从业人员劳动报酬（万元）		
		国有	城镇集体	其他经济类型
租赁和商务服务业	103513.7	43735.7	5238.0	54540.0
科学研究、技术服务业	221584.8	184820.7	222.5	36541.6
水利、环境和公共设施管理业	51958.3	45010.3	6678.0	270.0
居民服务、修理和其他服务业	30087.7	6604.7	1317.0	22166.0
教育	416138.5	408737.6	2463.6	4937.3
卫生和社会工作	151414.3	139724.2	6983.9	4706.2
文化、体育和娱乐业	73657.0	70622.0	310.2	2724.8
公共管理、社会保障和社会组织	306912.7	305657.9	310.9	943.9

注：根据国家统计局2013年企业“一套表”制度，本表数据包含了铁路系统驻并单位。

3-4 城镇非私营单位按国民经济行业分组的在岗职工（含劳务派遣人员）人数

指　标	合　计	在岗职工年末人数（人）		
		国有	城镇集体	其他经济类型
总　计	**926031**	**353567**	**35858**	**536606**
按企事业机关分组				
企业	692847	125713	31287	535847
事业	181367	176037	4571	759
机关	51490	51490		
其他	327	327		
按国民经济行业分组				
农、林、牧、渔业	2494	2491	3	
采矿业	101841	3433	17	98391
制造业	206158	13109	11271	181778
电力、热力、燃气及水生产和供应业	24698	12743	52	11903
建筑业	168075	31265	5183	131627
批发和零售业	42283	12376	3772	26135
交通运输、仓储和邮政业	29515	14321	1067	14127
住宿和餐饮业	22002	7606	1064	13332

3-4 续表

指　标	合　计	在岗职工年末人数（人）		
		国有	城镇集体	其他经济类型
信息传输、软件和信息技术服务业	21974	5723	10	16241
金融业	28821	13689	3842	11290
房地产业	8958	2185	221	6552
租赁和商务服务业	20751	8845	1912	9994
科学研究、技术服务业	36130	31197	85	4848
水利、环境和公共设施管理业	15941	12539	3292	110
居民服务、修理和其他服务业	9211	1580	592	7039
教育	78199	75898	1174	1127
卫生和社会工作	32807	29536	2000	1271
文化、体育和娱乐业	13428	12523	222	683
公共管理、社会保障和社会组织	62745	62508	79	158

注：根据国家统计局2013年企业“一套表”制度，本表数据包含了铁路系统驻并单位。

3-5 城镇非私营单位按国民经济行业分组的在岗职工（含劳务派遣人员）工资总额

指　标	总　计	在岗职工工资总额(万元)		
		国有	城镇集体	其他经济类型
总　计	**4809134.3**	**1785455.8**	**113919.3**	**2909759.2**
按企事业机关分组				
企业	3683480.6	676850.0	100989.9	2905640.7
事业	868493.8	851445.9	12929.4	4118.5
机关	255891.8	255891.8		
其他	1268.1	1268.1		
按国民经济行业分组				
农、林、牧、渔业	9776.5	9766.7	9.8	
采矿业	786124.5	19522.6	40.9	766561.0
制造业	891063.5	40843.3	26415.1	823805.1
电力、热力、燃气及水生产和供应业	154142.8	89291.8	148.2	64702.8
建筑业	791879.6	109122.8	13412.8	669344.0

3-5 续表

指　　标	总　计	在岗职工工资总额(万元)		
		国有	城镇集体	其他经济类型
批发和零售业	175568.8	53725.0	8635.5	113208.3
交通运输、仓储和邮政业	155724.2	88806.7	2746.1	64171.4
住宿和餐饮业	52999.4	20543.9	2961.3	29494.2
信息传输、软件和信息技术服务业	123920.1	43626.6	16.0	80277.5
金融业	310183.2	134040.3	36647.1	139495.8
房地产业	41339.1	7352.0	297.6	33689.5
租赁和商务服务业	91617.8	32326.7	5100.3	54190.8
科学研究、技术服务业	218008.9	182232.8	222.5	35553.6
水利、环境和公共设施管理业	47890.0	41075.2	6620.0	194.8
居民服务、修理和其他服务业	29531.2	6423.9	1131.3	21976.0
教育	415070.9	407670.0	2463.6	4937.3
卫生和社会工作	144904.2	133767.9	6430.1	4706.2
文化、体育和娱乐业	65957.1	63139.9	310.2	2507.0
公共管理、社会保障和社会组织	303432.5	302177.7	310.9	943.9

注：根据国家统计局2013年企业“一套表”制度，本表数据包含了铁路系统驻并单位。

3-6 城镇非私营单位按国民经济行业分组的其他从业人员人数

指　　标	总　计	年末人数(人)		
		国有	城镇集体	其他经济类型
总　计	**41453**	**19881**	**2683**	**18889**
按企事业机关分组				
企业	30829	9529	2411	18889
事业	10037	9765	272	
机关	587	587		
其他				
按国民经济行业分组				
农、林、牧、渔业	38	38		
采矿业	402	142		260
制造业	1891	306	623	962

3-6 续表

指 标	总 计	年末人数(人)		
		国有	城镇集体	其他经济类型
电力、热力、燃气及水生产和供应业	13	10		3
建筑业	15425	1414	1136	12875
批发和零售业	1740	679	273	788
交通运输、仓储和邮政业	726	654	42	30
住宿和餐饮业	1275	585	36	654
信息传输、软件和信息技术服务业	126	16		110
金融业	154	7		147
房地产业	2177	47	69	2061
租赁和商务服务业	5490	5264	82	144
科学研究、技术服务业	1114	734		380
水利、环境和公共设施管理业	3517	3438	58	21
居民服务、修理和其他服务业	551	96	155	300
教育	593	593		
卫生和社会工作	3561	3352	209	
文化、体育和娱乐业	1195	1041		154
公共管理、社会保障和社会组织	1465	1465		

注：根据国家统计局2013年企业“一套表”制度，本表数据包含了铁路系统驻并单位。

3-7 城镇非私营单位按国民经济行业分组的其他从业人员工资总额

指 标	总 计	其他从业人员工资总额(万元)		
		国有	城镇集体	其他经济类型
总 计	**108556.9**	**42997.6**	**5770.3**	**59789.0**
按企事业机关分组				
企业	84600.1	19673.7	5137.4	59789.0
事业	22831.7	22198.8	632.9	
机关	1125.1	1125.1		
按国民经济行业分组				
农、林、牧、渔业	53.7	53.7		

3-7 续表

指 标	总 计	其他从业人员工资总额(万元)		
		国有	城镇集体	其他经济类型
采矿业	605.1	208.6		396.5
制造业	5930.3	380.1	1377.5	4172.7
电力、热力、燃气及水生产和供应业	66.7	63.6		3.1
建筑业	49351.1	3377.8	2923.7	43049.6
批发和零售业	4900.2	482.3	397.1	4020.8
交通运输、仓储和邮政业	1197.3	1055.6	61.3	80.4
住宿和餐饮业	2710.5	1115.0	41.2	1554.3
信息传输、软件和信息技术服务业	190.3	53.3		137.0
金融业	373.0	50.2		322.8
房地产业	4324.3	58.4	34.3	4231.6
租赁和商务服务业	11895.9	11409.0	137.7	349.2
科学研究、技术服务业	3575.9	2587.9		988.0
水利、环境和公共设施管理业	4068.3	3935.1	58.0	75.2
居民服务、修理和其他服务业	556.5	180.8	185.7	190.0
教育	1067.6	1067.6		
卫生和社会工作	6510.1	5956.3	553.8	
文化、体育和娱乐业	7699.9	7482.1		217.8
公共管理、社会保障和社会组织	3480.2	3480.2		

注：根据国家统计局2013年企业“一套表”制度，本表数据包含了铁路系统驻并单位。

3-8 城镇非私营单位按国民经济行业分组的在岗职工(含劳务派遣人员)年平均工资

指 标	总 计	在岗职工年平均工资(元)		
		国有单位	城镇集体单位	其他单位
总 计	**51035**	**50913**	**31155**	**52422**
按企事业机关分组				
企业	51828	54404	31570	52419

3-8 续表

指　　标	总　计	在岗职工年平均工资(元)		
		国有单位	城镇集体单位	其他单位
事业	48296	48795	28255	54262
机关	49728	49728		
其他	38780	38780		
按国民经济行业分组				
农、林、牧、渔业	39216	39224	32667	
采矿业	77709	57000	24059	78445
制造业	42708	31221	23310	44717
电力、热力、燃气及水生产和供应业	67562	75890	28500	58837
建筑业	41772	33780	24220	44114
批发和零售业	42576	43736	22659	45028
交通运输、仓储和邮政业	53607	63284	25450	46044
住宿和餐饮业	24948	27254	27728	23338
信息传输、软件和信息技术服务业	57072	78100	16000	49809
金融业	109714	99732	90064	129607
房地产业	48760	36687	13286	53903
租赁和商务服务业	43493	36861	26633	52207
科学研究、技术服务业	61776	59501	27134	77611
水利、环境和公共设施管理业	30084	32766	20238	17393
居民服务、修理和其他服务业	31581	40200	18950	30710
教育	53014	53639	20985	44122
卫生和社会工作	44979	46253	31816	36940
文化、体育和娱乐业	51650	53558	13973	33030
公共管理、社会保障和社会组织	48364	48352	38863	57555

注：1.根据国家统计局2013年企业“一套表”制度，本表数据包含了铁路系统驻并单位。

2.2013年城镇私营单位年平均工资为29064元。

3-9 基本养老保险情况

单位：人

指 标	参保职工	缴费人员	离休、退休、退职人员	实发养老金金额(万元)
总 计	**791489**	**730357**	**351564**	**913256**
企业	651146	621677	336845	880854
1.国有企业	316780	302961	247551	679335
2.集体企业	70880	60704	69630	150985
3.其他企业	188109	183059	18093	45329
4.港澳台及外资企业	75377	74953	1571	5205
其他	140343	108680	14719	32402

注：数据来源于市社保中心。

3-10 城镇失业人员情况

单位：人

指 标	2013	2012
期末失业人数	46725	45262
上期结转的失业人数	45262	44080
本期新登记的失业人数	49124	49278
# 本期由就业转失业人数	12597	15916
本期失业人员就业人数	47661	48096

注：数据来源于市人社局。

第4篇

固定资产投资、建筑业

资料整理、审核

苏人龙　　米俊峰　　王　敏　　陆慧敏

王　琳　　苏雯婷

4-1 固定资产投资规模

单位：万元

指 标	2013	比上年增长(%)
总 计	**16707390**	**26.5**
按投资类型分		
投资项目完成投资	12408196	29.8
房地产开发项目完成投资	4299194	17.9
按隶属关系分		
中央项目	1115599	-10.3
省属项目	3490347	20.2
市属项目	3775772	140.0
县(市、区)项目	1355154	26.1
其他	6970518	8.7

4-2 施工及竣工房屋建筑面积

单位：平方米

指 标	全年施工房屋面积	#住宅	全年竣工房屋面积	#住宅
总 计	**67577088**	**43234679**	**7877194**	**4058506**
按投资类型分				
投资项目	24579487	10026835	5615502	2149829
房地产开发项目	42997601	33207844	2261692	1908677

4-3 固定资产投资额

单位：万元

指 标	本年完成投资	本年新增固定资产
总 计	**16707390**	**5991585**
#住宅	4106906	
按登记注册类型分		
内资	16345653	5867171
国有	7539197	2221199
集体	1422958	1108125
国有独资	299232	250741
其他有限责任公司	2252288	1092455
股份有限公司	406993	59988
其他	2992139	425460
港澳台商投资	101692	16000
#合资经营	77181	16000
独资经营	24511	
外商投资	207100	71423
合资经营	24235	22637
外资企业	182865	48786
个体经营	52945	36991
按隶属关系分		
中央项目	1115599	252753
地方项目	15591791	5738832
省属	3490347	1738448
市属	3775772	787929
县(市、区)属	1355154	749385
其他	6970518	2463070
按建设性质分		
#新建	7712665	2605546
扩建(改建)	1253937	639384
改建和技术改造	2309772	1206576
按构成分		
建筑工程	10175903	
安装工程	1787672	
设备工器具购置	2209483	
其他费用	2534332	
按国民经济部门(行业)分		
农、林、牧、渔业	253077	166363
采掘业	1052903	467309
制造业	3342187	1549001
电力、燃气及水的生产和供应业	862724	218782
建筑业	57428	28981
交通运输、仓储及邮电通信业	577682	152944
信息传输计算机服务和软件业	265341	75448
批发和零售贸易业	195648	190041
住宿餐饮业	77446	18552
金融、保险业	3025	12325
房地产业	6358489	2074460
租赁和商务服务业	152307	30909
科学研究技术服务和地质勘察业	85303	30547
水利环境和公共设施管理业	2920743	705286
居民服务和其它服务业	50097	27724
教育	179105	123963
卫生社会保障和社会福利业	74702	53447
文化、体育和娱乐业	47432	10894
公共管理和社会组织	151751	54609

4-4　固定资产投资资金来源情况

单位：万元

指　　标	投资项目	房地产开发项目
一、本年资金来源合计	**10769131**	**6422181**
1.上年末结余资金	576221	1200789
2.本年资金来源小计	10192910	5221392
国内贷款	834813	330723
利用外资	11000	
# 外商直接投资		
自筹资金	7575269	2277626
# 企、事业单位自筹	2291786	1016157
其他资金	363358	2613043
二、本年各项应付款合计	**2867204**	**731322**
# 工程款	921068	433254

4-5　房地产开发投资完成情况

单位：万元

指　　标	单　位	合　计		按经济类型分		
			# 住宅	国有	集体	其他
房地产开发投资	万元	4299194	3647214	675585	78237	3545372
本年新增固定资产	万元	584263	1017160	104327	110	479826
施工面积	平方米	42997601	33207844	7120231	808106	35069264
竣工面积	平方米	2261692	1908677	353693		1907999
商品房屋销售面积	平方米	3976020	3749908	569239	131431	3275350
商品房销售额	万元	2952083	2596177	331767	87030	2533286

4-6　房地产开发资金来源情况

单位：万元

指　　标	合　计	按经济类型分		
		国有	集体	其他
一、本年资金来源合计	**6422181**	**1047454**	**127196**	**5247531**
1.年末结余资金	1200789	289615	15472	895702
2.本年资金来源小计	5221392	757839	111724	4351829
国内贷款	330723	34020	4233	292470
利用外资				
自筹资金	2277626	426449	25780	1825397
# 自有资金	1016157	179089	15510	821558
其他资金来源	2613043	297370	81711	2233962
# 定金及预收款	1954124	224341	60459	1669324
个人按揭贷款	585725	50149	21251	514325
二、本年各项应付款	**731322**	**117231**	**13311**	**600780**
# 工程款	433254	80685	7201	345368

4-7 房地产开发单位生产和经营情况

单位：万元

指标	总计	按经济类型分		
		国有	集体	其他
一、实收资本合计	**26260593**	**5286888**	**175492**	**20798213**
二、年末资产负债情况				
资产总计	218988816	31191601	3564922	184232293
固定资产累计折旧	1426785	97291	34125	1295369
#本年折旧	398156	15925	3586	378645
负债总计	190074703	24797059	2876827	162400817
所有者权益合计	28914113	6394542	688095	21831476
三、损益及分配				
1.营业收入总计	26032164	4590426	374606	21067132
#主营业务收入	25928396	4542805	368876	21016715
(1)土地转让收入	70774			70774
(2)商品房屋销售收入	24713181	3931457	361452	20420272
(3)房屋出租收入	337120	38034	1726	297360
(4)其他收入	807321	573314	5698	228309
2.营业成本	18653593	3691260	260250	14702083
#主营业务成本	18487065	3665229	260250	14561586
3.营业税金及附加	2859001	350273	32202	2476526
#主营业务税金及附加	2788677	339368	32202	2417107
4.其他业务利润	15066	7957	204	6905
5.销售费用	1029087	108346	32088	888653
6.管理费及财务费用	2223132	222506	23594	1977032
7.投资收益及营业外收入	170977	77091	336	93550
8.营业外支出	142002	12215	734	129053
9.利润总额	1115411	283708	26074	805629

4-8 房地产开发商品房销售与出租情况

单位：平方米

指标	实际销售	预售	待售	出租	实际销售额(万元)
房屋面积	**3976020**	**3172007**	**466439**	**3253**	**2952083**
1.住宅	3749908	2855764	379741		2596177
#别墅、高档公寓	171203	348400	2722		193498
2.办公楼	80021	94889	37198		110095
3.商业营业用房	143557	147610	48360	3253	245069
4.其他	2534	73744	1140		742

4-9 房地产开发施工、竣工面积及竣工价值

单位：平方米

指 标	施工面积	# 新开工	竣工面积	竣工房屋价值(万元)
房屋建筑面积	**42997601**	**7175842**	**2261692**	**510873**
按用途分				
1.住宅	33207844	5829653	1908677	436505
# 别墅、高档公寓	717560	178488	12722	1781
2.办公楼	1686715	296262	106712	15122
3.商业营业用房	3950905	443028	144656	36535
4.其它	4152137	606899	101647	22711

4-10 建筑业主要经济指标

指 标	单 位	2013	2012
施工单位	个数	1081	968
施工产值	万元	20062431	16083836
# 建筑工程	万元	17085961	14066148
安装工程	万元	2297727	1579047
竣工产值	万元	8647902	5625592
房屋建筑施工面积	平方米	81260015	59009576
房屋建筑竣工面积	平方米	15149442	12706806
计算建筑业劳动生产率平均人数	人	628019	440421
从业人员期末人数	人	289171	320184
工资总额	万元	1189342	1262153
劳动生产率			
按施工产值计算	元/人	319456	365192
按房屋建筑竣工面积计算	平方米/人	24.1	28.9
资产合计	万元	22245932	18422850
负债合计	万元	17424931	14754125
所有者权益	万元	4814024	3668725
实收资本合计	万元	2909681	2602609
# 国家资本	万元	753211	774807
利润总额	万元	597432	456656
亏损企业个数	个	280	264
亏损企业亏损额	万元	21554	14663
利税总额	万元	1193644	951545

4-11　建筑施工企业生产完成情况

指　标	单位	总计	按经济类型分			按隶属关系分		
			国有	集体	其他	中央	省属	市属
企业个数	个	1022	119	28	875	35	64	923
建筑业总产值	万元	19983638	13646660	101875	6235103	8910893	5299653	5773092
1.建筑工程	万元	17007167	11952577	65323	4989267	7980359	4593232	4433576
2.安装工程	万元	2297727	1378737	24793	894197	821627	508028	968072
3.其它	万元	678744	315346	11760	351638	108907	198394	371443
竣工产值	万元	8569108	3969498	61691	4537919	4369516	1751278	2448314
房屋建筑施工面积	平方米	81260015	60147822	120319	20991874	24875179	34980204	21404632
# 本年新开工面积	平方米	22538195	13863990	51580	8622625	4771604	8894099	8872492
投标承包面积	平方米	76203280	58303326	6723	17893231	24577717	33442770	18182793
房屋建筑竣工面积	平方米	15149442	8256740	80169	6812533	1104354	7043342	7001746
自有机械设备净值	万元	633650	450623	5404	177624	384351	70579	178720
自有机械设备年末总台数	台	85308	43865	3148	38295	23196	19099	43013
自有机械设备年末总功率	千瓦	3147266	2358014	49505	739747	1935059	413309	798898

4-12　建筑业财务状况

指　标	单位	总计	按经济类型分			按隶属关系分		
			国有	集体	其他	中央	省属	市属
一、年末资产负债								
流动资产合计	万元	16679475	11712437	119238	4847800	9421473	3608567	3649435
# 应收工程款	万元	5416211	3855611	20161	1540439	2127367	1860662	1428182
# 存货	万元	2333672	1793233	22369	518070	1302359	497984	533329
固定资产合计	万元	1275522	711702	19831	543989	503317	218883	553322
固定资产原价	万元	2076627	1325192	28583	722852	997827	306126	772674
累计折旧	万元	986109	706332	10963	268814	559985	135664	290460
# 本年折旧	万元	178697	130923	939	46835	105262	21838	51597
在建工程	万元	85558	46995	2112	36451	8819	36509	40230
资产合计	万元	22213226	15975544	143195	6094487	11553813	6187442	4471971
流动负债合计	万元	15720725	11800486	113454	3806785	9555854	3779312	2385559
# 应付账款	万元	7064045	5666025	21779	1376241	4024075	1924060	1115910

4-12 续表

指 标	单位	总计	按经济类型分			按隶属关系分		
			国有	集体	其他	中央	省属	市属
非流动负债合计	万元	1641384	1463727	170	177487	342272	1194054	105058
负债合计	万元	17407105	13271000	115426	4020679	9898127	4975412	2533566
所有者权益合计	万元	4799145	2704544	27769	2066832	1655686	1212030	1931429
实收资本	万元	2898523	1392507	24089	1481927	972368	470017	1456138
国家资本	万元	753211	742760	200	10251	378085	315006	60120
集体资本	万元	59732	11640	20594	27498		11210	48522
法人资本	万元	1154378	586349	2775	565254	594283	96736	463359
个人资本	万元	927918	51659	520	875739		47066	880852
港澳台资本	万元	2960			2960			2960
外商资本	万元	325	100		225			325
二、损益及分配								
营业收入	万元	20063542	13947820	106592	6009130	9762001	4650139	5651402
# 主营业务收入	万元	19885510	13886180	98766	5900564	9746253	4614883	5524374
营业成本	万元	18064503	12566906	90205	5407392	8766053	4240309	5058141
# 主营业务成本	万元	17878626	12512193	84751	5281682	8744792	4218471	4915363
营业税金及附加	万元	580753	392890	3226	184637	245413	150707	184633
# 主营业务税金及附加	万元	574939	389638	3014	182287	243083	150256	181600
其他业务利润	万元	31151	18007	2025	11119	1501	16472	13178
销售费用	万元	36985	5250	4155	27580	4003	769	32213
管理费用	万元	808449	573308	7859	227282	390783	193090	224576
# 税金	万元	14766	6129	154	8483	3465	2336	8965
财务费用	万元	77642	58173	135	19334	47368	18156	12118
# 利息收入	万元	63513	51247	9	12257	58534	3306	1673
# 利息支出	万元	133027	104221	63	28743	101765	20752	10510
营业利润	万元	581866	421627	1023	159216	397940	42730	141196
补贴收入	万元	24318	20076	343	3899	6596	13753	3969
营业外收入	万元	6214	3971	238	2005	2530	1500	2184
营业外支出	万元	8009	5580	318	2111	2210	3132	2667
利润总额	万元	597480	436124	1048	160308	402325	53352	141803
应交所得税	万元	64981	31969	126	32886	19077	13515	32389
三、人工成本								
应付职工薪酬	万元	985857	612419	16604	356834	387443	225659	372755
四、亏损企业个数	**个**	**264**	**19**	**10**	**235**		**14**	**250**
五、亏损额	**万元**	**-21052**	**-9615**	**-326**	**-11111**		**-8921**	**-12131**

4-13　劳务分包建筑企业生产经营情况

单位：万元

指　　标	总　计	按经济类型分			按隶属关系分		
		国有	集体	其他	中央	省属	市属
一、产值完成情况							
建筑业总产值	78793	4143	301	74349	301	6699	71793
二、年末资产负债							
固定资产原价	6436	2488	65	3883	65	3550	2821
本年折旧	480	200	30	250	30	246	204
资产总计	32706	5759	117	26830	117	10917	21672
负债合计	17827	4401	37	13389	37	6039	11751
实收资本	11158	1278	46	9834	46	3398	7714
三、损益及分配							
营业收入	81640	7891	301	73448	301	10413	70926
# 主营业务收入	77914	4183	298	73433	298	6705	70911
营业成本	77712	7238	186	70288	186	9450	68076
# 主营业务成本	74055	3597	186	70272	186	5833	68036
营业税金及附加	639	153	10	476	10	242	387
# 主营业务税金及附加	638	152	10	476	10	241	387
销售费用	119			119			119
管理费用	3022	431	105	2486	105	540	2377
# 税金	54	13		41		15	39
财务费用	43	1		42		38	5
营业利润	183	93		90		143	40
利润总额	-48	17		-65		50	-98

第5篇

能源消费与库存

资料整理、审核

任永刚　　郭　波

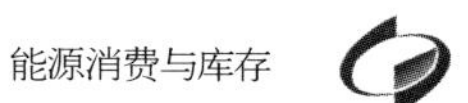

5-1　一、二次能源生产量及构成

指　　标	2013	2012
一次能源产量（万吨标准煤）	**2651.10**	**2564.72**
主要能源品种占一次能源产量(%)		
原煤	100.0	100.0
二次能源产量（万吨标准煤）	**4368.20**	**4336.44**
主要能源品种占二次能源产量(%)		
火电	6.4	8.3
洗精煤	53.2	47.1
焦炭	26.0	25.2

5-2　煤炭、石油制品及焦碳消费量

单位：万吨

指　　标	2013	2012
煤炭	**6621.80**	**6719.88**
# 生产建设消费	6615.91	6437.59
# 发电	1041.03	1130.80
炼焦	1486.00	1487.25
生活用	5.89	56.26
石油制品(标准煤)	**322.96**	**307.22**
# 工业	17.66	21.08
交通	150.01	141.01
农业	20.32	20.00
焦炭	**321.08**	**300.02**
工业生产	321.08	300.02

5-3 全社会用电量

单位：万千瓦时

指 标	2013	2012
全社会用电量总计（包含省返线损、省调厂用电）	**2474283.60**	**2478709.95**
省返线损	47533.00	27700.00
省调厂用电	283653.16	299488.00
全社会实用电总计	**2151343.71**	**2143161.95**
A.全行业用电合计	1865787.48	1885781.73
第一产业	17357.00	16917.22
第二产业	1501130.71	1546723.85
第三产业	347299.78	322140.66
B.城乡居民用电合计	285556.22	257380.22
城镇居民	254054.29	226368.87
乡村居民	31501.93	31011.35
全行业用电分类	**1865787.48**	**1885781.73**
一、农、林、牧、渔业	**17357.00**	**16917.22**
1.农业	4212.80	4369.26
2.林业	945.42	1082.75
3.畜牧业	1739.23	1921.52
4.渔业	141.84	113.42
5.农、林、牧、渔服务业	10317.71	9430.27
#排灌	9912.48	9318.31
二、工业	**1466561.37**	**1513675.69**
轻工业	43255.99	43669.47
重工业	1423305.38	1470006.22
(一)采矿业	214831.87	218279.77
1.煤炭开采和洗选业	157318.27	160725.87
2.石油和天然气开采业	322.75	324.46
3.黑色金属矿采选业	53224.65	53108.06
4.有色金属矿采选业	628.91	445.12
5.非金属矿采选业	2676.26	3022.46
6.其他采矿业	661.03	653.80
(二)制造业	1126451.59	1151638.50
1.食品、饮料和烟草制造业	17345.19	16937.09
#农副食品加工业	4458.41	4148.24
2.纺织业	2664.03	3195.91
3.服装鞋帽、皮革羽绒及其制品业	253.64	280.64
4.木材加工及制品和家具制品业	1506.17	1359.50
#轻工业	710.14	562.15
5.造纸及纸制品业	3100.49	3727.84
6.印刷业和记录媒介的复制	1993.75	1918.41
7.文教体育用品制造业	56.40	80.63
8.石油加工炼焦及核燃料	42782.13	42277.56
9.化学原料及化学制品制造	23941.58	53919.66
#轻工业	1008.67	1078.28
#氯碱	11971.39	35601.38
电石		1350.73
肥料	84.47	4972.23
10.医药制造业	2307.78	2419.93
11.化学纤维制造业	2047.08	1407.32
12.橡胶和塑料制品业	12149.79	11459.23
#轻工业	842.18	680.21

5-3 续表

单位：万千瓦时

指 标	2013	2012
13.非金属矿物制品业	58120.52	70294.63
#轻工业	495.33	360.90
#水泥制造	43356.93	55494.95
14.黑色金属冶炼及压延	667071.67	648686.16
#铁合金冶炼	28111.73	-24696.94
15.有色金属冶炼及压延	136011.47	135458.68
#铝冶炼	116525.50	86055.28
16.金属制品业	27277.34	28444.69
#轻工业	946.89	1293.35
17.通用及专用设备制造业	57326.43	78207.97
#轻工业	100.63	51.21
18.交通运输、电气、电子设备制造业	62083.94	45331.24
#轻工业	143.10	613.60
#交通运输设备制造业	5215.42	3904.60
19.工艺品及其他制造业	2001.63	1936.69
20.废弃资源和废旧材料回收	6410.57	4294.72
(三)电力、煤气及水的生产及供应业	125277.92	143757.42
1.电力、热力的生产和供应	92292.76	110096.75
#电厂生产全部耗用电量	16719.81	17960.67
线路损失电量	65551.77	85372.23
抽水蓄能抽水耗用电量	2600.31	1818.60
2.燃气生产和供应业	11838.81	12145.05
3.水的生产和供应业	21146.32	21515.62
#轻工业	7239.03	7125.31
三、建筑业	**34559.34**	**33048.16**
四、交通运输、仓储和邮政业	**82955.01**	**76324.52**
1.交通运输业	46531.02	39335.84
#城市公共交通	1009.57	978.05
管道运输业	26878.32	21081.54
电气化铁路	680.09	433.60
2.仓储业	34534.38	34996.69
3.邮政业	1889.62	1991.99
五、信息传输、计算机服务和软件业	**15763.34**	**13638.29**
1.电信和其他信息传输服务业	15123.81	13105.13
2.计算机服务和软件业	639.52	533.16
六、商业、住宿和餐饮业	**76599.86**	**66885.66**
1.批发和零售业	54565.15	46211.61
2.住宿和餐饮业	22034.70	20674.05
七、金融、房地产、商务及居民服务业	**68679.72**	**73847.87**
1.金融业	3874.98	3583.78
2.房地产业	23468.49	26058.31
3.租赁和商务服务业、居名服务和其他服务业	41336.24	44205.78
八、公共事业及管理组织	**103301.85**	**91444.32**
1.科学研究、技术服务和地质勘察业	724.88	6573.45
#地质勘察业	624.45	434.75
2.水利、环境和公共设施管理业	16825.16	14215.07
#水利管理业	2944.20	2936.19
公共照明业	4122.93	3260.92
3.教育、文化、体育和娱乐业	34687.49	25422.96
#教育	24096.06	14971.68
4.卫生、社会保障和社会福利业	16073.69	15140.55
5.公共管理和社会组织、国际组织	28474.63	30092.29

5-4 规模以上工业企业

指 标	单 位	年初库存量	购进量	
			实物量	金额（万元）
原煤	吨	1540653.07	22786045.16	11729422.89
#1.无烟煤	吨	45085.58	41083.17	29346.21
2.炼焦烟煤	吨	556493.43	7385504.29	4476081.76
3.一般烟煤	吨	939019.06	15359457.70	7223994.92
4.褐煤	吨	55.00		
洗精煤	吨	424542.46	11384302.73	12412309.53
其他洗煤	吨	62874.12	167464.87	36059.49
煤制品	吨	780.53	13491.43	6062.47
焦炭	吨	142723.57	981913.29	1401689.95
其他焦化产品	吨	17092.27	191929.00	606468.00
焦炉煤气	万立方米		49813.73	358574.10
高炉煤气	万立方米			
转炉煤气	万立方米			
发生炉煤气	万立方米		3.95	32.00
天然气（气态）	万立方米		21247.67	444441.22
液化天然气（液态）	吨		171.89	988.98
煤层气（煤田）	万立方米			
汽油	吨	288.34	12886.86	108107.86
煤油	吨	864.28	4539.26	33184.74
柴油	吨	6358.23	72726.61	564057.23
燃料油	吨	1263.36	4765.50	38893.27
液化石油气	吨		3626.31	26521.86
润滑油	吨	1.90	16.78	278.97
石蜡	吨	101.87	378.00	2879.00
石油焦	吨	17100.26	10882.00	18644.00
其他石油制品	吨	1476.03	7778.66	18854.30
热力	百万千焦		4738640.21	273883.48
电力	万千瓦时		836873.35	4593709.79
煤矸石用于燃料	吨		29376.00	754.00
余热余压	百万千焦			
能源合计	吨标准煤			

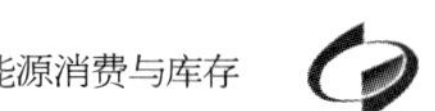

能源购进、消费与库存情况

消费量					期末库存量
合 计	1.工业生产消费	用于原材料	2.非工业生产消费	合计中：运输工具消费	
48825126.10	48778386.03	44937.35	46740.07		1775487.08
42074.43	41659.43	36066.43	415.00		44084.09
33638528.77	33618225.59		20303.18		510480.68
15144522.90	15118501.01	8870.92	26021.89		1220389.41
					532.90
14872052.16	14868320.85		3731.31		1153763.44
2507349.44	2504263.31		3086.13		64692.27
13492.43	8174.21	7.00	5318.22		737.00
3210769.33	3210723.83	5292.00	45.50		194759.43
189145.42	189145.42	27320.00			19867.85
235002.94	234407.59	768.00	595.35		
1156660.84	1156660.84				
61591.00	61591.00				
3.95	3.95				
21393.02	16262.31		5130.71		8.65
171.89	50.38		121.51		
5945.37	5945.37				
12787.02	6272.52	917.56	6514.50	3447.29	272.04
4369.73	4369.39	187.21	0.34		1036.25
72191.95	59747.48	1149.59	12444.47	6655.02	6786.64
3979.20	3979.20				2068.26
3626.31	3607.80		18.51		
14.29	14.29				2.49
464.99	464.99				15.88
13714.06	13714.06				14268.20
7959.73	7958.23	7919.44	1.50		1279.00
24767273.47	23290460.71		1476812.76		
2598921.49	2576290.85		22630.61		
831221.54	831221.54				
10307432.71	10307432.71				
64695056.33	64485144.14		209912.19		

5-5 规模以上工业企业能源加工转换投入产出情况

指 标	单 位	工业生产消费量	加工转换投入合计	火力发电	供热	原煤入洗	炼焦	能源加工转换产出	回收利用
原煤	吨	48000390	46250012	8118557	2361582	35769873			
#1.无烟煤	吨								
2.炼焦烟煤	吨	33618226	33443869	731452	146313	32566104			
3.一般烟煤	吨	14382164	12806143	7387105	2215269	3203768			
4.褐煤	吨								
洗精煤	吨	14861136	14859989				14859989	23234933	
其它洗煤	吨	2494324	2409076	2291739	117337			4917118	
煤制品	吨	149							
焦炭	吨	3115456						11361493	
其它焦化产品	吨	59758						422408	
焦炉煤气	万立方米	213364	22939	19697	3242			272252	
高炉煤气	万立方米	1156661	355794	88847	266947				1198220
转炉煤气	万立方米	61591							61591
天然气（气态）	万立方米	13930							
煤层气（煤田）	万立方米	5945	5945	5945					
汽油	吨	3037							
煤油	吨	4158							
柴油	吨	40206							
燃料油	吨	3753							
石油焦	吨	13714							
热力	百万千焦	20190050						39703872	
电力	万千瓦时	1106571						2792475	
煤矸石用于燃料	吨	831222	831222	782046	49176			800908	
余热余压	百万千焦	10307433	10307433	10307433					22799761
能源合计	吨标准煤	61562234	52679856	8511402	2029270	28288879	13850305	43682041	2300108

5-6 规模以上工业企业主要能源按工业行业分组消费量(一)

指　标	原煤(吨)	无烟煤(吨)	炼焦烟煤(吨)	一般烟煤(吨)	褐煤(吨)
全部工业企业	**48825126.10**	**42074.43**	**33638528.77**	**15144522.90**	
一、按工业行业门类分					
(一)轻工业	47104.02	2567.00		44537.02	
(二)重工业	48778022.08	39507.43	33638528.77	15099985.88	
(三)采矿业	31442225.45		28632435.04	2809790.41	
煤炭开采和洗选业	31440915.45		28632435.04	2808480.41	
黑色金属矿采选业	1310.00			1310.00	
(四)制造业	10037775.90	42074.43	5006093.73	4989607.74	
农副食品加工业	18662.87	1527.00		17135.87	
食品制造业	13188.11	1040.00		12148.11	
酒、饮料和精制茶制造业	744.00			744.00	
烟草制品业					
纺织业					
纺织服装、服饰业					
木材加工和木、竹、藤、棕、草制品业	2360.04			2360.04	
家具制造业					
造纸和纸制品业	2570.92			2570.92	
印刷和记录媒介复制业					
文教、工美、体育和娱乐用品制造业					
石油加工、炼焦和核燃料加工业	5509000.73		5006093.73	502907.00	
化学原料和化学制品制造业	3655.50			3655.50	
医药制造业					
化学纤维制造业					
橡胶和塑料制品业					
非金属矿物制品业	530754.17	96.00		530658.17	
黑色金属冶炼和压延加工业	3731924.1	3135.00		3728789.10	
有色金属冶炼和压延加工业	45448.49			45448.49	
金属制品业	133635.71	36276.43		97359.28	
通用设备制造业	6575.00			6575.00	
专用设备制造业	4240.38			4240.38	
汽车制造业					
铁路、船舶、航空航天和其他运输设备制造业	17469.00			17469.00	
电气机械和器材制造业	3908.00			3908.00	
计算机、通信和其他电子设备制造业	9240.88			9240.88	
仪器仪表制造业	4398.00			4398.00	
其他制造业					
(五)电力、热力、燃气及水生产和供应业	7345124.75			7345124.75	
电力、热力生产和供应业	7345124.75			7345124.75	
燃气生产和供应业					
水的生产和供应业					

5-6 规模以上工业企业主要能源按工业行业分组消费量(二)

指　标	洗精煤（吨）	其它洗煤(吨)	煤制品(吨)	焦炭(吨)	其它焦化产品(吨)
全部工业企业	**14872052.16**	**2507349.44**	**13492.43**	**3210769.33**	**189145.42**
一、按工业行业门类分					
(一)轻工业	7296.41	46060.13	5101.80		
(二)重工业	14864755.75	2461289.31	8390.63	3210769.33	189145.42
(三)采矿业	1206879.30	2329148.38	4180.00		
煤炭开采和洗选业	1206879.30	2329148.38	4180.00		
黑色金属矿采选业					
(四)制造业	13665172.86	178201.06	9312.43	3210769.33	189145.42
农副食品加工业			1157.00		
食品制造业		4387.00	58.00		
酒、饮料和精制茶制造业		1986.13			
烟草制品业	4778.41				
纺织业			1551.00		
纺织服装、服饰业					
木材加工和木、竹、藤、棕、草制品业				138.32	
家具制造业			88.80		
造纸和纸制品业		39258.00			
印刷和记录媒介复制业					
文教、工美、体育和娱乐用品制造业					
石油加工、炼焦和核燃料加工业	10741842.63	12555.00			
化学原料和化学制品制造业			246.10		189145.42
医药制造业	2518.00	429.00			
化学纤维制造业			2150.00		
橡胶和塑料制品业		1000.00			
非金属矿物制品业			892.53	15884.35	
黑色金属冶炼和压延加工业	2912413.82			3186289.98	
有色金属冶炼和压延加工业					
金属制品业			1015.00	7466.50	
通用设备制造业			667.00		
专用设备制造业		117337.10	1445.00	15.10	
汽车制造业					
铁路、船舶、航空航天和其他运输设备制造业		1248.83	42.00	943.00	
电气机械和器材制造业	20.00				
计算机、通信和其他电子设备制造业	3600.00			32.08	
仪器仪表制造业					
其他制造业					
(五)电力、热力、燃气及水生产和供应业					
电力、热力生产和供应业					
燃气生产和供应业					
水的生产和供应业					

5-6 规模以上工业企业主要能源按工业行业分组消费量(三)

指　　标	焦炉煤气(万立方米)	高炉煤气(万立方米)	转炉煤气(万立方米)	发生炉煤气(万立方米)	天然气（气态）(万立方米)
全部工业企业	**235002.94**	**1156660.84**	**61591.00**	**3.95**	**21393.02**
一、按工业行业门类分					
(一)轻工业	216.00			3.95	1109.03
(二)重工业	234786.94	1156660.84	61591.00		20283.99
(三)采矿业	4534.00				382.85
煤炭开采和洗选业	4534.00				382.85
黑色金属矿采选业					
(四)制造业	230468.94	1156660.84	61591.00	3.95	20974.67
农副食品加工业					265.01
食品制造业	216.00				680.80
酒、饮料和精制茶制造业					91.85
烟草制品业					4.87
纺织业					
纺织服装、服饰业					
木材加工和木、竹、藤、棕、草制品业					
家具制造业					
造纸和纸制品业					39.50
印刷和记录媒介复制业				3.95	
文教、工美、体育和娱乐用品制造业					
石油加工、炼焦和核燃料加工业	91618.05				
化学原料和化学制品制造业	5240.00				82.00
医药制造业					
化学纤维制造业					
橡胶和塑料制品业	4487.14				300.67
非金属矿物制品业	95.00				4.60
黑色金属冶炼和压延加工业	103548.44	1156660.84	61591.00		18201.00
有色金属冶炼和压延加工业	6793.00				3.00
金属制品业	3031.10				536.06
通用设备制造业	238.98				74.27
专用设备制造业	14928.23				493.73
汽车制造业	58.00				1.62
铁路、船舶、航空航天和其他运输设备制造业					
电气机械和器材制造业					0.03
计算机、通信和其他电子设备制造业	215.00				87.66
仪器仪表制造业					108.00
其他制造业					
(五)电力、热力、燃气及水生产和供应业					35.50
电力、热力生产和供应业					
燃气生产和供应业					35.50
水的生产和供应业					

5-6 规模以上工业企业主要能源按工业行业分组消费量(四)

指　　标	液化天然气(液态)(吨)	煤层气（煤田）(万立方米)	汽油（吨）	煤油（吨）	柴油（吨）
全部工业企业	**171.89**	**5945.37**	**13017.82**	**4369.73**	**72191.95**
一、按工业行业门类分					
(一)轻工业	19.10		2404.87	179.00	2138.84
(二)重工业	152.79	5945.37	10612.95	4190.73	70053.11
(三)采矿业		5945.37	4011.55	3603.47	20644.97
煤炭开采和洗选业		5945.37	3807.55	3603.47	15849.07
黑色金属矿采选业			100.00		4795.90
(四)制造业	171.89		8454.66	763.44	50604.47
农副食品加工业	19.10		481.50		390.37
食品制造业			304.84		144.38
酒、饮料和精制茶制造业			94.51		201.09
烟草制品业			28.12		26.56
纺织业			22.13		6.18
纺织服装、服饰业			9.00		
木材加工和木、竹、藤、棕、草制品业					
家具制造业			68.84		5.40
造纸和纸制品业			66.47		238.08
印刷和记录媒介复制业			179.63		695.53
文教、工美、体育和娱乐用品制造业			16.03		99.00
石油加工、炼焦和核燃料加工业			557.52	530.86	3197.69
化学原料和化学制品制造业			983.89	179.00	739.08
医药制造业			74.66		25.50
化学纤维制造业					
橡胶和塑料制品业			186.55	6.66	159.63
非金属矿物制品业	59.00		610.49		10211.96
黑色金属冶炼和压延加工业			1387.31	0.80	31300.52
有色金属冶炼和压延加工业			84.89		288.29
金属制品业			520.33	8.88	795.66
通用设备制造业			789.75	0.51	618.57
专用设备制造业	90.95		627.06	20.88	686.20
汽车制造业			21.75		29.86
铁路、船舶、航空航天和其他运输设备制造业			161.71	14.30	194.50
电气机械和器材制造业	2.30		184.65	1.55	36.33
计算机、通信和其他电子设备制造业	0.54		371.60		499.33
仪器仪表制造业			604.07		12.00
其他制造业			17.36		2.76
(五)电力、热力、燃气及水生产和供应业			551.61	2.82	942.51
电力、热力生产和供应业			172.69	2.82	816.81
燃气生产和供应业			138.40		
水的生产和供应业			240.52		125.70

5-6 规模以上工业企业主要能源按工业行业分组消费量(五)

指　标	燃料油（吨）	液化石油气（吨）	润滑油（吨）	石蜡（吨）	石油焦（吨）
全部工业企业	**3979.20**	**3626.31**	**14.29**	**464.99**	**13714.06**
一、按工业行业门类分					
(一)轻工业		0.40			
(二)重工业	3979.20	3625.91	14.29	464.99	13714.06
(三)采矿业					
煤炭开采和洗选业					
黑色金属矿采选业					
(四)制造业	226.20	3626.31	14.29	464.99	13714.06
农副食品加工业					
食品制造业					
酒、饮料和精制茶制造业					
烟草制品业					
纺织业					
纺织服装、服饰业					
木材加工和木、竹、藤、棕、草制品业					
家具制造业					
造纸和纸制品业					
印刷和记录媒介复制业					
文教、工美、体育和娱乐用品制造业					
石油加工、炼焦和核燃料加工业					13714.06
化学原料和化学制品制造业		0.40			
医药制造业					
化学纤维制造业					
橡胶和塑料制品业					
非金属矿物制品业	199.50			464.99	
黑色金属冶炼和压延加工业		7.80	1.90		
有色金属冶炼和压延加工业		18.11			
金属制品业					
通用设备制造业	26.70		12.39		
专用设备制造业					
汽车制造业					
铁路、船舶、航空航天和其他运输设备制造业					
电气机械和器材制造业					
计算机、通信和其他电子设备制造业		3600.00			
仪器仪表制造业					
其他制造业					
(五)电力、热力、燃气及水生产和供应业	3753.00				
电力、热力生产和供应业	3753.00				
燃气生产和供应业					
水的生产和供应业					

5-6 规模以上工业企业主要能源按工业行业分组消费量(六)

指　　标	其它石油制品（吨）	热力（百万千焦）	电力（万千瓦时）	煤矸石用于燃料（吨）	余热余压（百万千焦）
全部工业企业	**7959.73**	**24767273.47**	**1621473.15**	**831221.54**	**10307432.71**
一、按工业行业门类分					
(一)轻工业		311199.35	27229.00	30314.00	
(二)重工业	7959.73	24456074.12	1594244.15	800907.54	10307432.71
(三)采矿业		2827606.26	284617.26	787770.54	
煤炭开采和洗选业		2827606.26	270200.46	787770.54	
黑色金属矿采选业			13060.80		
(四)制造业	7959.73	21939667.21	1185750.07	43451.00	10307432.71
农副食品加工业			2821.53		
食品制造业		71598.85	2703.58		
酒、饮料和精制茶制造业		76360.63	2187.67		
烟草制品业			1197.10		
纺织业			1746.56		
纺织服装、服饰业			13.98		
木材加工和木、竹、藤、棕、草制品业			186.14		
家具制造业			46.74		
造纸和纸制品业			3701.44	30314.00	
印刷和记录媒介复制业		27916.19	1793.63		
文教、工美、体育和娱乐用品制造业			86.00		
石油加工、炼焦和核燃料加工业		901155.00	39699.92	13137.00	698001.03
化学原料和化学制品制造业		1376300.81	116310.99		246235.68
医药制造业		80711.87	1264.96		
化学纤维制造业			254.00		
橡胶和塑料制品业		51321.00	11506.00		
非金属矿物制品业		1193.12	51347.56		
黑色金属冶炼和压延加工业		16395219.00	678709.94		9363196.00
有色金属冶炼和压延加工业			155744.63		
金属制品业	7919.44	729478.00	20615.44		
通用设备制造业		5941.50	3242.38		
专用设备制造业		1161730.31	28901.18		
汽车制造业	21.11	6879.97	792.48		
铁路、船舶、航空航天和其他运输设备制造业		59727.92	3140.60		
电气机械和器材制造业		1515.42	1731.89		
计算机、通信和其他电子设备制造业	19.18	919353.62	53698.34		
仪器仪表制造业		73264.00	2301.68		
其他制造业			2.54		
(五)电力、热力、燃气及水生产和供应业			151105.82		
电力、热力生产和供应业			145574.38		
燃气生产和供应业			554.55		
水的生产和供应业			4976.89		

5-7　2006 年以来节能减排情况

年　份	单位 GDP 能耗(吨标准煤/万元)	当年单位 GDP 能耗下降幅度(%)	完成目标进度(%)	累计下降幅度(%)
2006	2.29	2.62	8.44	2.62
2007	2.15	6.02	28.17	8.48
2008	1.96	8.93	57.89	16.65
2009	1.83	6.73	80.03	22.26
2010	1.71	6.28	100.64	27.15
2011	1.35	3.52	20.53	3.52
2012	1.28	5.01	49.99	8.35
2013	1.23	4.21	74.63	12.21

注：1.2011、2012 年单位 GDP 能耗中 GDP 以 2010 年价格计算，2010 年以前年份 GDP 以 2005 年价格计算。

2.2011、2012 年完成目标进度以“十二五”节能降耗目标单位 GDP 能耗累计下降 16%计算。

5-8　1949 年以来能源工业固定资产投资及构成

年　份	全社会固定资产投资(万元)	合　计	能源工业投资			能源工业投资构成(%)		
			#煤炭	电力	焦炭	煤炭	电力	焦炭
1949	43							
1950	1278	14	13		1	92.86		7.14
1951	2662	128	49	79		38.28	61.72	
1952	6335	215	129	69	17	60.00	32.09	7.91
1953	13861	1383	115	1258	10	8.32	90.96	0.72
1954	19852	5296	857	4421	18	16.18	83.48	0.34
1955	13878	3203	768	2264	171	23.98	70.68	5.34
1956	32901	4928	1810	3118		36.73	63.27	
1957	37299	5612	1891	3721		33.70	66.30	
1958	62552	7116	5177	1870	69	72.75	26.28	0.97
1959	62839	6369	5283	932	154	82.95	14.63	2.42
1960	55929	8253	4884	3358	11	59.18	40.69	
1961	16865	4380	3305	1075		75.46	24.54	
1962	7854	2190	1883	307		85.98	14.02	
1963	10807	2368	1673	695		70.65	29.35	
1964	14095	2504	1706	797	1	68.13	31.83	
1965	18622	1348	666	682		49.41	50.59	
1966	28255	2140	358	1780	1	16.73	83.18	
1967	10855	1140	80	1049	11	7.02	92.02	0.96
1968	17788	1870	88	1776	6	4.71	94.97	0.32
1969	11546	384	123	253	8	32.03	65.89	2.08
1970	20218	1009	52	957		5.15	94.85	
1971	25293	2291	1174	1117		51.24	48.76	
1972	23480	2212	927	1285		41.91	58.09	
1973	26636	2532	1276	1256		50.39	49.61	
1974	19757	2260	1604	656		70.97	29.03	
1975	16884	1820	1018	802		55.93	44.07	

5-8 续表

年份	全社会固定资产投资（万元）	能源工业投资				能源工业投资构成(%)		
		合计	#煤炭	电力	焦炭	煤炭	电力	焦炭
1976	15310	1417	1034	383		72.97	27.03	
1977	20398	2622	1889	723	10	72.04	27.57	0.38
1978	38930	4759	3794	965		79.72	20.28	
1979	49443	8264	7657	504	81	92.65	6.10	0.98
1980	61316	10609	9942	604	51	93.71	5.69	0.48
1981	66329	15640	13867	1710	52	88.66	10.93	0.33
1982	88769	18878	17746	1088		94.00	5.76	
1983	108722	32438	27433	1420	3492	84.57	4.38	10.77
1984	147907	50138	41994	2796	5331	83.76	5.58	10.63
1985	194510	52750	46010	3086	3617	87.22	5.85	6.86
1986	212774	64087	58409	3180	2422	91.14	4.96	3.78
1987	228535	47454	40854	4065	2535	86.09	8.57	5.34
1988	250602	63606	42294	19768	1489	66.49	31.08	2.34
1989	242409	84093	55145	26041	2771	65.58	30.97	3.30
1990	262924	98809	61195	35944	1566	61.93	36.38	1.58
1991	309434	104534	70720	32012	1402	67.65	30.62	1.34
1992	460913	139321	71679	57846	8336	51.45	41.52	5.98
1993	672115	182333	80821	88639		44.33	48.61	
1994	731619	143252	66561	67258	1305	46.46	46.95	0.91
1995	701894	139667	98796	23911	5076	70.74	17.12	3.63
1996	823902	193105	132367	33933	5587	68.55	17.57	2.89
1997	977429	270884	137407	120027	7477	50.73	44.31	2.76
1998	1093638	261055	95856	147601	4215	36.72	56.54	1.61
1999	917167	150674	35082	87721	1659	23.28	58.22	1.10
2000	1047702	140866	48973	87320	2315	34.77	61.99	1.64
2001	1227804	247617	57132	112246	45836	23.07	45.33	18.51
2002	1475955	249245	46749	120320	50786	18.76	48.27	20.38
2003	2044542	362697	112859	78596	95343	31.12	21.67	26.29
2004	3476681	687685	126505	216218	293877	18.40	31.44	42.73
2005	4385077	713589	267156	280121	123924	37.44	39.26	17.37
2006	5011273	787176	355268	298134	98559	45.13	37.87	12.52
2007	5767355	1064025	437367	289922	146505	41.10	27.25	13.77
2008	7022072	1320743	493574	656202	21776	37.20	49.70	1.70
2009	7820157	853252	312664	394037	41184	36.60	46.20	4.80
2010	9164811	871847	462297	274024	135526	53.03	31.43	15.54
2011	10241444	937383	671330	185035	81018	71.62	19.74	8.64
2012	13206257	1573142	896885	195623	48085	57.01	12.44	3.06
2013	16707390	1728739	975403	211450	16974	56.42	12.23	0.98

注：2011年起，投资统计制度进行改革，用“固定资产投资额”代替了“全社会固定资产投资”统计口径。

第6篇

物价指数

资料整理、审核

李玉琴　　焦显红　　张锦龙

6-1 城镇居民消费价格指数(以上年同期为100)

指　标	2013	2012
居民消费价格总指数	**103.1**	**102.1**
一、食品	**105.5**	**103.8**
1.粮食	107.1	102.5
2.淀粉及制品	105.0	105.4
3.干豆类及豆制品	102.3	98.3
4.油脂	99.4	107.9
5.肉禽及其制品	105.6	100.9
6.蛋	103.6	96.5
7.水产品	101.9	108.2
8.菜	107.5	117.0
9.调味品	110.0	102.6
10.糖	101.3	111.3
11.茶及饮料	100.7	106.6
12.干鲜瓜果	109.2	88.1
13.糕点饼干面包	103.7	103.1
14.液体乳及乳制品	104.7	99.2
15.在外用膳食品	104.9	110.2
16.其他食品	100.9	97.8
二、烟酒	**100.9**	**103.2**
1.烟草	98.6	103.2
2.酒	105.6	103.1
三、衣着	**100.9**	**102.1**
1.服装	100.1	102.7
2.衣着材料	101.1	101.8

6-1 续表

指　　标	2013	2012
3.鞋袜帽	103.4	99.9
4.衣着加工服务费	108.0	109.1
四、家庭设备用品及维修服务	**103.8**	**104.0**
1.耐用消费品	101.8	103.3
2.室内装饰品	100.0	100.2
3.床上用品	107.8	104.6
4.家庭日用杂品	99.3	103.7
5.家庭服务及加工维修服务	114.3	106.5
五、医疗保健和个人用品	**101.4**	**102.1**
1.医疗保健	101.2	102.3
2.个人用品及服务	102.2	101.6
六、交通和通信	**99.2**	**99.3**
1.交通	99.6	100.4
2.通信	98.6	97.8
七、娱乐教育文化用品及服务	**103.9**	**100.7**
1.文娱用耐用消费品及服务	91.6	89.3
2.教育	102.6	101.5
3.文化娱乐类	102.5	100.9
4.旅游	116.4	106.3
八、居住	**102.7**	**101.1**
1.建房及装修材料	100.1	90.1
2.住房租金	110.3	103.9
3.自有住房	103.3	105.2
4.水、电、燃料	102.7	102.6

6-2　商品零售价格指数(以上年同期为 100)

指　　标	2013	2012
商品零售价格总指数	**101.3**	**101.2**
一、食品	**105.6**	**103.7**
1.粮食	107.1	102.5
2.淀粉及制品	105.0	105.4
3.干豆类及豆制品	102.3	98.3
4.油脂	99.4	107.9
5.肉禽及其制品	105.6	100.9
6.蛋	103.6	96.5
7.水产品	101.9	108.2
8.菜	107.5	117.0
9.调味品	110.0	102.6
10.糖	101.3	111.3
11.干鲜瓜果	109.2	88.1
12.糕点饼干面包	103.7	103.1
13.液体乳及乳制品	104.7	99.2
14.在外用膳食品	104.9	110.2
15.其他食品	100.9	97.8
二、饮料、烟酒	**100.8**	**103.9**
1.茶及饮料	100.7	106.6
2.烟草	98.6	103.2
3.酒	105.6	103.1
三、服装、鞋帽	**100.8**	**102.1**
1.服装	100.1	102.7
2.鞋袜帽	103.4	99.9
3.其他	101.2	110.3
四、纺织品	**107.6**	**103.9**
1.衣着材料	101.1	101.8
2.床上用品	109.9	104.7
五、家用电器及音像器材	**94.4**	**95.1**
1.家庭设备	100.5	102.4
2.文娱用耐用消费品	8.0	88.0
3.专业音像器材	95.3	98.1

6-2 续表

指　标	2013	2012
六、文化办公用品	**95.3**	**96.7**
七、日用品	**100.0**	**102.1**
1.日用百货	100.1	102.5
2.日用杂品	99.1	104.8
3.洗涤用品	100.0	101.9
4.其他日用品	100.8	99.9
八、体育娱乐用品	**100.0**	**101.1**
1.体育用品	99.5	102.4
2.娱乐用品	100.4	100.1
九、交通、通信用品	**98.3**	**94.5**
1.交通运输机械	100.0	97.7
2.通信器材	87.4	78.0
十、家具	**103.8**	**104.6**
十一、化妆品	**104.2**	**103.1**
十二、金银珠宝	**91.2**	**97.4**
十三、中西药品及医疗保健用品	**102.1**	**103.6**
1.医疗器具及用品	102.0	105.5
2.中药材及中成药	102.7	108.7
3.西药	100.9	101.0
4.保健器具及用品	104.2	103.1
十四、书报杂志及电子出版物	**102.6**	**106.0**
1.教材及参考书	102.9	107.1
2.书报杂志	102.0	102.2
3.电子音像制品	101.3	105.8
十五、燃料	**98.2**	**101.5**
1.煤炭及制品	75.4	84.8
2.石油及制品	100.2	103.3
十六、建筑材料及五金电料	**99.3**	**94.6**
1.建筑装璜材料	98.9	90.7
2.五金电料	99.8	100.3

6-3 工业生产者出厂价格指数(以上年价格为100)

指 标	2013	2012
全部工业品	**91.6**	**91.9**
#轻工业	101.5	96.7
以农产品为原料	101.8	100.1
以非农产品为原料	101.0	92.2
#重工业	90.7	91.5
采掘	94.9	102.8
原料	86.6	95.1
加工	92.6	89.1
按行业分		
煤碳开采和洗选业	80.4	93.5
农副食品加工业	103.8	101.9
食品制造业	103.9	101.5
饮料制造业	97.5	90.2
烟草制造业	100.5	102.6
纺织业	100.2	85.0
纺织服装、鞋帽制造业	100.4	108.1
家具制造业	108.6	108.7
造纸及纸制品业	94.5	83.3
印刷业和记录媒介的复制	99.7	100.6
石油加工、炼焦及核燃料加工业	84.8	91.3
化学原料及化学制品制造业	96.0	100.3
医药制造业	97.9	98.4
化学纤维制造业	98.0	92.7
橡胶制品业	90.7	91.1
塑料制品业	101.2	100.8
非金属矿物制品业	99.3	98.8
黑色金属冶炼及压延加工业	87.9	82.2
有色金属冶炼及压延加工业	98.9	105.5
金属制品业	101.3	103.0
通用设备制造业	100.0	101.3
专用设备制造业	100.5	96.8
交通运输设备制造业	98.3	99.8
电器机械及器材制造业	90.1	99.1
通信设备、计算机及其它电子设备制造业	97.4	96.1
仪器仪表及文化、办公用机械制造业	100.0	89.5
工艺品及其他制造业	95.7	100.4
电力、热力的生产和供应业	101.0	113.8
燃气生产和供应业	101.9	100.2
水的生产和供应业	107.0	100.1

6-4 工业生产者购进价格指数(以上年价格为100)

指 标	2013	2012
全部原材料	**95.2**	**95.6**
(一)燃料、动力类	94.2	101.4
(二)黑色金属材料类	95.6	91.8
#钢材	94.4	95.6
其他	98.4	82.4
(三)有色金属材料和电线类	89.0	79.7
(四)化工原料类	96.4	95.0
(五)木材及纸浆类	99.0	101.4
(六)建筑材料及非金属矿类	100.6	101.1
(七)其他工业原材料及半成品类	98.0	96.5
(八)农副产品类	104.3	98.3
(九)纺织原料类	84.3	89.4
按行业分		
煤炭开采和洗选业	87.1	98.6
农副食品加工业	91.2	97.0
饮料制造业	100.0	85.0
烟草制造业	103.5	101.7
纺织业	84.3	89.4
造纸及纸制品业	99.3	100.6
石油加工、炼焦及核燃料加工业	94.1	102.0
化学原料及化学制品制造业	96.3	94.9
医药制造业	101.9	95.7
塑料制品业	102.2	105.0
非金属矿物制品业	96.0	96.0
黑色金属冶炼及压延加工业	94.5	95.6
有色金属冶炼及压延加工业	89.0	79.7
金属制品业	93.0	97.4
通用设备制造业	100.6	104.2
专用设备制造业	100.0	102.3
交通运输设备制造业	94.5	93.3
电气机械及器材制造业	99.7	94.6
通信设备、计算机及其它电子设备制造业	99.8	100.2
仪器仪表及文化、办公用机械制造业	88.4	88.8
电力、热力的生产和供应业	103.3	107.2
燃气生产和供应业	105.5	100.1
水的生产和供应业	101.0	100.6

第7篇

城镇居民住户调查

资料整理、审核

杜　鹃　　祁　静　　李　鹏

7-1 城镇居民家庭生活基本情况

项　目	单 位	2013
调查户数	户	522
平均每户家庭人口	人	2.55
平均每户就业人口数	人	1.34
平均每一个就业者负担人数	人	2.08
平均每人全年可支配收入	元	24000
人均月可支配收入	元	2000
平均每人全年消费性支出	元	14338
人均月消费性支出	元	1195

注：2013年全国城乡一体化住户调查工作全面启动，统计方法、范围、内容都发生变化，统计口径由2012年六城区统计口径调整为十县市口径统计；城乡结合部及城中村归到城镇范围统计；统计指标及涵盖范围发生变化等，因此没有2012年基期数据。后同

7-2 城镇住户基本情况

项　目	单 位	2013
调查户数	**户**	**522**
家庭人口数	**人**	**1455**
(一)有收入者人数	**人**	**908**
1.就业人口数	人	699
国有经济单位职工人数	人	353
个体经营者人数	人	84
离退休再就业者人数	人	16
其他就业者人数	人	246
2.离退休者人数	人	154
3.其他有收入者人数	人	55
(二)无收入者人数	**人**	**547**

7-3 城镇居民家庭年末居住情况

项 目	单 位	2013
一、房屋产权		
租赁公房	%	3.46
租赁私房	%	15.24
原有私房	%	15.78
房改私房	%	24.68
商品房	%	37.78
其他	%	3.06
二、住宅建筑式样		
单栋住宅	%	6.32
四居室	%	2.49
三居室	%	31.13
二居室	%	41.93
一居室	%	5.09
普通楼房	%	7.33
平房及其他	%	5.71
三、饮水情况(合计)		
自来水	%	90.35
纯净水	%	9.17
井、河水	%	0.48
四、用水情况		
独用自来水	%	98.79
公用自来水	%	1.21
五、卫生设备(合计)		
无卫生设备	%	3.87
有厕所浴室	%	68.84
有厕所无浴室	%	21.57
公用	%	5.72
六、取暖设备(合计)		
无取暖设备	%	0.2
其他	%	99.8
七、炊用燃料使用情况		
煤	%	7.95
罐装液化石油气	%	6.52
管道煤气	%	23.97
管道天然气	%	50.82
其他	%	10.74
八、信息化调查		
(1)接入互联网的移动电话	部/百户	94.87
(2)接入有线电视网络的电视机	台/百户	76.75
(3)接入互联网的计算机	台/百户	60.32

7-4 城镇住户家庭年人均现金收入情况

单位：元

项　目	2013
家庭总收入	**25979**
#可支配收入	24000
(一)工薪收入	16158
1.工资及补贴收入	15830
2.其他劳动收入	328
(二)经营净收入	612
(三)财产性收入	348
利息收入	28
股利与红利收入	81
出租房屋收入	233
其他投资收入	4
其他财产性收入	2
(四)转移性收入	8861
养老金或离退休金	7851
社会救济收入	192
赡养收入	220
捐赠收入	335
辞退金	207
提取住房公积金	56

7-5 城镇住户家庭年人均现金支出情况

单位：元

项　目	2013
一、家庭总支出	
(一)消费支出	14338
食品	4600
衣着	1507
家庭设备用品及服务	871
医疗保健	1427
交通和通信	1792
教育文化娱乐服务	2149
居住	1481
其它商品和服务	511
(二)购房与建房支出	106
购房	55
建房	51
(三)转移性支出	2399
交纳的个人收入税	81
捐赠支出	1680
购买彩票	9
赡养支出	309
# 在外就学子女费用	153
各种非储蓄性保险支出	133
# 车辆保险支出	50
其他转移性支出	187
(四)财产性支出	17
非生产性利息支出	17
(五)社会保障支出	1872
个人交纳的养老基金	756
个人交纳的住房公积金	668
个人交纳的医疗基金	287
个人交纳的失业基金	76
其他社会保障支出	85
二、借贷支出	**11805**
存入储蓄款	11202
借出款	100
归还借款	118
储蓄性保险支出	135
其他投资支出	10
归还住房贷款	101
归还汽车贷款	25
其他借贷支出	114

7-6 城镇居民家庭年人均消费性支出情况

单位：元

项　目	2013
消费性支出	**14338**
一、食品	**4600**
1.粮油类	673
2.肉禽蛋水产品类	907
3.蔬菜类	485
4.调味品	69
5.糖烟酒饮料类	590
6.干鲜瓜果类	485
7.糕点、奶及奶制品	428
8.其他食品	215
9.饮食服务	748
二、衣着	**1507**
三、家庭设备用品及服务	**871**
四、医疗保健	**1427**
五、交通和通讯	**1792**
六、教育文化娱乐服务	**2149**
七、居住	**1481**
八、其它商品和服务	**511**

7-7 城镇住户每百户期末主要消费品拥有量

项　目	单 位	2013
调查户数	**户**	**522**
摩托车	辆	4
助力车	辆	18
家用汽车	辆	25
洗衣机	台	95
电冰箱	台	89
彩色电视机	台	102
家用电脑	台	72
摄像机	架	10
照相机	架	40
其他中高档乐器	件	2
微波炉	台	53
空调器	台	30
淋浴热水器	台	60
消毒碗柜	台	3
洗碗机	台	1
健身器材	套	3
固定电话	部	57
移动电话	部	183

第8篇

农村住户调查

资料整理、审核

李　琰

8-1　农村住户人口与就业情况

指　　标	单 位	总 计
一、调查户数	**户**	**530**
二、家庭常住人口	**人**	**1671**
三、整半劳动力数	**人**	**899**
# 整劳动力	人	569
四、劳动力文化程度		
1.不识字或识字很少	人	23
2.小学程度	人	130
3.初中程度	人	370
4.高中程度	人	102
5.大专及以上	人	46
五、劳动力就业情况		
1.第一产业	人	224
2.第二产业	人	152
(1) 采矿业	人	44
(2) 制造业	人	66
(3) 电力、势力、燃气及水生产和供应业	人	11
(4) 建筑业	人	31
3.第三产业	人	295
# (1) 交通运输、仓储和邮政业	人	72
(2) 批发和零售业	人	50

8-2　农村住户总收入与总支出

单位：元

指　　标	总 计	人 均
一、总收入	**21184938**	**12678.0**
(一) 工资性收入	11711705	7008.8
(二) 家庭经营收入	5498258	3290.4
1.第一产业收入	2183161	1306.5
(1) 农业收入	1711271	1024.1
(2) 林业收入	165763	99.2
(3) 牧业收入	301448	180.4
2.第二产业收入	184646	110.5
(1) 工业收入	102600	61.4
(2) 建筑业收入	82046	49.1
3.第三产业收入	3130451	1873.4
第三产业服务性收入	3130451	1873.4
①交通.运输.邮电业收入	1911791	1144.1
②批零贸易业.饮食业收入	801913	479.9

8-2 续表

单位：元

指标	总计	人均
③社会服务业收入	172113	103.0
④其他行业收入	244634	146.4
(三) 财产性收入	2145397	1283.9
(四) 转移性收入	1829578	1094.9
二、总支出	**15144273**	**9063.0**
(一) 家庭经营费用支出	1357186	812.2
1.第一产业生产费用支出	649350	388.6
(1) 农业生产费用支出	439473	263.0
(2) 林业生产费用支出	31749	19.0
(3) 牧业生产费用支出	172949	103.5
2.第二产业生产费用支出	58318	34.9
(1) 工业生产费用支出	37096	22.2
(2) 建筑业生产费用支出	21222	12.7
3.第三产业生产费用支出	649518	388.7
(1) 交通运输邮电业生产费用支出	409395	245.0
(2) 批零贸易餐饮业生产费用支出	136019	81.4
(3) 社会服务业生产费用支出	49462	29.6
(4) 其他行业生产费用支出	54642	32.7
(二) 生活消费支出	12377097	7407.0
1.食品消费支出	4207578	2518.0
2.衣着消费支出	1398627	837.0
3.居住消费支出	1906611	1141.0
4.家庭设备.用品消费支出	817119	489.0
5.交通和通讯消费支出	1485519	889.0
6.文化教育.娱乐消费支出	1114557	667.0
7.医疗保健消费支出	1076124	644.0
8.其他商品和服务消费支出	370962	222.0
(三) 财产性支出	1671	1.0
(四) 转移性支出	1408319	842.8
三、全年纯收入	**18862248**	**11288.0**

8-3 农民家庭平均每人家庭经营纯收入

单位：元

指标	人均
家庭经营纯收入	**3161.0**
农业	1072.3
林业	116.0
牧业	120.0
渔业	5.3
工业	53.3
建筑业	53.3
交通、运输、邮电业	1224.4
商业、饮食业	536.2
服务业	-175.8
其他	156.0

8-4 农民家庭平均每人现金收入

单位：元

指 标	人 均
一、人均现金收入	**12220.0**
工资性收入	6991.1
出售产品的收入	1119.1
交通、运输、邮电业收入	1143.6
商业、饮食业收入	479.7
社会服务业收入	102.9
其他经营收入	146.4
转移性收入	953.8
财产性收入	1283.4
二、非收入所得	**2023.0**

8-5 农民家庭平均每人现金支出

单位：元

指 标	人 均
总 计	**9038.0**
一、生产费用支出	**819.5**
# 家庭经营费用支出	773.1
购置生产性固定资产支出	46.4
二、生活消费支出	**7412.0**
食品	2520.0
衣着	861.9
居住	1030.6
家庭设备用品及服务	469.3
医疗保健	640.9
交通和通讯	1092.0
文教娱乐用品及服务	608.6
其他商品和服务	188.7
三、财产性支出	**1.1**
四、转移性支出	**805.4**

8-6　农民家庭平均每人主要粮食消费品消费量

单位：公斤

指　标	人　均
粮食（原粮）	128.0
#细粮	94.0
蔬菜	70.0
食油	7.0
肉禽及其制品	12.0
#家禽	1.0
蛋类	7.0
水产品	1.0
食糖	1.0
酒	4.0

8-7　每百户农民主要耐用消费品拥有量

指　标	单　位	2013
家用轿车	辆	16
摩托车	辆	17
自行车	辆	29
电脑	台	34
#彩电	台	98
摄像机	台	1
照相机	架	7
空调	台	5
电冰箱	台	61
固定电话	部	32
手机	部	156
洗衣机	台	87

第9篇

公用事业

资料整理、审核

苏人龙

9-1　城市设施水平

指　　标	单　位	2013	2012
用水普及率	%	100.0	100.0
燃气普及率	%	99.0	99.0
每万人拥有公共交通车辆	标台	9.9	10.28
人均城市道路面积	平方米	10.95	9.2
污水处理率	%	85.0	84.5
人均公园绿地面积	平方米	10.96	10.66
建成区绿地率	%	35.0	34.2
建成区绿化覆盖率	%	39.9	39.1
生活垃圾无害化处理率	%	100.0	100.0

9-2　城市用地

指　　标	单　位	2013	2012
建成区面积	平方公里	354.05	343.14
城市建设用地面积	平方公里	316.86	306.32
# 居住用地	平方公里	75.31	71.97
工业用地	平方公里	84.67	80.61
仓储用地	平方公里	9.08	9.58
绿地	平方公里	32.58	32.58
本年征用土地面积	平方公里	11.00	10.50
# 耕地	平方公里	6.00	5.50

9-3　城市公共汽车、电车、出租汽车

指　　标	单　位	2013	2012
公共汽车、电车			
营运车辆	辆	2824	3054
天然气燃料车	辆	617	618
双燃料车	辆	1163	1167
无轨电车	辆	133	133
标准运营车辆	标台	3474	3665
运营线路网长度	公里	3814	3217
客运总量	万人次	55031	56100
公共汽车	万人次	52334	53484
无轨电车	万人次	1895	2616
运营收入	万元	33508	36546
出租汽车			
出租车运营车辆	辆	8719	8719
客运总量	万人次	21307	14647

9-4　城市公共供水

指　标	单 位	2013	2012
水厂个数	个	15	15
#地下水	个	13	14
综合生产能力	万立方米/日	119	118
供水管道长度	公里	1766	1541
供水总量	万立方米	23394	22153
最高日供水量	万立方米	67	76
售水量	万立方米	20083	19457
#生产运营用水	万立方米	7345	7221
居民家庭用水	万立方米	11260	10593
漏损水量	万立方米	3311	2671
用水户数	户	319667	277235
#生产运营	户	10117	9721
公共服务	户	2831	2544
居民家庭	户	305851	264292
用水人口	万人	329	319

9-5　城市自建设施供水

指　标	单 位	2013	2012
自备水源单位个数	个	114	117
综合生产能力	万立方米/日	91.3	78.6
#地下水	万立方米/日	3.5	5.8
供水总量	万立方米	11162.6	11454
#生产运营用水	万立方米	8061.1	8539.4
居民家庭用水	万立方米	2846.4	2685.7
供水管道长度	公里	363	355
用水户数	户	32726	32012
#居民家庭	户	24751	29516
用水人口	万人	42.80	41.2

9-6 城市人工煤气

指　标	单 位	2013	2012
供气管道长度	公里	534	2718
储气能力	万立方米	5.5	51
供气总量	万立方米	33249	57954
销售气量	万立方米	33007	57712
#居民家庭	万立方米	2541	10430
用气户数	户	74341	260631
#居民家庭	户	72955	259206
用气人口	万人	25	108

9-7 城市液化石油气

指　标	单 位	2013	2012
供气管道长度	公里	120	121
储气能力	吨	1771	1776
供气总量	吨	34380	33754
销售气量	吨	34335	33722
#居民家庭	吨	20244	33513
燃气损失量	吨	45	32
用气户数	户	167614	100573
#居民家庭	户	160191	99383

9-8 城市天然气

指　标	单 位	2013	2012
供气管道长度	公里	2145	2349
供气总量	万立方米	55438	51891
最高日供气量	万立方米	317	314
销售气量	万立方米	50915	47863
#居民家庭	万立方米	9216	7521
用气户数	户	806651	757309
#居民家庭	户	803249	754305
用气人口	万人	281	186
汽车加气站座数	座	2	2

9-9 城市集中供热

指　　标	计量单位	2013	2012
供热能力	吨/小时 I 兆瓦	5492	4835
#热电厂	吨/小时 I 兆瓦	2792	2793
锅炉房	吨/小时 I 兆瓦	2670	2042
供热总量	万吉焦	5612	3008
#热电厂	万吉焦	3591	1600
锅炉房	万吉焦	1845	1407
供热管道长度	公里	1815	1419
供热面积	万平方米	12003	10516
#住宅	万平方米	10060	8270

9-10 全社会用电量

单位：万千瓦时

指　　标	2013	2012
总　计	**2474284**	**2478710**
1.全行业用电	2149441	2185270
第一产业	17357	16917
第二产业	1784784	1846212
第三产业	347300	322141
2.城乡居民生活用电	285556	257380
城镇居民	254054	226369
乡村居民	31502	31011
全行业用电分类	1865787	2185270
农、林、牧、渔业	17357	16917
工业	1750215	1813164
建筑业	34559	33048
交通运输、仓储和邮政业	82955	76325
信息传输、计算机服务和软件业	15763	13638
商业、住宿和餐饮业	76600	66886
金融、房地产、商务及居民服务业	68680	73848
公共事业及管理机构	103302	91444
每一居民平均生活用电(千瓦时)	776	704

9-11　城市道路桥梁

指　　标	单　位	2013	2012
道路长度	公里	2188	2249
道路面积	万平方米	4028	3362
# 车行道面积	万平方米	3006	2658
人行道面积	万平方米	1023	704
桥梁座数	座	210	197
# 大桥及特大桥	座	11	10
立交桥	座	35	29
人行过街天桥	座	26	20
人行地下通道	座	13	12
道路照明灯盏数	盏	108384	106762

9-12　城市排水

指　　标	单　位	2013	2012
污水排放总量	万立方米	25137	24279
排水管道长度	公里	1818	2050
污水处理能力	万立方米/日	82.0	70.1
污水处理量	万立方米	21392	20437
全年 COD 削减量	万吨	2.48	2.58

9-13　城市园林绿化

指　　标	单　位	2013	2012
绿化覆盖面积	公顷	12761.6	12111.7
绿地面积	公顷	11190.4	10595.8
# 公园绿地	公顷	3616.8	3416.1
生产绿地	公顷	682.6	682.6
附属绿地	公顷	3771.6	3721.2
公园个数	个	47	46
# 门票免费公园	个	44	43
公园面积	公顷	3172.1	3172.1
# 水域面积	公顷	465	465

9-14 城市市容环境卫生

指　标	单 位	2013	2012
道路清扫保洁面积	万平方米	4882	4027
#机械化	万平方米	2600	1850
生活垃圾清运量	万吨	171	148
#密闭车(箱)清运量	万吨	171	139
粪便清运量	万吨	0.38	0.45
生活垃圾转运站座数	座	87	82
公共厕所数量	座	670	643
#三类以上	座	561	520
市容环卫专用车辆设备数	辆	2067	725
生活垃圾(粪便)处理场处理能力	吨/日	2500	2500
生活垃圾(粪便)处理场处理量	万吨	163	147
本年运行天数	天	365	365
本年运行费用	万元	35000	10120

注：本表为市环卫局数字。

9-15 城市环境保护

指　标	单 位	2013	2012
二氧化硫排放量	万吨	12.23	13.31
烟尘排放量	万吨	5.18	5.99
工业粉尘排放量	万吨	1.54	1.63
化学需氧量排放量	万吨	2.48	2.58
氨氮排放量	万吨	0.45	0.46
*市区环境空气综合污染指数	%	8.73	2.06
*市区环境空气二级以上天数	天	162	324
集中式引用水源地水质达标率	%	100.0	100.0
市区水环境功能区水质达标率	%	75.0	62.5

注：2013 年*两指标计算进行调整，计算依据在上年 PM10、SO_2、NO_2 三项基础加上“PM2.5、O_3、CO”形成六项。

第10篇

农业

资料整理、审核

纪知明　　李建华　　姜　颖　　张妙莲

杨　雷　　丁永仙　　杨红梅

10-1 农村基本情况

指 标	单位	1995	2000	2005	2009	2010	2011	2012	2013
农村基层组织									
乡镇政府	个	83	83	79	52	52	52	52	52
# 镇政府	个	22	24	21	21	21	21	21	21
村民委员会	个	1285	1287	1017	973	965	955	954	940
乡村户数、人口、劳动力									
乡村户数	户	267535	289188	305763	326636	337761	339572	360395	367211
乡村人口	人	1004788	1056552	1060881	1026448	1037667	1017208	1046913	1053843
乡村从业人员数(实有劳动力)	人	454648	481186	502875	492658	491238	480410	493922	490928
男劳动力	人	250465	266935	278965	272197	269930	269144	276615	274567
女劳动力	人	204183	214251	223910	220461	221308	211266	217307	216361
按行业分									
农林牧渔业	人	251582	271173	260224	239212	233253	231068	236413	232375
工业	人	92130	78455	82464	80951	78812	77666	82265	82521
建筑业	人	12394	15903	20951	22627	23708	23456	24515	24622
交通运输、仓储、邮电通信、信息传输、计算机业	人	39266	42795	52039	50415	55320	53431	57090	57949
批发和零售贸易业、住宿及餐饮业	人	18125	29092	40666	40792	44792	41558	45099	44828
其他行业	人	41151	43768	46531	58661	55353	53231	48540	48633

注：2009 年以后乡镇政府口径与此前不同，不包括农业街办。

10-2 农业

指　　标	单位	合计	小店区	迎泽区	杏花岭区
一、农村基层组织情况					
乡镇个数	个	79	6	1	3
1.镇	个	21	1	1	
#城关镇	个	3			
2.乡	个	31	2		2
3.涉农街办	个	27	3		1
村委会个数	个	940	61	28	32
二、农村基础设施					
自来水受益村数	个	890	61	28	32
通汽车村数	个	940	61	28	32
通电话村数	个	940	61	28	32
三、乡村人口与从业人员					
乡村户数	户	367211	39720	9809	9163
乡村人口数	人	1053843	121040	25661	25338
1.男	人	542446	62641	12590	12904
2.女	人	511397	58399	13071	12434
乡村劳动力资源数	人	568183	75524	16219	15057
1.男	人	304692	38692	8817	7899
2.女	人	263491	36832	7402	7158
乡村从业人员数	人	490928	63575	13099	13781
1.男	人	274567	33803	7440	7684
2.女	人	216361	29772	5659	6097
#1.农业从业人员	人	232375	33705	1107	2701
2.工业从业人员	人	82521	7997	2346	4016
3.建筑业从业人员	人	24622	2786	777	1003
4.交运仓储和邮政业从业人员	人	51429	7224	1844	1905
5.信息传输、计算机服务和软件业	人	6520	836	173	140
6.批发与零售业从业人员	人	30091	5330	2622	1729
7.住宿和餐饮业从业人员	人	14737	2357	813	640
8.其他行业从业人员	人	48633	3340	3417	1647
四、农业主要能源及物耗					
1.农村用电量	万千瓦时	55099	5486	2502	4272
2.农用化肥施用量(实物量)	吨	94142	9455	10	130
#(1)氮肥	吨	39798	3239	4	66
(2)磷肥	吨	24032	1960	3	8
(3)钾肥	吨	3740	309		
(4)复合肥	吨	26572	3947	3	56
3.农用化肥施用量(折纯量)	吨	28966	3402	3	46
#(1)氮肥	吨	9515	842	1	17
(2)磷肥	吨	3859	339	1	1
(3)钾肥	吨	1692	121		
(4)复合肥	吨	13900	2100	1	28
4.农用塑料薄膜使用量	吨	3497	172	1	5
#地膜使用量	吨	2209	61	1	5
地膜覆盖面积	公顷	23099	773		33
5.农用柴油使用量	吨	14135	2594	11	103
6.农药使用量	吨	851	57	2	13

生产条件

尖草坪区	万柏林区	晋源区	清徐县	阳曲县	娄烦县	古交市
13	9	6	9	10	8	14
2		3	4	4	3	3
			1	1	1	
3	1		5	6	5	7
8	8	3				4
88	49	89	188	117	142	146
88	40	89	188	107	130	127
88	49	89	188	117	142	146
88	49	89	188	117	142	146
39339	14577	43964	95236	44838	33054	37511
120149	41297	137770	259348	109780	107380	106080
60553	21593	69465	130000	57935	56994	57771
59596	19704	68305	129348	51845	50386	48309
68621	24344	81802	130030	57359	57358	41869
35458	12601	43526	66676	32246	33292	25485
33163	11743	38276	63354	25113	24066	16384
57859	19196	67644	118195	50939	49554	37086
32086	10496	38332	61925	29249	29768	23784
25773	8700	29312	56270	21690	19786	13302
16849	3837	28674	65518	27140	34151	18693
9800	2091	11520	23160	6969	4961	9661
3886	694	4941	4590	2866	2305	774
8136	2853	8795	9931	4275	2905	3561
1306	671	1127	839	388	734	306
4451	2226	3904	4310	2639	1239	1641
2904	1114	1747	1461	1924	971	806
10527	5710	6936	8386	4738	2288	1644
6145	2836	4691	21270	3904	570	3423
4555	124	3709	42966	27889	2614	2690
2068	13	1642	18209	11404	1266	1887
812	1	818	13138	6517	337	438
307	3	228	1114	1445	130	204
1368	107	1021	10505	8523	881	161
1548	58	1119	12560	8486	961	783
497	3	384	4372	2591	307	501
145		132	2085	1014	65	77
155	1	104	533	616	50	112
751	54	499	5570	4265	539	93
320	1	193	1517	1054	76	158
106	1	84	702	1042	76	131
909	6	543	5473	13880	452	1030
650	13	262	6528	2656	124	1194
80	1	88	462	109	9	30

10–3 主要农业

指　　标	单　位	合计	小店区	迎泽区	杏花岭区
一、农业机械总动力	**千瓦**	**1336001.7**	**186273**	**10451**	**18390**
柴油发动机	千瓦	986606.1	161723	4132	13890
汽油发动机	千瓦	205819.6	13652	2465	3700
电动机	千瓦	143576	10898	3854	800
二、耕作机械					
大中型拖拉机	台	3908	592	10	69
动力	千瓦	158616.86	28319	328	1420
小型拖拉机	台	5348	369	2	93
动力	千瓦	47451.1	3375	17	220
三、拖拉机配套农具					
大中型	部	8106	1542	22	55
小型	部	11678	770	35	120
四、收获机械					
联合收获机	台	709	132		1
机动割晒机	台	113			
脱粒机	台	910	132		
五、运输机械					
农用运输车	台	25352	5071	104	390
#三轮汽车	台	14301	3486	104	163
六、农田基本建设机械	**台**	**1075**	**123**	**14**	

机械拥有量

尖草坪区	万柏林区	晋源区	清徐县	阳曲县	娄烦县	古交市
40862	**38763**	**174265.7**	**363580**	**186800**	**108600**	**208017**
29305	36740	153165.1	192973	164719	71523	158436
9	16	633.6	120235	5545	27600	31964
11548	2007	20467	50372	16536	9477	17617
210	88	155	984	722	753	325
6771	2491	5181.86	45690	26082	32700	9634
243		178	769	2580	685	429
2047		1682.1	7537	21973	6362	4238
232	24	219	2657	2240	475	640
533	45	129	1887	6959	551	649
17		10	362	172	2	13
			13	4	11	85
97		54	252	370	5	
1130	1560	1795	5394	5960	1274	2674
642	1000	565	1640	4706	800	1195
77	**55**	**165**	**155**	**86**	**229**	**171**

10-4 农作物

指　　标	合计	小店区	迎泽区	杏花岭区
农作物总播种面积	**107182.21**	**13945.38**	**209.46**	**712.73**
一、粮食作物	**80481.51**	**8982.98**	**203.36**	**641.53**
(一)夏收粮食	**348.47**	**164.95**		
#冬小麦	348.47	164.95		
(二)秋收粮食	**80133.04**	**8818.03**	**203.36**	**641.53**
(一)谷物	67428.62	8872.77	155.86	420.8
1.稻谷	212.28			
2.玉米	55061.28	8685.87	83.65	329.4
#糯玉米	591.13			
3.谷子	6498.98		33.41	34.6
4.高粱	1064.75	21.95	0.73	17.2
5.秋杂谷物	4242.86		38.07	39.6
#燕麦	619.12		2.6	
荞麦	1325.19		35.47	18.8
6.冬小麦	348.47	164.95		
(二)豆类合计	5841.31	110.21	14.31	188.93
1.大豆	4444.73	7.81	8.7	177.73
2.秋杂豆	1396.58	102.4	5.61	11.2
#绿豆	181.66		3.2	0.6
红小豆	319.08		2.41	0.53
(三)薯类(折粮)	7211.58		33.19	31.8
1.马铃薯	7031.88		33.19	27.13
2.红薯	179.7			4.67
二、油料作物	**2502.4**		**0.8**	**3.1**
1.花生	15.1			
2.胡麻籽	1167.5			2
3.向日葵籽	1028.2		0.8	1.1
4.其他油料	291.6			
三、棉花	**39.8**			
四、药材类合计	**829.9**			
#甘草	267.8			
枸杞	6.7			
五、蔬菜及食用菌	**21781.9**	**4960.4**	**5.3**	**68.1**
六、瓜果类	**282.9**	**2**		
#西瓜	105.2	2		
甜瓜	177			
七、其他农作物	**1263.8**			
#青饲料	673.9			

播种面积

单位：公顷

尖草坪区	万柏林区	晋源区	清徐县	阳曲县	娄烦县	古交市
5776.25	**963.36**	**5691.16**	**30609.19**	**27350.28**	**12213.71**	**9710.69**
4717.65	**888.66**	**3390.36**	**20634.39**	**22206.48**	**10727.31**	**8088.79**
		33.73	**149.79**			
		33.73	149.79			
4717.65	**888.66**	**3356.63**	**20484.6**	**22206.48**	**10727.31**	**8088.79**
4294.19	665.86	3336.07	20268.64	20359.69	5331.79	3722.95
		212.28				
3797.99	550.85	2996.48	19507.77	16313.46	1661.91	1133.9
95.13				422.67	73.33	
337.5	74.11		4.47	2589.59	2159.45	1265.85
49.21		77.19	606.61	131.16	155.67	5.03
109.49	40.9	16.39		1325.48	1354.76	1318.17
		8.39		27.33	68.93	511.87
48.57	3.75	8		813.31	130.16	267.13
		33.73	149.79			
277.51	25.84	26.79	277.24	1323.65	1488.1	2108.73
230.31		26.13	249.37	1116.45	1115.97	1512.26
47.2	25.84	0.66	27.87	207.2	372.13	596.47
8.53			27.87	20	99.13	22.33
38.67				10.8	92.67	174
145.95	196.96	27.5	88.51	523.14	3907.42	2257.11
115.33	196.96	20	5.27	469.47	3907.42	2257.11
30.62		7.5	83.24	53.67		
42.2			**30.2**	**516.8**	**1150.1**	**759.2**
			13	2.1		
				192.6	729.9	243
42.2			17.2	255.8	286.3	424.8
				66.3	133.9	91.4
			39.8			
7			**25.7**	**502.5**		**294.7**
7				118.8		142
			6.7			
966	**41.4**	**2300.8**	**9600.7**	**3038.2**	**276.8**	**524.2**
35.9			**78.3**	**107.2**	**59.5**	
1			48	27.5	26.7	
34.9			30.3	79	32.8	
7.5	**33.3**		**200.1**	**979.1**		**43.8**
	33.3		20.1	576.7		43.8

10-5 农作物

指 标	合计	小店区	迎泽区	杏花岭区
一、粮食作物	**327786.02**	**74759.64**	**399.39**	**887.17**
（一）夏收粮食	**2044.97**	**952.59**		
#冬小麦	2044.97	952.59		
（二）秋收粮食	**325741.05**	**73807.05**	**399.39**	**887.17**
（一）谷物	309568.14	74586.4	328.96	672.06
1.稻谷	1145.68			
2.玉米	286894.35	73449.43	182.63	565.65
#糯玉米	2258.94			
3.谷子	9783.28		67.16	43.98
4.高粱	5347.95	184.38	0.99	26.99
5.秋杂谷物	4351.91		78.18	35.44
#燕麦	587.38		2.34	
荞麦	1333.86		72.84	16.49
6.小麦	2044.97	952.59		
（二）豆类合计	7170.23	173.24	16.02	169.82
1.大豆	5827.62	19.33	7.44	159
2.秋杂豆	1342.61	153.91	8.58	10.82
#绿豆	227.13		6.02	0.51
红小豆	278.72		1.49	0.54
（三）薯类（折粮）	11047.65		54.41	45.29
1.马铃薯	10515.71		54.41	39.36
2.红薯	531.94			5.93
二、油料作物	**3056.1**		**1.7**	**3.1**
1.花生	23.3			
2.胡麻籽	1165.9			2
3.葵花籽	1501.6		1.7	1.1
4.其他油料	365.3			
三、棉花	**52**			
四、药材类合计	**5290**			
#甘草	400.3			
枸杞	5			
五、蔬菜及食用菌	**1272343.4**	**274849.5**	**282.7**	**2171.4**
六、瓜果类	**5757.2**	**53**	**0.1**	
#西瓜	2510.8	53		
甜瓜	3239.8			
七、其他农作物				
#青饲料				

总产量

单位：吨

尖草坪区	万柏林区	晋源区	清徐县	阳曲县	娄烦县	古交市
14018.17	**1796.07**	**22972.79**	**120274.07**	**67659.97**	**14673.37**	**10345.38**
		189.15	**903.23**			
		189.15	903.23			
14018.17	**1796.07**	**22783.64**	**119370.84**	**67659.97**	**14673.37**	**10345.38**
13422.34	1548.11	22806.83	119417.97	64788.23	5914.31	5082.93
		1145.68				
12574.42	1294.29	20962.15	114485.54	58704.82	2900.7	1774.72
153.48				1992.61	112.85	
615.4	180.29		12.74	4686.51	2404.12	1773.08
68.28		463.14	4016.46	452.5	122.57	12.64
164.24	73.53	46.71		944.4	1486.92	1522.49
		39.01		12.3	51.7	482.03
14.57	1.41	10.8		752.35	104.77	360.63
		189.15	903.23			
463.4	19.38	39.1	490.68	2030.5	1909.16	1858.93
428		38.31	448.87	1831.93	1438.43	1456.31
35.4	19.38	0.79	41.81	198.57	470.73	402.62
6.4			41.81	19.5	130.11	22.78
29				10.33	104.25	133.11
132.43	228.58	126.86	365.42	841.24	5849.9	3403.52
86.5	228.58	93	15.81	744.63	5849.9	3403.52
45.93		33.86	349.61	96.61		
40.1			**57.7**	**609.1**	**1456.8**	**887.6**
			20.5	2.8		
				197.1	764.4	202.4
40.1			37.2	319.7	496	605.8
				89.5	196.4	79.4
			52			
10.5			**218.6**	**4910.9**		**150**
10.5				363.7		26.1
			5			
69365	**1490.8**	**154452.7**	**625202.1**	**95218.4**	**9489.8**	**39821**
1168			**1454.5**	**2009.1**	**1072.5**	
43			950.5	919.3	545	
1125			504	1083.3	527.5	

10–6　农作物

指　　标	太原市	小店区	迎泽区	杏花岭区
一、粮食作物	**4072.8**	**8322.4**	**1964.0**	**1382.9**
(一)夏收粮食	**5868.4**	**5775.0**		
# 冬小麦	5868.4	5775.0		
(二)秋收粮食	**4065.0**	**8370.0**	**1964.0**	**1382.9**
(一)谷物	4591.0	8406.2	2110.6	1597.1
1.稻谷	5397.0			
2.玉米	5210.5	8456.2	2183.3	1717.2
# 糯玉米	3821.4			
3.谷子	1505.4		2010.2	1271.1
4.高粱	5022.7	8400.0	1356.2	1569.2
5.秋杂谷物	1025.7		2053.6	894.9
# 燕麦	948.7		900.0	
荞麦	1006.5		2053.6	877.1
(二)豆类合计	1227.5	1571.9	1119.5	898.9
1.大豆	1311.1	2475.0	855.2	894.6
2.秋杂豆	961.4	1503.0	1529.4	966.1
# 绿豆	1250.3		1881.3	850.0
红小豆	873.5		618.3	1018.9
(三)薯类(折粮)	1531.9		1639.3	1424.2
1.马铃薯	1495.4		1639.3	1450.8
2.红薯	2960.2			1269.8
二、油料作物	**1221.3**		**2125.0**	**1000.0**
1.花生	1543.0			
2.胡麻籽	998.6			1000.0
3.葵花籽	1460.4		2125.0	1000.0
4.其他油料	1252.7			
三、棉花	**1306.5**			
四、药材类合计	**6374.3**			
# 甘草	1494.8			
枸杞	746.3			
五、蔬菜及食用菌	**58412.9**	**55408.7**	**53339.6**	**31885.5**
六、瓜果类	**20350.7**	**26500.0**		
# 西瓜	23866.9	26500.0		
甜瓜	18304.0			
七、其他农作物				
# 青饲料				

单产量

单位：公斤/公顷

尖草坪区	万柏林区	晋源区	清徐县	阳曲县	娄烦县	古交市
2971.4	**2021.1**	**6775.9**	**5828.8**	**3046.9**	**1367.9**	**1279.0**
		5607.8	**6030.0**			
		5607.8	6030.0			
2971.4	**2021.1**	**6787.7**	**5827.3**	**3046.9**	**1367.9**	**1279.0**
3125.7	2325.0	6836.4	5891.8	3182.2	1296.8	1365.3
		5397.0				
3310.8	2349.6	6995.6	5868.7	3598.6	1745.4	1565.1
1613.4				4714.3	1538.9	
1823.4	2432.7		2850.1	1809.7	1113.3	1400.7
1387.5		6000.0	6621.2	3450.0	787.4	2512.9
1500.0	1797.8	2849.9		712.5	1097.6	1155.0
		4649.6		450.1	750.0	941.7
300.0	376.0	1350.0		925.0	804.9	1350.0
1669.8	750.0	1459.5	1769.9	1534.0	1283.0	881.5
1858.4		1466.1	1800.0	1640.9	1289.0	963.0
750.0	750.0	1197.0	1500.2	958.3	1265.0	675.0
750.3			1500.2	975.0	1312.5	1020.2
749.9				956.5	1125.0	765.0
907.4	1160.5	4613.1	4128.6	1608.1	1497.1	1507.9
750.0	1160.5	4650.0	3000.0	1586.1	1497.1	1507.9
1500.0		4514.7	4200.0	1800.1		
950.2			**1910.6**	**1178.6**	**1266.7**	**1169.1**
			1576.9	1333.3		
				1023.4	1047.3	832.9
950.2			2162.8	1249.8	1732.4	1426.1
				1349.9	1466.8	868.7
			1306.5			
1500.0			**8505.8**	**9772.9**		**509.0**
1500.0				3061.4		183.8
			746.3			
71806.4	**36009.7**	**67130.0**	**65120.5**	**31340.4**	**34284.0**	**75965.3**
32534.8			**18576.0**	**18741.6**	**18025.2**	
43000.0			19802.1	33429.1	20412.0	
32235.0			16633.7	13712.7	16082.3	

10-7 水果

指标	太原市		小店区	
	果园面积	产量	果园面积	产量
一、茶叶	**1.3**	**2**		
二、园林水果	**10532.5**	**51145.3**	**664.2**	**1419**
1.苹果	4036.4	7621.4	67.1	338.5
#红富士苹果	1990.3	3508.3	19	115.4
国光苹果	1321.3	1758.5	22.9	18.8
2.梨	1438.1	10628.9	66.6	114.3
#雪花梨	752.2	5998.9	26.8	58.8
鸭梨	72.1	211.2		
3.桃	741	2224.9	96.9	291.5
4.杏	482	597.2	37.5	106.8
5.猕猴桃	1	0.7		
6.葡萄	2102.2	26857.3	109.7	300.2
7.红枣	992.4	1463.5	286.4	267.7
8.柿子	14.7	54.4		
9.沙果	19.4	81.8		
10.其他园林水果	705.3	1615.2		
三、食用坚果		**1105.8**		**7.5**
#核桃	391.5	1105.8	8	7.5

10-7 水果

指标	晋源区		清徐县	
	果园面积	产量	果园面积	产量
一、茶叶				
二、园林水果	**489.1**	**2538.8**	**2852.8**	**29897.1**
1.苹果	119.7	1171	167.2	1016.8
#红富士苹果	79.5	498.2	90.1	489.1
国光苹果	19.9	476.8	18.7	82
2.梨	24.5	83.3	740.5	9243.2
#雪花梨	13.8	19.9	454.4	5649.9
鸭梨	4.8	13.5	11.3	100.8
3.桃	62	748.4	341.2	502.7
4.杏	90		46.9	46.2
5.猕猴桃				
6.葡萄	56.5	356.2	1201.9	18484.9
7.红枣	117.5	145.4	214.3	449.9
8.柿子			7.7	37.1
9.沙果				
10.其他园林水果	18.9	34.5	133.1	116.3
三、食用坚果		**10.9**		
#核桃	9.9	10.9		

生产情况(一)

单位：公顷、吨

迎泽区		杏花岭区		尖草坪区		万柏林区	
果园面积	产量	果园面积	产量	果园面积	产量	果园面积	产量
63.2	**20.7**	**684.7**	**856.3**	**1480.2**	**11486.6**	**61.5**	**192.2**
4.7	2.5	460.5	451.7	620.3	2252.1	3	4.6
2.7	1.7	123.7	188	443	1019.8	2.9	4.1
2	0.8	336.8	263.7	85.8	153.6	0.1	0.5
49.3	16.1	38	96.1	93.7	553.1	16.7	20
49.3	16.1	9.8	22.3	15.1	4		
		9.3	35.8				
0.5		29.7	81.1	55.1	326.7	0.5	0.3
		0.7	1	13.5	3.5	0.3	1
						1	0.7
1.4	2.1	60.7	73.2	519.6	7174.7	22.1	114.5
7.3		12.6	81.1	75.5	102.7	11.2	35.1
		0.2	1	0.1	0.3	6.7	16
		5	21.8	5.9	4.5		
		77.3	49.3	96.5	1069		
					0.3		**2**
				3.9	0.3	30	2

生产情况(二)

单位：公顷、吨

阳曲县		娄烦县		古交市	
果园面积	产量	果园面积	产量	果园面积	产量
				1.3	**2**
3229.5	**3235**	**242**	**861.3**	**765.3**	**638.3**
2293.5	1844.7	125.6	255.3	174.8	284.2
1203.5	1064.2	2.6	7.8	23.3	120
763.3	632.4	16.9	16.7	54.9	113.2
325.8	360.8	23.7	80	59.3	62
167.9	185.9	8.4	22	6.7	20
46.7	61.1				
92.3	170.1	21	45	41.8	59.1
8.5	18.7	39.2	280	245.4	140
111.9	264.6	4.4	50	14	36.9
206.9	265.1	23	98	37.7	18.5
8.5	55.5				
182.1	255.5	5.1	53	192.3	37.6
	193.1		**890**		**2**
255.3	193.1	81.1	890	3.3	2

10-8 畜牧业

指标			单位	太原市	小店区	迎泽区	杏花岭区
畜禽存栏	猪		头	290914	19046	3956	16485
		能繁母猪	头	34310	2107	486	1264
	牛		头	34937	8290	10	69
		1.肉 牛	头	14098	662		54
		2.奶 牛	头	20839	7628	10	15
	羊		只	356834	17731	5115	6270
		1.山羊	只	100110	164		234
		2.绵羊	只	256724	17567	5115	6036
	家禽		万只	335.6	55.9	1.6	7.3
		蛋鸡	万只	203.0	16.7	1.5	7.2
畜禽出栏	猪		头	418150	24888	4499	19680
	牛		头	16150	2183		34
	羊		只	255594	9062	2151	6436
	家禽		万只	515.5	121.1	2.8	5.5
畜禽产品产量	猪肉		吨	35983	2207	380	1476
	牛肉		吨	2261	306		5
	羊肉		吨	4325	154	35	110
	禽肉		吨	7323	1641	23	77
	禽蛋		吨	27345	4466	210	431
	牛奶		吨	95354	38929	30	32
大牲畜（除牛外）		年末存栏	头	6330	55	58	54
		当年出栏	头	1517		27	9
		肉产量	吨	188.39		2.83	0.99
	#役用畜	年末存栏	头	3691	55	58	54
	#1.马	年末存栏	头	452	24		
		当年出栏	头	15			
		肉产量	吨	1.73			
	2.驴	年末存栏	头	3418	4	33	15
		当年出栏	头	986		27	1
		肉产量	吨	115.62		2.83	0.11
	3.骡	年末存栏	头	2457	27	25	39
		当年出栏	头	516			8
		肉产量	吨	70.74			0.88
	4.骆驼	年末存栏	头	3			
兔		年末存栏	万只	2.23			0.55
		当年出栏	万只	5.02			0.30
		肉产量	吨	79.16			6.00
其他奶产量			吨	197.50			
山羊毛产量			吨	47.72			
绵羊毛产量			吨	252.56	15.00	6.00	5.30
	细羊毛		吨	8.50			
	半细羊毛		吨	50.49		6.00	5.30
羊绒产量			吨	15.52			
蜂蜜产量			吨	87.20			
其他禽蛋产量			吨				
肉类总产量			吨	50159.05	4307.2	439.93	1674.39

生产情况

尖草坪区	万柏林区	晋源区	清徐县	阳曲县	娄烦县	古交市
32290	8043	25964	116705	39235	7892	21298
3226	1061	3288	14270	5380	855	2373
3269	143	2846	7740	7724	2616	2230
56	47	177	4087	4216	2616	2183
3213	96	2669	3653	3508		47
19047		16306	74988	90116	57045	70216
320		63	3323	23648	26064	46294
18727		16243	71665	66468	30981	23922
22.2	6.1	48.2	90.4	43.5	7.1	53.3
13.3	6.0	36.5	46.6	40.1	4.2	31.0
49950	9596	25971	186277	55749	12202	29338
339	15	303	7404	3234	1399	1239
14353		11042	72209	44271	47515	48555
23.0	4.3	55.1	189.0	35.6	12.3	66.8
4189	828	2212	16182	4822	1051	2637
49	3	47	1054	458	163	177
217		184	1236	813	757	819
303	48	822	2814	498	152	945
2041	484	4036	6469	5233	396	3578
8829	347	11564	16447	19015		162
89		39	149	2513	2100	1273
43			54	839	523	22
5.00			6.50	105.55	65.10	2.42
4			48	1917	1363	192
10		28	22	353	15	
5				6	4	
0.60				0.65	0.48	
47		2	14	1505	1260	538
18			7	604	315	14
2.00			0.70	70.84	37.61	1.52
32		6	113	655	825	735
20			47	229	204	8
2.40			5.80	33.86	26.91	0.90
		3				
		0.05	0.45	0.53	0.15	0.50
		0.15	2.95	1.44	0.13	0.10
		3.00	45.33	21.28	2.05	1.50
0.20			197.30			
0.40		0.13	0.09	14.27	24.80	8.03
10.30		10.30	76.16	88.80	33.20	7.50
6.50				2.00		
3.80		10.30		25.09		
0.40				2.80	8.00	4.32
1.47	0.20		37.54	39.99	8.00	
4762.9	878.4	3268	21338.33	6719.43	2189.95	4582.02

10-9 农林牧渔业

指标	太原市		小店区		迎泽区		杏花岭区	
	按现行价格	按可比价格	按现行价格	按可比价格	按现行价格	按可比价格	按现行价格	按可比价格
农林牧渔业总产值	**722382.7**	**697008.8**	**142141.2**	**131225.6**	**9039.4**	**8957.9**	**14354.4**	**13250**
一、农业产值	**434021.1**	**414254.9**	**96848.4**	**89732.1**	**194.8**	**193.3**	**4355.2**	**3674.3**
(一)谷物及其他作物	106441	105995.9	20694.5	18864.6	110.6	110.3	274.8	273.4
1.谷物	79458.8	78881.4	18994.6	17139.8	76.5	76.2	148.6	148.4
#小麦	501	552.2	228.6	209.6				
稻谷	286.4	275						
玉米	71723.6	71253.6	18729.6	16893.4	34.7	34.5	118.8	118.8
2.薯类	8312.3	8967.2			21.8	21.8	29.5	29.5
3.油料	1659.2	1649.1			0.9	0.9	1.8	1.8
#花生	17	16.3						
油菜籽								
4.豆类	4032.5	3893.7	88.5	88.5	7	7	75.4	74.2
#大豆	3030.4	2913.8	11.6	11.6	3	3	70	68.8
5.棉花	41.6	41.6						
6.其他农作物	12936.7	12280.8	1611.4	1611.4	4.5	4.5	19.4	19.4
#饲料作物	680.6	673.9						
(二)蔬菜、食用菌及花卉盆景园艺产品	297451.1	278512.3	75514.2	70311.2	79	77.9	3901	3232
1.蔬菜(含菜用瓜)	280865.4	258342.7	73558.9	68807.3	18.2	17.1	266	254.7
2.食用菌	2579.9	2493.9	1070.8	1070.8	60.8	60.8	330.1	330.1
3.花卉	9505.8	9305.2	884.6	884.6			3304.9	2644.9
4.盆景园艺	4500	4500						
(三)水果、坚果、饮料和香料作物	24264.8	23882.7	639.7	556.3	5.2	5.2	179.4	168.9
1.园林水果	21032.8	20213.8	628.5	553.3	5.2	5.2	179.4	168.9
#苹果	1943.5	1905.4	101.6	77.9	0.8	0.7	67.8	59.9
梨	2816.7	2763.5	40	27.4	3.8	3.8	17.3	17
红枣	812.2	804.9	139.2	139.2			40.6	40.6
2.坚果	2211.6	2875.1	11.3	11.3				
核桃	2211.6	2875.1	11.3	11.3				
3.茶及其他饮料	900	900						
#茶	900	900						
4.香料原料	120.4	120.4						
#花椒	120.4	120.4						

总产值

单位：万元

尖草坪区		万柏林区		晋源区		清徐县		阳曲县		娄烦县		古交市	
按现行价格	按可比价格	按现行价格	按可比价格	按现行价格	按可比价格	按现行价格	按可比价格	按现行价格	按可比价格	按现行价格	按可比价格	按现行价格	按可比价格
53146.2	**49632.3**	**15112.2**	**13934.2**	**66803.9**	**63310.3**	**257579**	**244444.5**	**83556.4**	**80798**	**35984.9**	**31438**	**39175.8**	**36299.5**
27261.3	**24880.1**	**1155.6**	**1142.4**	**40500.6**	**40180.8**	**176159.6**	**165627.7**	**45965.8**	**44140.2**	**16034.6**	**12612.5**	**12847.9**	**12581**
4005.8	3927.3	731.4	730.6	5964.8	5735.4	31515.9	31343.5	19614.7	19045.2	9689.4	6733.4	3695.2	3691.5
3056.6	2994.4	418.1	387.6	5272.3	5023	27534.8	27500.9	16011.3	15830.6	2930.2	2057.6	1580	1538.2
				45.4	42.6	214.5	180.6						
				252.3	257.8								
2766.4	2704.2	324.8	299.8	4861.1	4611.7	26331.7	26331.7	12915.1	13777.3	638.2	627.7	390.4	381.6
96.7	96	102.9	171.5	98.6	97.6	328.9	321.1	267.3	267.3	4679.9	2691	680.7	1701.8
20.1	18.1					30.9	30.9	311.7	309.2	711.3	673.5	457	450.1
						12.3	12.3	1.8	1.7				
210.2	198.8	6	9.9	17.8	17.2	257.3	257.3	939.6	938.1	905.1	881.2	931	916.2
181.9	179.8			17.2	16.7	215.5	215.5	824.4	824.4	608.4	589.7	742.7	728.2
						41.6	41.6						
622.3	622.3	204.4	196.2	576.2	575.9	3322.5	3326.2	2084.8	2186	462.9	451.8	46.4	46.4
		26.6	21.7			18.1	21.9	576.7	605.5			46.4	46.4
17720.8	16332.5	334.2	326.1	33602.1	33511.7	126018	121404.7	19551	18444.4	2109.7	2028.6	7899.3	7669.2
14893.7	13593.7	306.3	290.9	29306	29218.6	124322.6	118571.5	19521.8	19850	1976.2	1910.8	7892.7	7397.8
266	266	28	28	322.1	322.1	92.9	85.1	18.2	17.8	133.5	124.6	6.6	6.6
561.1	523.1			3074	3074	2.6	111.5	11	9.5				
2000	2000			900	900	1600	1600						
5532.6	4618.2	90	85.7	933.7	933.7	18339.4	12605.2	1696.8	1647.4	4235.5	3850.5	1077	1045.6
5511.9	4606	82.2	58.1	845	845	18339.4	12604.8	1224.8	1146.5	548.4	489	219	217.6
878.3	790.9	1.9	1.6	351.3	351.3	305	264.4	442.7	405.8	60	58.7	99.5	99.5
194.3	166.6	9	5.3	24.1	24.1	2403.2	2218.4	81.5	86.6	20	18.4	19.2	18.6
92.4	84.3	21.1	10.5	72.7	72.7	225	233.9	84.8	106	54.9	41.2	7.4	7.4
7.8	0.8	6	6	2.7	2.7			463.4	347.6	3687.1	2759	8	3.1
7.8	0.8	6	6	2.7	2.7			463.4	347.6	3687.1	2759	8	3.1
												850	850
												850	850
12.9	12.9	1.8	1.8	86	86			8.6	8.6				
12.9	12.9	1.8	1.8	86	86			8.6	8.6				

10-9 续表

指　标	太原市		小店区		迎泽区		杏花岭区	
	按现行价格	按可比价格	按现行价格	按可比价格	按现行价格	按可比价格	按现行价格	按可比价格
(四)中草药材	5864.1	5864.1						
二、林业产值	**71993**	**70000.6**	**7957.7**	**7957.7**	**7417.7**	**7417.7**	**6021.2**	**5845.8**
(一)林木的培育和种植	71839.6	69848.9	7957.7	7957.7	7417.7	7417.7	6021.2	5845.8
1.育种育苗	13273.3	13159.2	2725	2725	46	46.1	254.6	201
2.造　林	5504.9	5394.1	66.8	66.8	168.7	168.7	3711.6	4275.8
3.抚育和管理	861.4	836.1			48	48		
(二)木材采运	66.4	66.4						
#村及村以下	66.4	66.4						
(三)林产品	87	85.3						
三、牧业产值	**182375.2**	**179765.3**	**33155.7**	**29555.4**	**1371.7**	**1293.8**	**3978**	**3729.8**
(一)牲畜饲养	68564.8	67220.3	21797.9	18441.5	184.4	173.2	556.8	510.8
1.牛的饲养	12920	13808.3	1964.7	1964.7			24.5	22.7
2.羊的饲养	21504.4	21214.3	906.2	906.2	161.3	150.6	514.9	462.1
3.其他牲畜饲养	614.6	614.4			10.9	10.9	4.5	4.5
4.奶产品	32614.7	30793.1	18919.5	15571.6	9	9	10.3	10
#牛奶	32563.4	30751.6	18919.5	15571.6	9	9	10.3	10
5.毛绒产品	711	711	7.5	6.9	3.1	3.1	2.7	2.1
#羊毛	207.7	207.7	7.5	6.9	3.1	3.1	2.7	2.1
羊绒	503.4	503.4						
6.其他牲畜副产品	200	200						
(二)猪的饲养	78444.9	78444.9	4977.6	4913.7	674.9	610.7	2952	2758.9
(三)家禽饲养	32132.6	30867.1	6180.2	6000.2	212.4	209.9	465.4	456.2
1.肉禽	10825.7	10602.1	2785.8	2785.8	50.6	49.2	120.6	109.6
2.禽蛋	21306.9	20235	3394.5	3573.1	161.9	160.8	344.8	344.8
(四)狩猎和捕捉动物	484.6	484.6						
(五)其他畜牧业	2748.3	2748.3	200	200	300	300	3.9	3.9
蚕茧								
#兔	123.3	123.3					3.9	3.9
四、渔业产值	**3260.8**	**3150.5**	**179.4**	**170.9**	**55.3**	**53.1**		
养殖	3260.8	3138.2			55.3	55.3		
鱼类	3260.8	3138.2	179.4	179.4	55.3	55.3		
五、农林牧渔服务业	**30732.6**	**29837.5**	**4000**	**3809.5**				

单位：万元

尖草坪区		万柏林区		晋源区		清徐县		阳曲县		娄烦县		古交市	
按现行价格	按可比价格	按现行价格	按可比价格	按现行价格	按可比价格	按现行价格	按可比价格	按现行价格	按可比价格	按现行价格	按可比价格	按现行价格	按可比价格
2.1	2.1					286.3	274.3	5103.3	5003.2			176.5	174.8
8857.5	**8591.2**	**10220.5**	**9140.9**	**6362.4**	**6362.4**	**6646.7**	**5898.8**	**6375**	**6311.7**	**6222.2**	**6135.7**	**7590.9**	**6325.8**
8831.4	8565.9	10220.5	9140.9	6334.5	6334.5	6646.7	5898.8	6349.6	6286.7	6222.2	6135.7	7590.9	6325.8
1110.2	1084.6	1348.8	1356	1530	1530	1080	1296	1354.3	1369.2	780.8	780.8	1500	1005
161.2	156.4	670.6	684	804.5	804.5	4206.7	696.5	755.3	664.6	644	621	928.7	1161.3
		391.1	440.1							138.8	136		
26.1	25.3			27.9	27.9			25.5	25				
26.1	26.1			27.9	27.9			25.5	25.5				
16045.2	**15182.1**	**2213.4**	**2128.4**	**16648.9**	**13710.2**	**64351.8**	**63696.6**	**28561.3**	**27693**	**11755.1**	**10785.8**	**14841**	**13778.2**
4462.8	4375.3	95.9	93.6	7333.5	5057.6	22484.6	18869.3	12763.1	12512.8	6098.9	5257.7	4775.8	4341.6
254.9	254.6	9.1	9.1	296.9	294.5	8359.1	6663.6	1835.9	1681.7	1259.1	1049.3	1239	743.4
947.3	933			2981.3	1242.2	7748	6354.4	4869.8	3984.4	4368.8	3421.1	3345.4	3398.9
17.4	27.3					37.8	37.8	134.2	184.6	251	235.4	11	10.1
3178.3	3090.1	86.8	86.8	4047.4	3469.2	6136.3	5633.3	5756.4	5263			53.4	51.8
3178.3	3090	86.8	86.8	4047.4	3469.2	6057.4	5591.9	5756.4	5263			53.4	51.8
14.8	14.8			7.8	7.8	53.4	53.4	166.8	158.1	220	204.5	127	127.2
6	6			7.8	7.8	53.4	53.4	60.4	51.7	25	22.5	7.3	7.5
8.8	8.8							106.4	106.4	195	182	119.7	119.7
50	50					150	150						
9240.8	8477.8	1679.3	1623.6	4416.7	3857.4	31164.1	34462.2	11149.8	10618.9	2281.8	2281.8	5867.6	5238.9
2158.7	2148	437.8	410.9	4698.3	4606.2	9578.1	9273	4232.8	4149.8	609.9	580.9	3895.1	3895.1
460.8	460.8	75	75	1268	1212.9	4516.1	3968.2	569.4	605	282.9	258.3	1068.3	1068.3
1697.9	1704	362.9	396.7	3430.4	3390	5061.9	5304.5	3663.3	3663.3	327	325.1	2826.8	2683.7
						90	90			2435	2435		
182.9	181.1	0.4	0.4	200.4	189	1035	1002.1	415.6	411.5	329.5	230.4	302.5	302.5
				0.4	0.3	73.8	73.8	26.6	26.6	3.9	3	2.5	2.5
332.3	**329**	**22.8**	**22.5**	**2392**	**2174.6**	**1920.8**	**1783.6**	**54.3**	**53.2**	**473**	**454.8**	**96**	**96**
								54.3	48.8	473	451.5		
332.3	329.4	22.8	22.8	2392	2093	1920.8	1783.6	54.3	48.8	473	451.5	96	96
650	**650**	**1500**	**1500**	**900**	**882.4**	**8500**	**7437.9**	**2600**	**2600**	**1500**	**1449.3**	**3800**	**3518.5**

10–10 农林牧渔业

指　　标	太原市	小店区	迎泽区	杏花岭区
农林牧渔业中间消耗合计	**336329.1**	**62497.3**	**4817.4**	**7477.4**
一、农业中间消耗合计	**168468.7**	**38204.2**	**84.2**	**1850.9**
(一)物质消耗	134468.7	27204.2	59.2	1711.9
1.用种量	25654.5	117.8	12.7	850.8
2.役畜用饲料、饲草	2519.9	7.3		8
3.肥料	34296.5	1826.2	1.3	14.8
4.燃料	16487	2470	3.1	103.8
5.农药	3780	74	3	9
6.农用塑料薄膜	4546.1	206.4	1.1	2.5
7.用电量	10308.2	1002.5	22	625
8.小农具购置	10144.5	5500	2	15
9.办公用品购置	12047	7100	4	43
10.其他	14685	8900	10	40
(二)生产服务支出	34000	11000	25	139
二、林业中间消耗合计	**35975.2**	**4328.4**	**3813.6**	**3050**
(一)物质消耗	27625.2	2268.4	3433.6	2439.1
1.用种量	14956.9	1887.6	2623.5	1005.8
2.肥料	680.8	81.8	2	6.3
3.燃料	1226	219	3.1	41
4.农药	380	40		8
5.用电量	1425.5	40	385	1010
6.小农机具购置	3193		120	170
7.办公用品购置	2900		100	100
8.其他	2863		200	98
(二)生产服务支出	8350	2060	380	610.9
三、牧业中间消耗合计	**114078.3**	**17983.5**	**890.2**	**2576.5**
(一)物质消耗	111695.3	16404.5	820.2	2526.5
1.用种量	603.4	82.5		6.3
2.饲料、饲草	101182.5	11261.8	472.6	2422.7
3.燃料	1324.6	460.2	1.6	67.5
4.用电量	4748.4	1100	264	
5.畜牧用药品	1626.4	1200	40	
6.其他	2210	2300	42	30
(二)生产服务支出	2383	1579	70	50
四、渔业中间消耗合计	**1510.9**	**81.2**	**29.4**	
(一)物质消耗	1306.9	76.2	29.4	
1.饲料	577.1	49.5		
2.燃料	110.2	5.7	0.8	
3.用电量	429.3	15	28.6	
4.办公用品购置	50.3	5		
5.其他	140	1		
(二)生产服务支出	204	5		
五、农林牧渔服务业中间消耗合计	**16296**	**1900**		

中间消耗

单位：万元

尖草坪区	万柏林区	晋源区	清徐县	阳曲县	娄烦县	古交市
25450.7	**7467.3**	**31460.4**	**117873.4**	**36498**	**17794.1**	**20144.7**
10627.9	**482.3**	**15929.7**	**71698.4**	**15839.3**	**6000.9**	**5150.9**
6594.9	410.3	11979.7	48992.4	15517.3	5085.9	4640.9
1428.1	88.1	1469.6	4483.8	2076.9	1569.6	1195.7
24.8		6.9	19.8	1911.9	658	707.8
839.2	11.9	4473.3	19570.2	5274	891.1	582.5
703.8	4.8	1116.9	8676.8	2481.3	468.4	811.9
192	2	144	2275	270	35	70
240	0.8	96.5	2123.8	843.2	98.8	158
1128	192.7	1402.5	5902	750	484	506
455	20	770	2000	400	320	205
633	45	950	2100	800	280	192
951	45	1550	1841	710	281	212
4033	72	3950	22706	322	915	510
4801.5	**4829.7**	**3245.6**	**3658.1**	**3067.6**	**3220.7**	**3725.4**
3502.5	4107.7	3065.6	3019.1	2615.6	2770.7	3655.4
1804.5	2355.7	1686.2	1759.4	1402.1	1797.5	2620.5
35.6	8.6	99.4	50.9	321.7	82.1	13.6
61.9	1.8	387.6	17	436.5	14.3	117.2
		88.4	35	22.8	4.8	4
70.5	547.6	275	581.8	12.5	44	507.1
690	360	188	35	60	280	206
455	468	170	280	100	106	97
385	366	171	260	260	442	90
1299	722	180	639	452	450	70
9498.9	**1334.5**	**10474.3**	**36833.4**	**16361**	**7545.7**	**9265.1**
9375.9	1241.5	9974.3	35259.4	15921	6009.7	8998.1
18		115.5	224.5	60	99	57.8
8486.5	905	8817.4	33713.1	14685.1	5163	7929
91.2	1.2	55.4	200	84.9	238.7	134.2
395.2	183.3	286	1021.8	150	44	397.1
180	80	410	50	351	210	200
205	72	290	50	590	255	280
123	93	500	1574	440	1536	267
202.4	**10.8**	**1360.8**	**1033.5**	**30.1**	**270.8**	**53.3**
113.4	10.8	1360.8	923.5	30.1	221.8	50.3
	4.1	454.5	156		117.6	1.4
29.4	1.2	30.8		6.4	20.2	21.9
	4.2	220	682.5	23.7	33	22
29	1.3	190.5	15		16	3
55		465	70		35	2
89			110		49	3
320	**810**	**450**	**4650**	**1200**	**756**	**1950**

10-11 林业渔业

指　标	单 位	合 计	小店区	迎泽区	杏花岭区
林业生产情况		**21170**	**267**	**553**	**753**
一、当年造林面积	公顷	21170	267	553	753
（一）按造林方式分		21170	267	553	753
1.人工造林	公顷	16571	267	553	753
2.无林地和疏林地新封	公顷	4599			
（二）按林种用途分		21170	267	553	753
1.经济林	公顷	2549	33		53
2.防护林	公顷	18101	234	553	700
二、零星植树	万株	1200	126	135	137
三、育苗面积	公顷	3335	467	20	67
# 本年新育	公顷	1679	253	13	20
四、村及村以下木材采伐量	立方米	1437			
渔业生产情况					
1.养殖面积	公顷	2391	22	167	
2.水产品产量	吨	2787	138	50	

生产情况

尖草坪区	万柏林区	晋源区	清徐县	阳曲县	娄烦县	古交市	太原市直
620	**2736**	**1609**	**1833**	**3021**	**4600**	**4645**	**533**
620	2736	1609	1833	3021	4600	4645	533
620	2736	1609	1833	3021	4600	4645	533
620	2736	1609	1366	2288	3400	2979	
			467	733	1200	1666	533
620	2736	1609	1833	3021	4600	4645	533
80		15	567	934	600	267	
540	2736	1594	1066	2020	3865	4260	533
126	142	80	136	106	106	106	
427	60	600	480	467	347	400	
233	33	253	233	247	207	187	
521		279		637			
220	11	77	396	37	936	15	510
284	19	210	1372	39	316	80	279

10-12　农村经济收益分配(一)

指　　标	单　位	太原市	小店区	迎泽区
一、农村经济总收入	**万元**	**6087775.38**	**1104541.94**	**306417.47**
#出售产品收入	万元	2338595.87	421254.32	93717.56
1.农业收入	万元	712984.19	222987.54	416.1
2.林业收入	万元	26042.17	2090.59	
3.牧业收入	万元	191109.29	21156.63	1035.8
4.渔业收入	万元	554		
5.工业收入	万元	2493145.63	334792.21	58685.8
6.建筑业收入	万元	419014.53	77855.11	58675
7.运输业收入	万元	727628.75	82740.16	12723
8.商饮业收入	万元	673396.52	69910.76	48366.13
9.服务业收入	万元	561101.38	206767.04	121556.84
10.其他收入	万元	282798.92	86241.9	4958.8
二、总费用	**万元**	**4664574.24**	**835084.14**	**272883.63**
三、净收入	**万元**	**1423201.14**	**269457.8**	**33533.84**
四、投资收益	**万元**	**6314.94**	**360**	**180**
五、农民外出劳务收入	**万元**	**187870.22**	**24858.48**	**9878.3**
六、可分配净收入总额	**万元**	**1617386.3**	**294676.28**	**43592.14**
1.国家税金	万元	153622.89	18737.47	3715.2
2.上交有关部门	万元	7166.28	697	20.8
3.外来投资分利	万元	23658.55	2143	400
4.外来人员带走劳务收入	万元	110538.3	41210	1097
5.企业各项留利	万元	38805.89	105.63	1733.4
6.乡村集体所得	万元	16691	1801.4	280
7.农民经营所得	万元	1266903.39	229981.78	36345.74
七、农民从乡镇集体企业得到收入	**万元**	**4375.88**	**508**	
八、农民从集体再分配得到收入	**万元**	**69402.46**	**16445.73**	**1869.6**
九、农民所得总额	**万元**	**1336305.85**	**246935.51**	**38215.34**
十、农民人均所得	**元**	**11573**	**15899.83**	**14904**

10-12 农村经济收益分配(二)

指 标	单 位	杏花岭区	尖草坪区	万柏林区	晋源区
一、农村经济总收入	**万元**	**224238.04**	**464599.13**	**688985.11**	**650930.44**
#出售产品收入	万元	65517.72	82137.5	17724.6	164074.14
1.农业收入	万元	4942.36	29096.56	1731	78410.58
2.林业收入	万元	1	886.27	441	3053.13
3.牧业收入	万元	8511.94	16662.8	1767.35	12158.16
4.渔业收入	万元				254
5.工业收入	万元	92753.23	158683.62	133218.12	236978.5
6.建筑业收入	万元	21498.23	28482.2	51891	67599.77
7.运输业收入	万元	38084.72	92290.4	64727.41	110164.54
8.商饮业收入	万元	25304.16	76778.56	267354.46	78218.81
9.服务业收入	万元	29816.4	27670.9	80750.11	28067.82
10.其他收入	万元	3326	34047.82	87104.66	36025.13
二、总费用	**万元**	**170849.73**	**342218.54**	**523900.82**	**496444.16**
三、净收入	**万元**	**53388.31**	**122380.59**	**165084.29**	**154486.28**
四、投资收益	**万元**		**804**	**4375.55**	**320.09**
五、农民外出劳务收入	**万元**	**11896.64**	**35964**	**16475.58**	**16484.63**
六、可分配净收入总额	**万元**	**65284.95**	**159148.59**	**185935.42**	**171291**
1.国家税金	万元	3735.59	23208.73	9230.07	16677.49
2.上交有关部门	万元		136	1000.78	1862.15
3.外来投资分利	万元		672.7	11737.35	863.5
4.外来人员带走劳务收入	万元	2869.08	7741.81	27546.95	7338.36
5.企业各项留利	万元	1262.85	5363.77	3419	6721.5
6.乡村集体所得	万元	1582.94	2175.32	8379.51	1984.39
7.农民经营所得	万元	55834.49	119850.26	124621.76	135843.61
七、农民从乡镇集体企业得到收入	**万元**		**1585.85**	**2209.1**	
八、农民从集体再分配得到收入	**万元**	**2036.1**	**10733.81**	**24142.13**	**9202.5**
九、农民所得总额	**万元**	**57870.59**	**132169.92**	**150972.99**	**145046.11**
十、农民人均所得	**元**	**13594.86**	**10985.69**	**15852.35**	**10486.88**

10-12 农村经济收益分配(三)

指标	单位	清徐县	阳曲县	娄烦县	古交市
一、农村经济总收入	**万元**	**1360676.95**	**154499.1**	**55875.7**	**1077011.5**
#出售产品收入	万元	781972.2	54489.83	9973	647735
1.农业收入	万元	292528.31	47775.34	19301.4	15795
2.林业收入	万元	5735.7	3005.28	1934.2	8895
3.牧业收入	万元	92993.94	23028.87	4111.8	9682
4.渔业收入	万元	99		201	
5.工业收入	万元	609537.73	13924.42	11026	843546
6.建筑业收入	万元	98231.58	10429.24	2489.4	1863
7.运输业收入	万元	163598.39	25572.23	5547.9	132180
8.商饮业收入	万元	50675.46	18426.78	3021.9	35339.5
9.服务业收入	万元	29805.18	5592.89	1678.2	29396
10.其他收入	万元	17471.66	6744.05	6563.9	315
二、总费用	**万元**	**1007768.16**	**100799.6**	**18502.46**	**896123**
三、净收入	**万元**	**352908.79**	**53699.5**	**37373.24**	**180888.5**
四、投资收益	**万元**	**275.3**			
五、农民外出劳务收入	**万元**	**23701.45**	**16103.14**	**17151.5**	**15356.5**
六、可分配净收入总额	**万元**	**376885.54**	**69802.64**	**54524.74**	**196245**
1.国家税金	万元	30615.26	3286.08	933	43484
2.上交有关部门	万元	30	67.55	64	3288
3.外来投资分利	万元	230	168	271	7173
4.外来人员带走劳务收入	万元	8389.92	493.18	1397	12455
5.企业各项留利	万元	5338.74	230	240	14391
6.乡村集体所得	万元	300.47	148.97	2	36
7.农民经营所得	万元	331981.15	65408.86	51617.74	115418
七、农民从乡镇集体企业得到收入	**万元**		**72.93**		
八、农民从集体再分配得到收入	**万元**	**2549.41**	**793.83**	**581.35**	**1048**
九、农民所得总额	**万元**	**334530.56**	**66275.62**	**52199.09**	**116466**
十、农民人均所得	**元**	**13086.00**	**6078.55**	**4798.28**	**11198.44**

第11篇

工业、交通运输和邮电

资料整理、审核

李春宝　　亢会明　　高　宏　　郭　瑞

张　越　　张明敏

11-1　全市工业企业单位数

单位：个

指　　标	2013	2012
全部工业企业单位数总计	**3986**	**5377**
# 规模以上工业企业数	**440**	**458**
在总计中：国有及国有控股	88	90
(一)按隶属关系分		
中央企业	32	32
省属企业	30	31
市属企业	31	36
县及县以下	347	359
(二)按轻重工业分		
轻工业	86	89
重工业	354	369
(三)按登记注册类型分组:		
国有企业	23	37
集体企业	21	22
股份合作企业	1	2
联营企业		
有限责任公司	93	88
股份有限公司	10	10
私营企业	268	271
其他企业		3
港、澳、台商投资企业	5	4
外商投资企业	19	21
(四)按企业规模分		
大型企业	31	35
中型企业	86	75
小型企业	294	332
微型企业	29	16

11-2　全社会主要工业产品产量

指　　标	单　位	2013	2012
原煤	万吨	3711.47	3626.26
洗煤	万吨	2940.80	2880.28
# 洗精煤	万吨	2323.49	2240.21
生铁	万吨	698.58	699.46
粗钢	万吨	977.84	936.30
钢材	万吨	940.20	884.70
焦炭	万吨	1136.15	1128.88
水泥	万吨	676.82	731.65
机制纸及纸板	万吨	9.74	10.54
白酒(折 65 度,商品量)	千升	4920.71	11355
饮料酒	千升	118052.08	86845
精制食用植物油	万吨	8.33	6.90
食醋	万吨	45.47	45.94
乳制品	万吨	10.9	13.83
软饮料	万吨	37.96	24.81

11-3 规模以上工业企业主要产品产量

指 标	单 位	2013	2012
原煤	万吨	3711.47	3626.26
洗煤	万吨	2940.80	2880.28
# 洗精煤	万吨	2323.49	2240.21
发电量	亿千瓦小时	279.25	289.66
小麦粉	万吨	1.93	1.49
配混合饲料	万吨	20.29	20.54
精制食用植物油	万吨	8.23	6.80
白酒(折 65 度,商品量)	千升	4920.71	11355
啤酒	千升	112358.17	74692
软饮料	万吨	37.96	24.81
卷烟	亿支	158.50	156.00
家具	万件	2.79	2.66
机制纸及纸板	万吨	9.74	10.54
焦炭	万吨	1136.15	1128.88
合成氨	万吨		
烧碱(折 100%)	万吨		9.99
涂料(油漆)	万吨	2.43	3.25
橡胶轮胎外胎	万条	166.57	170.26
水泥	万吨	594.74	646.58
商品混凝土	万立方米	312.71	163.52
平板玻璃	万重量箱		
生铁	万吨	698.58	698.36
粗钢	万吨	977.76	936.22
钢材	万吨	939.37	883.60
铁合金	万吨	8.95	9.62
原铝(电解铝)	万吨	11.37	9.87
金属镁	万吨	2.03	2.15
钕铁硼	吨	1708.5	1781
铝材	万吨		0.25
工业锅炉	蒸发量吨	374	357
金属切削机床	台	466	693
起重机	吨	57248	57035
采矿专用设备	吨	99957	140648
交流电动机	万千瓦	91.98	94.88
乳制品	万吨	10.9	13.83
食醋	万吨	45.47	45.94
单色印刷品	万令	84.43	84.55
多色印刷品	万对开色令	241.72	257.64
焦油	万吨	26.34	24.03
粗苯	万吨	6.61	5.30
纯苯	万吨	0.18	4.03
车轮	万吨	9.2	10.92
车轴	万吨	15.59	15.41
汽车	辆	178	309.00
煤气生产量	亿立方米	135.73	135.93
自来水生产量	亿立方米	3.02	2.99

11-4 规模以上工业主要产品生产能力

指　　标	单 位	生产能力
原煤	吨	50850000
发电设备容量总计/发电量	万千瓦/万千瓦小时	541
卷烟	万支	3024000
化学纤维	吨	10000
初级形态塑料	吨	23000
焦炭	吨	17080000
农用氮、磷、钾化学肥料总计（折纯）	吨	
水泥	吨	10560000
水泥熟料	吨	5560000
# 窑外分解窑熟料	吨	
生铁	吨	7900000
粗钢	吨	11422537
钢材	吨	12216101
铁合金	吨	100000
原铝(电解铝)	吨	115000
金属切削机床	台	618
汽车	辆	15000

11-5 规模以上工业企业

指标	企业单位数(个)	亏损企业	工业总产值(当年价格)	工业销售产值(当年价格)	出口交货值
总计	**440**	**153.0**	**26488396.3**	**25721134.8**	**4351011.7**
一、按登记注册类型分组					
内资企业	416	145.0	21748552.9	21114454.1	1063587.8
国有企业	23	12.0	835756.1	828442.8	2066.7
中央企业	10	4.0	608893.9	605936.1	
地方企业	13	8.0	226862.2	222506.7	2066.7
集体企业	21	4.0	124930.8	124845.3	
股份合作企业	1		5277.1	5277.1	
有限责任公司	93	34.0	16510796.8	16025192.5	1039022.5
国有独资公司	21	8.0	9856098.5	9709071.3	937658.3
其他有限责任公司	72	26.0	6654698.3	6316121.2	101364.2
股份有限公司	10	3.0	915413.6	882347.4	5060.6
私营企业	268	92.0	3356378.5	3248349.0	17438.0
私营独资企业	15	6.0	193160.1	198295.0	
私营有限责任公司	241	84.0	2812007.6	2699552.3	17438.0
私营股份有限公司	12	2.0	351210.8	350501.7	
港、澳、台商投资企业	5	2.0	4089207.5	4012345.8	3283816.0
合资经营企业(港或澳、台资)	4	1.0	4088899.4	4012037.7	3283816.0
港澳台商独资经营企业	1	1.0	308.1	308.1	
外商投资企业	19	6.0	650635.9	594334.9	3607.9
中外合资经营企业	14	5.0	560248.0	505858.0	
外资企业	3	1.0	36069.8	32245.3	3607.9
外商投资股份有限公司	2		54318.1	56231.6	
二、按经济组织类型分组					
独资企业	63	24.0	1190224.9	1184136.5	5674.6
国有企业	23	12.0	835756.1	828442.8	2066.7
集体企业	21	4.0	124930.8	124845.3	
私营独资企业	15	6.0	193160.1	198295.0	
港澳台商独资经营企业	1	1.0	308.1	308.1	
外资企业	3	1.0	36069.8	32245.3	3607.9
合作、合伙企业	1		5277.1	5277.1	
股份合作企业	1		5277.1	5277.1	
股份有限公司	24	5.0	1320942.5	1289080.7	5060.6
股份有限公司(内资)	10	3.0	915413.6	882347.4	5060.6
私营股份有限公司	12	2.0	351210.8	350501.7	
外商投资股份有限公司	2		54318.1	56231.6	
有限责任公司	352	124.0	23971951.8	23242640.5	4340276.5
国有独资公司	21	8.0	9856098.5	9709071.3	937658.3
私营有限责任公司	241	84.0	2812007.6	2699552.3	17438.0
合资经营企业(港或澳、台资)	4	1.0	4088899.4	4012037.7	3283816.0
中外合资经营企业	14	5.0	560248.0	505858.0	
其他有限责任公司	72	26.0	6654698.3	6316121.2	101364.2

主要经济指标(一)

单位：万元

年初存货	产成品	资产总计	流动资产合计	应收账款	存货	产成品	在产品
4061431.6	**1258806.8**	**41533597.3**	**18263062.1**	**4262456.0**	**4340693.8**	**1683591.2**	**750233.5**
3658142.0	1144054.3	38157569.3	16165076.1	3751229.4	3992652.4	1496876.3	702732.5
166940.6	38903.6	1812002.3	906314.3	125571.5	142533.1	43443.8	26952.1
102492.4	6537.2	1030815.9	505794.8	100687.8	70845.2	7998.4	22150.5
64448.2	32366.4	781186.4	400519.5	24883.7	71687.9	35445.4	4801.6
8642.6	3045.8	76212.4	63582.5	24919.2	9933.0	3431.2	2227.5
823.6		4758.1	3814.3	2770.7	914.9		
2871584.0	876944.2	29950378.2	11694681.1	2743312.4	3225152.0	1214327.9	617449.0
1837207.3	488033.1	17589835.3	6861137.4	1704938.1	1959622.5	747627.4	462401.7
1034376.7	388911.1	12360542.9	4833543.7	1038374.3	1265529.5	466700.5	155047.3
46733.2	17234.5	1892260.2	606014.1	206036.9	55146.3	18326.6	13679.4
563418.0	207926.2	4421958.1	2890669.8	648618.7	558973.1	217346.8	42424.5
15119.5	3439.1	150670.9	130131.8	28376.3	15195.6	5953.1	
510078.0	198702.1	4066000.2	2651878.9	587440.3	525348.8	206528.9	40954.5
38220.5	5785.0	205287.0	108659.1	32802.1	18428.7	4864.8	1470.0
279259.5	59107.6	2588939.4	1743708.9	414420.9	239439.2	140804.8	29463.7
279029.6	58877.7	2588176.9	1742957.8	414271.0	239210.4	140576.0	29463.7
229.9	229.9	762.5	751.1	149.9	228.8	228.8	
124030.1	55644.9	787088.6	354277.1	96805.7	108602.2	45910.1	18037.3
114631.5	53733.3	698116.6	315667.5	84765.4	98431.5	44111.9	13317.9
5066.5	250.0	54689.7	18400.5	4657.9	5651.0	140.9	3609.4
4332.1	1661.6	34282.3	20209.1	7382.4	4519.7	1657.3	1110.0
195999.1	45868.4	2094337.8	1119180.2	183674.8	173541.5	53197.8	32789.0
166940.6	38903.6	1812002.3	906314.3	125571.5	142533.1	43443.8	26952.1
8642.6	3045.8	76212.4	63582.5	24919.2	9933.0	3431.2	2227.5
15119.5	3439.1	150670.9	130131.8	28376.3	15195.6	5953.1	
229.9	229.9	762.5	751.1	149.9	228.8	228.8	
5066.5	250.0	54689.7	18400.5	4657.9	5651.0	140.9	3609.4
823.6		4758.1	3814.3	2770.7	914.9		
823.6		4758.1	3814.3	2770.7	914.9		
89285.8	24681.1	2131829.5	734882.3	246221.4	78094.7	24848.7	16259.4
46733.2	17234.5	1892260.2	606014.1	206036.9	55146.3	18326.6	13679.4
38220.5	5785.0	205287.0	108659.1	32802.1	18428.7	4864.8	1470.0
4332.1	1661.6	34282.3	20209.1	7382.4	4519.7	1657.3	1110.0
3775323.1	1188257.3	37302671.9	16405185.3	3829789.1	4088142.7	1605544.7	701185.1
1837207.3	488033.1	17589835.3	6861137.4	1704938.1	1959622.5	747627.4	462401.7
510078.0	198702.1	4066000.2	2651878.9	587440.3	525348.8	206528.9	40954.5
279029.6	58877.7	2588176.9	1742957.8	414271.0	239210.4	140576.0	29463.7
114631.5	53733.3	698116.6	315667.5	84765.4	98431.5	44111.9	13317.9
1034376.7	388911.1	12360542.9	4833543.7	1038374.3	1265529.5	466700.5	155047.3

11-5 续表 1-1

指 标	企业单位数(个)	亏损企业	工业总产值(当年价格)	工业销售产值(当年价格)	出口交货值
三、在总计中：亏损企业	**153**	**153.0**	**5737197.0**	**5454325.8**	**14866.2**
在总计中：国有控股企业	88	31.0	17204245.8	16875167.8	1046071.5
在总计中：轻工业	86	21.0	1578127.0	1544001.5	7941.2
重工业	354	132.0	24910269.3	24177133.3	4343070.5
在总计中：大型企业	31	10.0	20859508.0	20345119.5	4313947.5
中型企业	86	27.0	3021472.9	2876068.1	9870.9
小型企业	294	101.0	2559926.9	2454664.5	26578.5
微型企业	29	15.0	47488.5	45282.7	614.8
四、按行业分组					
煤炭开采和洗选业	56	36.0	3290035.5	3247770.1	
石油和天然气开采业	1		6973.6	6973.6	
黑色金属矿采选业	8	4.0	220544.6	167490.3	
农副食品加工业	15	1.0	404523.2	402342.4	4525.6
食品制造业	13	2.0	195154.7	182360.5	78.3
酒、饮料和精制茶制造业	7	2.0	95819.2	91193.5	
烟草制品业	1		415676.3	413467.3	
纺织业	4	2.0	25193.2	25048.6	3306.9
纺织服装、服饰业	1		1761.8	2151.9	
木材加工和木、竹、藤、棕、草制品业	3	1.0	6937.7	7021.7	
家具制造业	2		10041.5	10041.5	
造纸和纸制品业	5	2.0	41138.3	39075.9	
印刷和记录媒介复制业	12	4.0	70062.8	72637.4	
文教、工美、体育和娱乐用品制造业	1		44663.6	44663.6	
石油加工、炼焦和核燃料加工业	16	12.0	1624271.6	1400646.2	
化学原料和化学制品制造业	16	5.0	382235.6	374206.4	8236.5
医药制造业	8	2.0	59398.7	58284.0	
化学纤维制造业	1	1.0	2015.4	1919.0	
橡胶和塑料制品业	9	2.0	381793.0	329886.6	52457.4
非金属矿物制品业	40	14.0	437678.2	416241.6	
黑色金属冶炼和压延加工业	31	12.0	8409756.2	8330067.0	820709.7
有色金属冶炼和压延加工业	10	4.0	361041.4	357366.9	5165.7
金属制品业	34	9.0	1499105.6	1463727.8	66929.1
通用设备制造业	27	7.0	278117.4	272930.2	3724.8
专用设备制造业	37	10.0	1832168.6	1743382.6	96961.8
汽车制造业	6	2.0	40564.3	41270.0	
铁路、船舶、航空航天和其他运输设备制造业	13	4.0	505883.9	489358.7	692.4
电气机械和器材制造业	15	5.0	84550.3	78564.3	2599.5
计算机、通信和其他电子设备制造业	18	4.0	4175214.4	4086769.9	3280563.4
仪器仪表制造业	17	1.0	392523.9	387549.5	5060.6
其他制造业	1		1617.9	1617.9	
金属制品、机械和设备修理业	1		4751.6	4751.6	
电力、热力生产和供应业	6	3.0	543522.8	543522.8	
燃气生产和供应业	3		563787.5	546994.5	
水的生产和供应业	2	2.0	79872.0	79839.0	

单位：万元

年初存货	产成品	资产总计	流动资产合计	应收账款	存货	产成品	在产品
994200.2	**352668.7**	**13086682.2**	**5152362.4**	**1036002.0**	**1074571.8**	**341759.0**	**78723.1**
2885092.4	849809.6	32015167.7	12301900.0	2919968.8	3202509.5	1184078.8	637862.2
189902.7	66593.0	1957168.0	970203.0	158729.2	210540.1	78990.2	16537.5
3871528.9	1192213.8	39576429.3	17292859.1	4103726.8	4130153.7	1604601.0	733696.0
2964636.8	881635.6	33495141.0	13616338.9	3109766.3	3259974.6	1272431.9	614361.4
662201.7	254513.4	4589442.2	2569801.2	497349.4	579204.2	250209.2	86226.9
400806.2	107110.9	3237924.5	1939717.5	628800.5	466206.9	143275.3	45113.7
33786.9	15546.9	211089.6	137204.5	26539.8	35308.1	17674.8	4531.5
361487.6	123124.2	6583500.1	2381223.3	536269.7	509869.1	154492.6	29819.2
35.9		97475.8	4170.3	3982.4	9.1		
14458.1	8824.7	161997.5	54063.7	16651.3	20347.6	13221.3	
32776.9	12098.3	362470.9	190983.3	24202.7	40262.4	16716.2	314.9
27621.4	11148.7	240770.9	105494.7	19468.2	30586.2	12396.5	2201.9
16520.6	4200.3	97306.2	39922.0	1963.2	23845.1	5335.0	4161.6
44043.3	8087.4	287303.6	201781.7	19797.8	36997.0	9737.7	
6075.5	3998.3	97176.9	55130.5	11000.6	7562.0	4955.8	240.0
1858.9	1522.5	8417.8	5019.1	1064.6	1326.2	1174.9	151.3
4901.3	615.4	28156.5	13332.8	1634.5	1924.7	1408.9	49.9
1337.3		12151.6	6751.2	1147.1	47.4		
5143.8	2541.5	39848.3	17597.6	7124.8	4021.6	1088.0	
10612.0	2823.0	146261.3	69859.8	14278.4	15356.9	2727.5	1371.3
		25582.0	24941.5	11440.4			
212216.7	116578.3	3698385.7	1721643.7	200249.2	276845.2	121183.2	16857.6
94215.1	25293.0	1597566.7	744560.9	204942.5	106777.3	29863.2	8275.5
29241.5	16397.0	111035.4	64482.6	10694.7	32688.5	17681.5	2501.4
195.7	162.4	5809.5	3488.0	701.1	199.8	161.2	
81643.5	60541.3	430156.1	197706.6	52963.5	89400.2	63383.1	6783.3
88858.1	19017.9	667987.2	359656.7	109258.3	62493.1	17909.2	6084.0
1480462.8	350793.8	12653054.2	3612234.8	288367.6	1382338.0	554667.3	201270.5
30446.9	7384.8	161908.8	85494.4	12328.3	20899.6	4068.0	1490.2
234573.9	81752.2	1822686.3	1022473.7	204290.8	281024.1	103564.8	14772.9
134423.9	38058.5	492225.1	358406.5	79692.2	161755.7	42095.5	81265.1
588314.5	245122.0	4162224.0	3056907.1	1411742.0	735787.1	300787.7	295015.7
20479.1	12250.8	148290.3	63488.9	12442.7	19577.1	12519.9	2564.4
74630.9	21724.6	720309.5	446746.2	260452.4	86406.1	26415.0	14714.0
23462.4	10876.6	213184.6	137369.9	63814.1	27721.0	11515.2	3334.0
313933.5	63900.0	2837894.2	1908532.4	435196.1	260243.1	142257.6	29996.2
91393.9	7850.0	606137.9	447301.0	117750.5	67734.5	10140.4	13428.7
145.8		5553.5	1385.6	897.2	139.1		
		1700.5	1695.3	551.7			
32053.5		1263667.3	434101.4	79152.2	28224.0		13569.9
3273.0	2119.3	1358695.5	316499.9	38793.2	7811.0	2124.0	
594.3		386705.6	108615.0	8150.0	474.0		

11-5 规模以上工业企业

指标	固定资产合计	固定资产原价	累计折旧	本年折旧	在建工程
总计	**14146042.1**	**22035213.9**	**9594162.2**	**1226348.8**	**3832721.3**
一、按登记注册类型分组					
内资企业	13052262.1	20326491.9	8954219.9	1081214.3	3807835.0
国有企业	765567.3	1446347.3	801924.9	63788.0	141777.6
中央企业	472188.8	923103.0	546822.3	37012.9	94792.7
地方企业	293378.5	523244.3	255102.6	26775.1	46984.9
集体企业	10466.9	22658.1	12691.7	1180.7	1374.4
股份合作企业	943.8	2359.5	1415.7	182.7	
有限责任公司	10463779.8	16743690.4	7524839.3	889252.4	3041976.4
国有独资公司	5752730.1	9883787.5	4269420.4	439291.4	1531619.6
其他有限责任公司	4711049.7	6859902.9	3255418.9	449961.0	1510356.8
股份有限公司	840316.8	785621.6	136346.9	34349.4	399093.9
私营企业	971187.5	1325815.0	477001.4	92461.1	223612.7
私营独资企业	19546.6	26275.7	7941.8	1801.7	1586.1
私营有限责任公司	880850.9	1185708.2	425538.3	81184.7	213817.5
私营股份有限公司	70790.0	113831.1	43521.3	9474.7	8209.1
港、澳、台商投资企业	721605.0	1115639.3	394035.7	107170.9	10900.7
合资经营企业(港或澳、台资)	721593.6	1115627.5	394033.9	107170.9	10900.7
港澳台商独资经营企业	11.4	11.8	1.8		
外商投资企业	372175.0	593082.7	245906.6	37963.6	13985.6
中外合资经营企业	326494.8	508926.4	206956.3	29494.0	12857.7
外资企业	35206.6	57364.5	22632.1	5586.9	1127.9
外商投资股份有限公司	10473.6	26791.8	16318.2	2882.7	
二、按经济组织类型分组					
独资企业	830798.8	1552657.4	845192.3	72357.3	145866.0
国有企业	765567.3	1446347.3	801924.9	63788.0	141777.6
集体企业	10466.9	22658.1	12691.7	1180.7	1374.4
私营独资企业	19546.6	26275.7	7941.8	1801.7	1586.1
港澳台商独资经营企业	11.4	11.8	1.8		
外资企业	35206.6	57364.5	22632.1	5586.9	1127.9
合作、合伙企业	943.8	2359.5	1415.7	182.7	
股份合作企业	943.8	2359.5	1415.7	182.7	
股份有限公司	921580.4	926244.5	196186.4	46706.8	407303.0
股份有限公司(内资)	840316.8	785621.6	136346.9	34349.4	399093.9
私营股份有限公司	70790.0	113831.1	43521.3	9474.7	8209.1
外商投资股份有限公司	10473.6	26791.8	16318.2	2882.7	
有限责任公司	12392719.1	19553952.5	8551367.8	1107102.0	3279552.3
国有独资公司	5752730.1	9883787.5	4269420.4	439291.4	1531619.6
私营有限责任公司	880850.9	1185708.2	425538.3	81184.7	213817.5
合资经营企业(港或澳、台资)	721593.6	1115627.5	394033.9	107170.9	10900.7
中外合资经营企业	326494.8	508926.4	206956.3	29494.0	12857.7
其他有限责任公司	4711049.7	6859902.9	3255418.9	449961.0	1510356.8

主要经济指标(二)

单位：万元

负债合计	流动负债合计		非流动负债合计	所有者权益合计			
		应付账款			实收资本	国家资本	集体资本
29343056.6	**20138269.3**	**5586985.0**	**8618692.0**	**12179256.7**	**5423083.3**	**1739151.4**	**48074.0**
27146294.5	17979598.2	4508510.0	8580641.7	11008487.1	4593950.7	1712124.8	48074.0
1452117.2	794255.6	293321.7	650414.4	359884.9	122690.9	114358.5	
785214.1	373483.2	203623.4	411730.7	245601.8	70318.8	66874.4	
666903.1	420772.4	89698.3	238683.7	114283.1	52372.1	47484.1	
48132.7	46675.5	22304.6		28065.5	11765.6	130.0	11435.6
2141.5	2060.8	1068.1	80.7	2616.6	2000.0		
20670379.5	13920549.8	3472391.6	6746050.9	9279520.4	3649785.6	1560416.7	28811.5
11858340.3	8059944.1	1858930.5	3798396.2	5731459.9	1371283.4	1339573.4	
8812039.2	5860605.7	1613461.1	2947654.7	3548060.5	2278502.2	220843.3	28811.5
1494604.5	628961.3	177441.3	493648.3	397655.6	134663.1	37101.6	
3478919.1	2587095.2	541982.7	690447.4	940744.1	673045.5	118.0	7826.9
149437.1	140377.8	26209.7	6555.0	1233.7	8356.4		
3190493.5	2326295.6	496198.3	683605.1	874269.1	619416.2	118.0	7826.9
138988.5	120421.8	19574.7	287.3	65241.3	45272.9		
1697561.0	1690704.6	971885.2	6817.5	891378.2	628083.1		
1697419.2	1690562.8	971809.8	6817.5	890757.6	627921.5		
141.8	141.8	75.4		620.6	161.6		
499201.1	467966.5	106589.8	31232.8	279391.4	201049.5	27026.6	
468516.9	442151.9	97078.6	26363.3	229599.5	161174.7	27026.6	
21539.8	16967.2	2576.3	4572.6	24654.0	25203.8		
9144.4	8847.4	6934.9	296.9	25137.9	14671.0		
1671368.6	998417.9	344487.7	661542.0	414458.7	168178.3	114488.5	11435.6
1452117.2	794255.6	293321.7	650414.4	359884.9	122690.9	114358.5	
48132.7	46675.5	22304.6		28065.5	11765.6	130.0	11435.6
149437.1	140377.8	26209.7	6555.0	1233.7	8356.4		
141.8	141.8	75.4		620.6	161.6		
21539.8	16967.2	2576.3	4572.6	24654.0	25203.8		
2141.5	2060.8	1068.1	80.7	2616.6	2000.0		
2141.5	2060.8	1068.1	80.7	2616.6	2000.0		
1642737.4	758230.5	203950.9	494232.5	488034.8	194607.0	37101.6	
1494604.5	628961.3	177441.3	493648.3	397655.6	134663.1	37101.6	
138988.5	120421.8	19574.7	287.3	65241.3	45272.9		
9144.4	8847.4	6934.9	296.9	25137.9	14671.0		
26026809.1	18379560.1	5037478.3	7462836.8	11274146.6	5058298.0	1587561.3	36638.4
11858340.3	8059944.1	1858930.5	3798396.2	5731459.9	1371283.4	1339573.4	
3190493.5	2326295.6	496198.3	683605.1	874269.1	619416.2	118.0	7826.9
1697419.2	1690562.8	971809.8	6817.5	890757.6	627921.5		
468516.9	442151.9	97078.6	26363.3	229599.5	161174.7	27026.6	
8812039.2	5860605.7	1613461.1	2947654.7	3548060.5	2278502.2	220843.3	28811.5

11-5 续表 2-1

指　标	固定资产合计	固定资产原价	累计折旧	本年折旧	在建工程
三、在总计中：亏损企业	**4891146.8**	**7428944.9**	**3637952.3**	**519719.3**	**1318577.8**
在总计中：国有控股企业	11708498.5	18485969.9	8279187.2	954955.6	3497855.7
在总计中：轻工业	709501.1	977986.6	356844.1	51812.7	152998.2
重工业	13436541.0	21057227.3	9237318.1	1174536.1	3679723.1
在总计中：大型企业	11799031.8	18821141.7	8408343.8	1031798.5	3305402.3
中型企业	1399482.7	1968087.8	784824.8	125912.1	313038.7
小型企业	897557.4	1173795.7	377046.2	66993.2	207829.3
微型企业	49970.2	72188.7	23947.4	1645.0	6451.0
四、按行业分组					
煤炭开采和洗选业	3038242.4	4404840.0	2327812.6	334704.1	794245.6
石油和天然气开采业	74767.2	76083.0	1315.8	1281.4	18093.8
黑色金属矿采选业	51187.8	83116.9	40304.2	8697.5	11207.3
农副食品加工业	101184.8	123460.6	36131.9	5689.2	33962.3
食品制造业	88686.7	91791.2	29029.0	6226.6	54591.8
酒、饮料和精制茶制造业	54217.9	78966.9	32223.5	4441.9	1990.5
烟草制品业	82749.8	135750.8	56590.3	6221.6	3589.3
纺织业	10212.2	14756.7	6476.6	673.2	23217.4
纺织服装、服饰业	2423.7	3901.2	1477.5	119.9	378.8
木材加工和木、竹、藤、棕、草制品业	12860.7	13653.7	990.9	57.9	1795.2
家具制造业	5192.5	6544.3	1351.8	386.9	
造纸和纸制品业	16049.9	30190.6	14217.2	2277.0	216.6
印刷和记录媒介复制业	43897.5	70600.7	34476.1	4775.0	18896.5
文教、工美、体育和娱乐用品制造业	640.5	996.2	355.7	119.0	
石油加工、炼焦和核燃料加工业	579680.7	817296.0	291350.3	57535.8	368243.1
化学原料和化学制品制造业	470628.4	651732.4	192327.8	59887.3	81400.7
医药制造业	31962.5	38893.6	17102.0	2543.2	3612.0
化学纤维制造业	543.4	501.8	67.4	16.9	109.0
橡胶和塑料制品业	146083.6	198384.6	54278.6	10337.7	83975.4
非金属矿物制品业	265248.1	330380.2	111849.7	20719.7	30956.3
黑色金属冶炼和压延加工业	4747396.1	8597283.0	3890090.3	379698.8	1332507.6
有色金属冶炼和压延加工业	59112.8	101708.2	45729.7	9116.3	2902.1
金属制品业	575848.5	840212.4	326066.6	32742.0	137475.9
通用设备制造业	77295.7	108098.0	34006.8	3499.9	46720.8
专用设备制造业	796571.5	930051.2	271735.3	26697.8	187912.2
汽车制造业	44084.5	66227.7	22929.6	5981.5	4579.9
铁路、船舶、航空航天和其他运输设备制造业	263869.6	174387.4	70675.3	12058.8	37356.4
电气机械和器材制造业	50753.5	56011.0	20222.2	3741.2	30389.2
计算机、通信和其他电子设备制造业	798025.0	1240052.4	449400.3	109040.7	17023.7
仪器仪表制造业	78519.7	107807.5	42178.5	7528.4	26088.8
其他制造业	3628.9	224.1	143.6	20.8	3548.4
金属制品、机械和设备修理业	5.2	102.7	97.6	2.5	
电力、热力生产和供应业	743377.2	1650443.0	998981.0	67756.8	120961.3
燃气生产和供应业	611414.2	689687.6	78273.4	30012.0	348252.7
水的生产和供应业	219679.4	301076.3	93903.1	11739.5	6520.7

单位：万元

负债合计	流动负债合计	应付账款	非流动负债合计	所有者权益合计	实收资本	国家资本	集体资本
10617922.1	**7286234.8**	**1766259.9**	**3269622.4**	**2468174.0**	**2305510.4**	**413333.8**	**16485.1**
22471830.8	14312001.5	3621318.0	7778128.4	9543300.3	3646859.2	1730776.0	15879.5
918302.8	747258.5	227991.9	157194.6	1029404.1	446617.4	134011.7	10953.3
28424753.8	19391010.8	5358993.1	8461497.4	11149852.6	4976465.9	1605139.7	37120.7
23742305.8	15485173.8	4248518.6	7771764.3	9752834.8	3750167.2	1403524.0	
3387173.8	2726744.0	759702.6	644411.8	1193354.9	884338.5	285090.8	37427.9
2067561.9	1788157.1	548848.6	201343.6	1169001.1	732971.8	46761.6	10646.1
146015.1	138194.4	29915.2	1172.3	64065.9	55605.8	3775.0	
5087381.0	2957087.2	753441.9	2114442.7	1495109.4	991860.7	168558.6	2100.0
94144.9	94144.9	86664.0		3330.9	4000.0		
94312.4	94312.4	24823.0		67685.1	38319.5		
195696.4	154473.3	16074.2	40873.1	166774.3	45463.0	14064.0	3667.0
138824.0	95199.8	21875.6	39816.0	101672.4	45719.2		5166.7
52336.4	51360.0	12475.3	976.3	44969.8	41200.9	1874.9	
33037.0	33037.0	24894.3		254266.6	61319.6		
44922.7	44533.8	8626.1	350.0	52254.1	23200.0		
3208.5	3208.5	1794.7		5209.2	2089.4		2089.4
12074.0	12074.0	130.1		15706.9	13000.0		
2748.2	2748.2	48.8		9403.4	2700.0		
27625.0	25436.4	7753.0	2188.5	12223.3	13678.5		
87709.6	71883.5	18458.0	8380.5	58376.3	23175.2	8744.3	30.2
24083.1	12180.1	12148.1	11903.0	1498.9	500.0		
2980423.3	2439588.2	439833.6	390517.2	718962.4	634921.0		
1081296.0	962912.5	244127.4	123140.3	516060.8	222452.9	154852.8	12809.1
80948.3	74122.2	17684.5	5826.1	30047.4	38905.7		
4599.2	4599.2	765.2		1210.3	1200.0		
304663.6	180111.0	30337.0	124202.6	116996.4	88494.3	1569.5	
375387.6	329767.0	117173.4	43026.3	292286.8	164942.4	44074.1	665.3
8538037.1	4949061.1	544883.7	3582348.8	4114515.2	833590.6	668347.9	7387.3
136274.0	115071.3	20414.3	2854.2	25634.8	32792.2	5775.2	
1048794.0	812271.1	175612.4	234261.2	773728.2	227960.9	8967.3	5735.3
368292.9	327502.3	67176.8	40790.4	123605.1	68447.7	25994.5	4148.8
2950334.9	2531131.6	1194604.8	418357.1	1211779.1	632959.2	407487.5	
119734.1	118284.2	17812.3	1449.9	28524.7	47336.3	10143.0	
509975.4	398256.6	211063.6	111718.7	210333.8	82721.5	44966.0	4274.9
111147.9	87221.7	37033.1	23828.0	101782.7	43835.4	442.1	
1913521.5	1904951.2	1083390.9	8286.4	924372.4	663248.8	4931.8	
286765.0	262707.7	89331.6	15630.4	319372.6	100008.5	47797.8	
4556.6	2174.4	626.3	2174.3	996.9	1000.0		
944.6	944.6	76.6		755.9	100.0	18.0	
1369219.8	520275.7	174631.3	848943.9	−105552.8	71538.0	6740.2	
1103131.6	348834.8	62247.3	382301.9	255563.9	53200.0	6600.0	
156906.0	116801.8	68951.8	40104.2	229799.5	107201.9	107201.9	

11-5　规模以上工业企业

指　　标					
	法人资本	个人资本	港澳台资本	外商资本	营业收入
总　计	**2267274.3**	**639074.5**	**6541.0**	**706579.3**	**35223500.6**
一、按登记注册类型分组					
内资企业	2172151.3	637574.5	1521.3	6116.0	30477704.9
国有企业	8332.4				852988.5
中央企业	3444.4				644600.1
地方企业	4888.0				208388.4
集体企业		200.0			133783.9
股份合作企业		2000.0			5277.1
有限责任公司	1882222.7	162829.9		4116.0	25150797.3
国有独资公司	30485.0	1225.0			16386363.6
其他有限责任公司	1851737.7	161604.9		4116.0	8764433.7
股份有限公司	76715.2	14325.0	1521.3		913777.0
私营企业	204881.0	458219.6		2000.0	3421081.1
私营独资企业	3020.0	5336.4			207751.0
私营有限责任公司	165066.9	444404.4		2000.0	2876452.6
私营股份有限公司	36794.1	8478.8			336877.5
港、澳、台商投资企业	14980.0		2701.6	610401.5	4059002.4
合资经营企业(港或澳、台资)	14980.0		2540.0	610401.5	4058694.3
港澳台商独资经营企业			161.6		308.1
外商投资企业	80143.0	1500.0	2318.1	90061.8	686793.3
中外合资经营企业	65472.0	1500.0	415.0	66761.1	592061.7
外资企业			1903.1	23300.7	35870.3
外商投资股份有限公司	14671.0				58861.3
二、按经济组织类型分组					
独资企业	11352.4	5536.4	2064.7	23300.7	1230701.8
国有企业	8332.4				852988.5
集体企业		200.0			133783.9
私营独资企业	3020.0	5336.4			207751.0
港澳台商独资经营企业			161.6		308.1
外资企业			1903.1	23300.7	35870.3
合作、合伙企业		2000.0			5277.1
股份合作企业		2000.0			5277.1
股份有限公司	128180.3	22803.8	1521.3		1309515.8
股份有限公司(内资)	76715.2	14325.0	1521.3		913777.0
私营股份有限公司	36794.1	8478.8			336877.5
外商投资股份有限公司	14671.0				58861.3
有限责任公司	2127741.6	608734.3	2955.0	683278.6	32678005.9
国有独资公司	30485.0	1225.0			16386363.6
私营有限责任公司	165066.9	444404.4		2000.0	2876452.6
合资经营企业(港或澳、台资)	14980.0		2540.0	610401.5	4058694.3
中外合资经营企业	65472.0	1500.0	415.0	66761.1	592061.7
其他有限责任公司	1851737.7	161604.9		4116.0	8764433.7

主要经济指标(三)

单位：万元

主营业务收入	营业成本	主营业务成本	营业税金及附加	主营业务税金及附加	其他业务收入	其他业务利润	销售费用
34699964.4	**31088980.7**	**30562967.7**	**311875.9**	**305882.4**	**523536.2**	**66870.2**	**619056.7**
29996795.2	27357462.7	26886803.1	298206.1	292212.6	480909.7	61675.6	566734.2
844297.9	763732.3	732950.1	4355.7	4223.8	8690.6	2406.5	7992.0
641324.4	557514.4	556023.5	2550.7	2426.9	3275.7	1676.6	2504.4
202973.5	206217.9	176926.6	1805.0	1796.9	5414.9	729.9	5487.6
130649.5	122230.1	119584.3	1260.1	1248.9	3134.4	176.2	570.5
5277.1	4326.2	4326.2	28.0	28.0			26.6
24772754.5	22703044.0	22331228.0	269344.1	264796.0	378042.8	40055.7	409578.1
16215912.1	15122578.3	14957094.7	26868.8	26643.3	170451.5	17613.3	229359.4
8556842.4	7580465.7	7374133.3	242475.3	238152.7	207591.3	22442.4	180218.7
885233.8	703828.3	685155.0	2135.7	2134.9	28543.2	18171.6	36224.9
3358582.4	3060301.8	3013559.5	21082.5	19781.0	62498.7	865.6	112342.1
207521.7	184202.8	184088.2	435.0	435.0	229.3	12.9	19305.0
2814184.2	2561109.5	2514481.8	17575.0	16273.5	62268.4	852.7	88146.6
336876.5	314989.5	314989.5	3072.5	3072.5	1.0		4890.5
4020167.6	3144333.3	3094167.0	10690.5	10690.5	38834.8	3659.2	12514.6
4019859.5	3144017.0	3093850.7	10690.5	10690.5	38834.8	3659.2	12513.6
308.1	316.3	316.3					1.0
683001.6	587184.7	581997.6	2979.3	2979.3	3791.7	1535.4	39807.9
590065.2	502293.9	498746.3	2655.7	2655.7	1996.5	1371.0	36249.1
34885.0	31691.0	30848.6	118.7	118.7	985.3	143.0	845.4
58051.4	53199.8	52402.7	204.9	204.9	809.9	21.4	2713.4
1217662.2	1102172.5	1067787.5	6169.5	6026.4	13039.6	2738.6	28713.9
844297.9	763732.3	732950.1	4355.7	4223.8	8690.6	2406.5	7992.0
130649.5	122230.1	119584.3	1260.1	1248.9	3134.4	176.2	570.5
207521.7	184202.8	184088.2	435.0	435.0	229.3	12.9	19305.0
308.1	316.3	316.3					1.0
34885.0	31691.0	30848.6	118.7	118.7	985.3	143.0	845.4
5277.1	4326.2	4326.2	28.0	28.0			26.6
5277.1	4326.2	4326.2	28.0	28.0			26.6
1280161.7	1072017.6	1052547.2	5413.1	5412.3	29354.1	18193.0	43828.8
885233.8	703828.3	685155.0	2135.7	2134.9	28543.2	18171.6	36224.9
336876.5	314989.5	314989.5	3072.5	3072.5	1.0		4890.5
58051.4	53199.8	52402.7	204.9	204.9	809.9	21.4	2713.4
32196863.4	28910464.4	28438306.8	300265.3	294415.7	481142.5	45938.6	546487.4
16215912.1	15122578.3	14957094.7	26868.8	26643.3	170451.5	17613.3	229359.4
2814184.2	2561109.5	2514481.8	17575.0	16273.5	62268.4	852.7	88146.6
4019859.5	3144017.0	3093850.7	10690.5	10690.5	38834.8	3659.2	12513.6
590065.2	502293.9	498746.3	2655.7	2655.7	1996.5	1371.0	36249.1
8556842.4	7580465.7	7374133.3	242475.3	238152.7	207591.3	22442.4	180218.7

11-5 续表 3-1

指　标	法人资本	个人资本	港澳台资本	外商资本	营业收入
三、在总计中：亏损企业	**1564098.4**	**263364.6**	**2654.7**	**32185.0**	**8447586.7**
在总计中：国有控股企业	1799239.6	67359.3	1100.0	24116.0	26025374.8
在总计中：轻工业	141000.6	126256.9	1587.9	29807.0	1603971.1
重工业	2126273.7	512817.6	4953.1	676772.3	33619529.5
在总计中：大型企业	1694264.0	35741.7		616637.5	29481993.5
中型企业	238722.5	247565.0	3471.3	63672.2	3077694.1
小型企业	318218.4	320006.4	3069.7	26269.6	2616989.7
微型企业	16069.4	35761.4			46823.3
四、按行业分组					
煤炭开采和洗选业	765417.9	53784.2		2000.0	5621374.1
石油和天然气开采业	4000.0				7475.3
黑色金属矿采选业	21432.9	16886.6			83429.9
农副食品加工业	2687.0	24630.0	415.0		416315.1
食品制造业	26936.5	13194.7	421.3		188440.0
酒、饮料和精制茶制造业	2076.8	29108.0		8141.2	116926.5
烟草制品业	61319.6				410452.5
纺织业	21430.0	1180.0	590.0		21622.9
纺织服装、服饰业					3665.9
木材加工和木、竹、藤、棕、草制品业	9000.0	4000.0			6908.9
家具制造业	2050.0	650.0			8754.9
造纸和纸制品业	300.0	13378.5			40241.0
印刷和记录媒介复制业	10616.0	3784.7			88884.2
文教、工美、体育和娱乐用品制造业		500.0			28745.0
石油加工、炼焦和核燃料加工业	523890.0	98946.0		12085.0	1477097.2
化学原料和化学制品制造业	1090.0	31487.5		22213.5	829624.2
医药制造业	10504.7	25401.0			63498.5
化学纤维制造业		1200.0			2188.9
橡胶和塑料制品业	67290.9	20.0	161.6	19452.3	389491.5
非金属矿物制品业	56322.1	58780.9		5100.0	419295.0
黑色金属冶炼和压延加工业	59761.0	95691.3	1903.1	500.0	14590744.8
有色金属冶炼和压延加工业	22927.0	4090.0			364791.6
金属制品业	182757.7	25500.6			1499300.1
通用设备制造业	22348.0	12108.0		3848.4	255180.1
专用设备制造业	148426.2	59029.5		18016.0	1867417.7
汽车制造业	37193.3				45596.3
铁路、船舶、航空航天和其他运输设备制造业	22830.0	5829.2		4821.4	502514.9
电气机械和器材制造业	12123.2	31270.1			82462.5
计算机、通信和其他电子设备制造业	28230.0	11296.7		610401.5	4164318.7
仪器仪表制造业	36541.7	12619.0	3050.0		446345.2
其他制造业		1000.0			2017.9
金属制品、机械和设备修理业		82.0			4751.6
电力、热力生产和供应业	64797.8				523934.3
燃气生产和供应业	42974.0	3626.0			569636.8
水的生产和供应业					80056.6

单位：万元

主营业务收入	营业成本	主营业务成本	营业税金及附加	主营业务税金及附加	其他业务收入	其他业务利润	销售费用
8213998.5	**7882692.7**	**7636211.8**	**67452.1**	**63209.8**	**233588.2**	**17570.4**	**178841.1**
25615361.8	23408429.8	22991509.3	273061.1	268408.0	410013.0	59888.4	400144.9
1580573.4	1150313.3	1132174.2	183365.6	183362.9	23397.7	979.9	70220.4
33119391.0	29938667.4	29430793.5	128510.3	122519.5	500138.5	65890.3	548836.3
29072459.5	26088699.7	25655577.2	277137.3	271867.8	409534.0	56708.9	423908.4
3018806.4	2695426.3	2633009.7	19084.4	18724.6	58887.7	5881.2	101609.0
2564396.2	2263977.0	2234217.6	15515.3	15151.1	52593.5	3587.6	92352.5
44302.3	40877.7	40163.2	138.9	138.9	2521.0	692.5	1186.8
5446156.3	5050733.3	4872841.4	56182.1	51927.5	175217.8	16030.4	96724.1
6973.6	4755.2	4371.8	87.5	86.8	501.7	105.7	
83355.6	64135.8	64061.6	4402.1	4402.1	74.3	0.1	1965.9
416074.4	375501.8	375501.8	667.4	667.4	240.7	202.0	8325.0
187627.8	140540.7	139732.6	872.7	872.7	812.2	92.3	21582.0
116827.8	88764.7	88648.3	3703.1	3703.1	98.7	8.1	14322.4
404055.2	137126.5	130783.1	175677.4	175677.4	6397.3	53.9	4172.3
21622.9	18678.8	18678.8	53.2	53.2			924.3
3665.9	3536.0	3536.0	35.5	35.5			3.3
6908.9	5620.5	5620.5	2.1	2.1			115.2
8754.9	5713.7	5713.7	14.7	14.7			1347.6
40241.0	38717.9	38717.9	183.1	183.1			262.1
84495.3	72902.4	66405.2	726.2	723.5	4388.9	147.4	4075.3
19082.6	18332.8	18332.8	19.2	19.2	9662.4		376.2
1462141.9	1302348.1	1286314.5	8813.0	7813.0	14955.3	-1104.8	82057.5
814916.5	789180.4	768585.5	5275.9	5275.9	14707.7	28.5	11920.6
63099.3	52112.8	51931.1	302.1	302.1	399.2	59.2	4649.1
2188.9	1999.4	1999.4	3.7	3.7			
385073.9	341729.8	338838.3	896.2	896.2	4417.6	143.1	7548.7
411127.3	364819.5	356204.9	2703.6	2590.0	8167.7	88.6	11986.6
14445444.4	13640135.5	13510374.3	18757.3	18757.0	145300.4	16119.4	166231.6
346976.3	350106.0	336564.3	2547.8	2547.8	17815.3	1359.0	1659.3
1489373.1	1323209.0	1307459.2	3045.1	3034.8	9927.0	2583.5	18936.9
252536.0	214550.9	212689.8	1466.1	1453.5	2644.1	601.3	8594.8
1851213.9	1547749.7	1536073.7	4946.4	4927.9	16203.8	4125.6	73598.2
44671.9	37847.2	37225.4	269.4	56.4	924.4	124.1	2569.0
488996.8	407327.2	395208.6	2142.5	2142.5	13518.1	1319.6	12984.2
80122.1	70149.0	68109.8	302.1	271.4	2340.4	883.7	4168.3
4122949.5	3263129.4	3205995.6	10459.5	10459.5	41369.2	4319.6	11005.3
443452.1	326774.7	325084.7	2164.5	2089.9	2893.1	-42.6	13457.0
2017.9	1843.1	1843.1	4.4	4.4			72.3
4751.6	4285.4	4285.4	107.2	107.2			
516747.5	530629.6	502402.1	3214.9	3148.8	7186.8	1470.8	4451.2
546548.1	416638.1	405476.7	1240.4	1044.6	23088.7	17868.3	25260.6
79773.2	77355.8	77355.8	587.5	587.5	283.4	283.4	3709.8

11-5 规模以上工业企业

指　标	管理费用		财务费用		
		税金		利息收入	利息支出
总　计	**1871607.8**	**65400.2**	**590004.7**	**82957.0**	**669592.4**
一、按登记注册类型分组					
内资企业	1722196.6	58570.7	568541.0	77157.8	639515.0
国有企业	63121.5	2479.3	40997.7	3346.9	44056.6
中央企业	28679.6	1929.7	25869.6	2536.1	28102.9
地方企业	34441.9	549.6	15128.1	810.8	15953.7
集体企业	12318.4	72.0	-59.7	56.7	-0.5
股份合作企业	684.5	11.8	0.4		
有限责任公司	1462592.1	50665.7	426246.3	71687.8	509050.2
国有独资公司	681331.7	24850.8	215668.0	57709.2	288146.8
其他有限责任公司	781260.4	25814.9	210578.3	13978.6	220903.4
股份有限公司	52257.9	1223.1	24416.5	1178.5	24571.6
私营企业	131222.2	4118.8	76939.8	887.9	61837.1
私营独资企业	2001.8	47.5	2425.7	1.5	1278.4
私营有限责任公司	120507.4	3501.9	69939.6	870.9	56754.8
私营股份有限公司	8713.0	569.4	4574.5	15.5	3803.9
港、澳、台商投资企业	112679.8	5689.5	4923.8	5030.8	17725.2
合资经营企业(港或澳、台资)	112641.0	5689.5	4924.6	5030.8	17725.2
港澳台商独资经营企业	38.8		-0.8		
外商投资企业	36731.4	1140.0	16539.9	768.4	12352.2
中外合资经营企业	32751.6	948.7	16568.8	516.0	12754.1
外资企业	1868.5	100.8	-137.5	238.3	-462.7
外商投资股份有限公司	2111.3	90.5	108.6	14.1	60.8
二、按经济组织类型分组					
独资企业	79349.0	2699.6	43225.4	3643.4	44871.8
国有企业	63121.5	2479.3	40997.7	3346.9	44056.6
集体企业	12318.4	72.0	-59.7	56.7	-0.5
私营独资企业	2001.8	47.5	2425.7	1.5	1278.4
港澳台商独资经营企业	38.8		-0.8		
外资企业	1868.5	100.8	-137.5	238.3	-462.7
合作、合伙企业	684.5	11.8	0.4		
股份合作企业	684.5	11.8	0.4		
股份有限公司	63082.2	1883.0	29099.6	1208.1	28436.3
股份有限公司(内资)	52257.9	1223.1	24416.5	1178.5	24571.6
私营股份有限公司	8713.0	569.4	4574.5	15.5	3803.9
外商投资股份有限公司	2111.3	90.5	108.6	14.1	60.8
有限责任公司	1728492.1	60805.8	517679.3	78105.5	596284.3
国有独资公司	681331.7	24850.8	215668.0	57709.2	288146.8
私营有限责任公司	120507.4	3501.9	69939.6	870.9	56754.8
合资经营企业(港或澳、台资)	112641.0	5689.5	4924.6	5030.8	17725.2
中外合资经营企业	32751.6	948.7	16568.8	516.0	12754.1
其他有限责任公司	781260.4	25814.9	210578.3	13978.6	220903.4

主要经济指标(四)

单位：万元

营业利润	资产减值损失	公允价值变动收益	投资收益	营业外收入	补贴收入	营业外支出	利润总额
58609.6	**137096.7**	**-318133.1**	**-506427.0**	**282137.8**	**98732.9**	**190948.0**	**149767.2**
-15084.1	136784.6	-101881.2	8280.0	261983.0	98336.2	162358.2	84508.5
6269.8	1118.4		2141.0	17015.7	14974.4	9762.5	13523.0
38508.7	1053.5		2002.0	2009.5	681.2	6756.8	33761.4
-32238.9	64.9		140.0	15006.2	14293.2	3005.7	-20238.4
-2420.9				4129.8	2898.4	533.0	1173.8
211.4				90.0		0.3	301.1
-142239.4	132532.3	-45950.0	5108.0	219280.1	74042.1	85756.5	-8715.8
56441.2	65530.2		-1224.0	57060.3	29664.2	48466.2	65035.3
-198680.6	67002.1	-45950.0	6333.0	162219.8	44377.9	37290.3	-73751.1
92990.8	1018.7	-3969.4	2421.0	1711.4	164.2	40901.8	53800.4
30104.2	2115.2	-51961.8	-1391.0	19756.0	6257.1	25404.1	24426.0
-752.3		-6475.7				0.7	-753.0
25155.1	1740.6	-22486.1	-1391.0	19620.1	6257.1	25373.8	19371.3
5701.4	374.6	-23000.0		135.9		29.6	5807.7
63196.7		-198251.9	-514836.0	17023.9		26977.9	53242.7
63244.0		-198251.9	-514836.0	17023.9		26977.9	53290.0
-47.3							-47.3
10497.0	312.1	-18000.0	130.0	3130.9	396.7	1611.9	12016.0
5145.1	312.1	-18000.0	130.0	2715.6	396.7	1119.4	6741.3
1514.7				36.5		14.6	1536.6
3837.2				378.8		477.9	3738.1
4564.0	1118.4	-6475.7	2141.0	21182.0	17872.8	10310.8	15433.1
6269.8	1118.4		2141.0	17015.7	14974.4	9762.5	13523.0
-2420.9				4129.8	2898.4	533.0	1173.8
-752.3		-6475.7				0.7	-753.0
-47.3							-47.3
1514.7				36.5		14.6	1536.6
211.4				90.0		0.3	301.1
211.4				90.0		0.3	301.1
102529.4	1393.3	-26969.4	2421.0	2226.1	164.2	41409.3	63346.2
92990.8	1018.7	-3969.4	2421.0	1711.4	164.2	40901.8	53800.4
5701.4	374.6	-23000.0		135.9		29.6	5807.7
3837.2				378.8		477.9	3738.1
-48695.2	134585.0	-284688.0	-510989.0	258639.7	80695.9	139227.6	70686.8
56441.2	65530.2		-1224.0	57060.3	29664.2	48466.2	65035.3
25155.1	1740.6	-22486.1	-1391.0	19620.1	6257.1	25373.8	19371.3
63244.0		-198251.9	-514836.0	17023.9		26977.9	53290.0
5145.1	312.1	-18000.0	130.0	2715.6	396.7	1119.4	6741.3
-198680.6	67002.1	-45950.0	6333.0	162219.8	44377.9	37290.3	-73751.1

11-5 续表 4-1

指　　标	管理费用		财务费用		
		税金		利息收入	利息支出
三、在总计中：亏损企业	**707909.4**	**24060.0**	**248833.8**	**10598.2**	**243602.1**
在总计中：国有控股企业	1521074.9	52388.0	459455.8	74826.4	545524.1
在总计中：轻工业	90796.1	3947.9	16039.3	3675.1	17242.6
重工业	1780811.7	61452.3	573965.4	79281.9	652349.8
在总计中：大型企业	1523084.9	55234.4	502995.5	76194.3	592081.9
中型企业	206464.1	5628.6	51371.1	5701.6	52269.3
小型企业	137285.1	4488.3	34088.9	1053.9	24446.6
微型企业	4773.7	48.9	1549.2	7.2	794.6
四、按行业分组					
煤炭开采和洗选业	572484.8	17249.6	140363.5	7130.6	144779.7
石油和天然气开采业	2036.3	18.1	−1.7	2.6	
黑色金属矿采选业	9267.8	1223.3	2184.8	−4.9	154.2
农副食品加工业	8886.5	171.9	3006.3	459.5	2982.6
食品制造业	10895.0	334.5	4891.7	84.6	4430.0
酒、饮料和精制茶制造业	5872.3	500.0	589.6	46.7	617.3
烟草制品业	25089.0	794.0	−2245.4	2249.2	
纺织业	2045.7	219.4	1307.8	2.0	1175.4
纺织服装、服饰业	1176.8		−2.5	3.2	
木材加工和木、竹、藤、棕、草制品业	472.9	9.9	783.5		116.0
家具制造业	913.4	9.0	38.0		25.6
造纸和纸制品业	885.2	150.7	1071.4	8.9	1000.0
印刷和记录媒介复制业	9706.1	342.8	2933.7	107.8	2702.8
文教、工美、体育和娱乐用品制造业	640.4	265.0	9.2	5.6	13.3
石油加工、炼焦和核燃料加工业	45849.7	2226.6	70465.9	1243.1	62682.5
化学原料和化学制品制造业	45506.5	1353.6	13861.5	1657.8	12589.0
医药制造业	5773.9	245.1	1998.1	212.6	2144.2
化学纤维制造业	77.0		142.5		142.5
橡胶和塑料制品业	7717.7	553.6	11501.7	554.3	11475.4
非金属矿物制品业	39031.6	1045.7	6879.4	477.4	6570.4
黑色金属冶炼和压延加工业	493848.4	22955.7	168937.8	55101.3	242084.8
有色金属冶炼和压延加工业	7231.2	314.0	4664.7	62.4	4621.9
金属制品业	131099.3	2127.0	20576.8	2709.0	22317.3
通用设备制造业	28323.6	748.5	3070.5	329.6	2136.6
专用设备制造业	130901.1	724.7	41978.1	852.4	38253.5
汽车制造业	16220.9	1006.5	3017.4	152.4	2801.9
铁路、船舶、航空航天和其他运输设备制造业	43808.0	711.2	6651.2	471.9	7062.3
电气机械和器材制造业	12270.6	243.0	758.0	86.8	583.4
计算机、通信和其他电子设备制造业	125120.8	6163.9	5970.8	6449.6	19547.5
仪器仪表制造业	32434.1	182.7	−71.9	979.8	751.2
其他制造业	88.9	3.2			
金属制品、机械和设备修理业	210.2	0.3	−3.0	3.3	0.3
电力、热力生产和供应业	21140.0	2176.1	54197.7	442.3	54407.0
燃气生产和供应业	21145.6	685.3	18747.8	803.7	19423.3
水的生产和供应业	13436.5	645.3	1729.8	271.5	2000.5

单位：万元

营业利润	资产减值损失	公允价值变动收益	投资收益	营业外收入	补贴收入	营业外支出	利润总额
-601846.8	**71455.1**	**-85954.4**	**6084.0**	**167441.8**	**44684.8**	**73611.3**	**-508029.6**
-24798.2	132484.0	1050.0	9670.0	228369.3	80595.0	134898.2	68672.9
100360.2	46.8	-10591.7	-1201.0	16893.4	4508.8	4014.5	113222.2
-41750.6	137049.9	-307541.4	-505226.0	265244.4	94224.1	186933.5	36545.0
-39829.9	131454.2	-196586.8	-507513.0	229232.6	76177.7	126205.7	63197.0
22636.7	2787.1	-107456.6	2514.0	31721.2	18486.6	34941.9	19399.1
76876.2	2840.8	-14089.7	-1466.0	21024.0	4068.6	29012.4	68885.7
-1073.4	14.6		38.0	160.0		788.0	-1714.6
-274267.4	18679.2	10.7	4175.8	123653.8	13765.5	16776.2	-167403.0
597.7	0.2			0.1		10.1	587.7
744.1				437.8		238.4	943.5
20228.5		-7162.7	240.8	3510.9	305.7	125.7	23613.7
13030.8	-12.8			1708.8	97.0	943.2	13796.4
3674.6				379.5	141.1	47.7	4006.4
70632.7				136.4		658.1	70111.0
-1386.8		-615.1		36.0	7.1	3.2	-1354.0
-1085.7				1153.3	204.9	61.9	5.6
-36.8							-36.8
728.0			0.6	10.0			738.0
-860.9		-925.6		115.1	52.0	93.3	-855.9
876.6	0.2		-40.6	5175.4	2200.0	437.2	5614.8
5633.6			-3000.0	150.0	1.0	183.0	5600.6
-25214.7	41937.9	-62000.0	417.6	1139.9	1.8	27631.9	-51706.7
-39764.9	7619.1	-8364.0	149.6	20372.5	9846.4	29645.8	-49038.2
-1340.6	5.0		1.8	2313.2		898.8	73.8
-33.7							-33.7
20062.3	8.1			382.0	31.1	602.8	19841.5
-4012.0	1904.7	-10834.1	75.3	6533.8	1410.7	2116.1	405.7
55831.5	43275.9	-350.0	-3913.0	17047.4	8554.8	13962.9	58916.0
3349.6		-23000.0		417.7		3042.4	724.9
17384.6	-311.6	-7053.3	2547.5	28883.1	22612.1	6519.3	39746.4
-1229.4	58.9	-202.2	-167.3	3451.4	2830.6	666.7	1555.2
49303.1	17660.6		984.7	12053.5	6859.2	3943.9	57412.7
-12973.6	2004.5		200.0	6473.2	7777.0	166.5	-6666.9
28910.3	1438.9		783.5	1165.4	351.0	746.5	29329.2
-2874.0	-1771.8		-1.8	792.9	155.0	59.5	-2140.6
42020.6	77.0	-197636.8	-514748.1	19650.4	1723.5	2827.9	58843.1
71671.3	1319.6		2008.9	1878.8	996.4	26364.3	47185.8
9.2							9.2
151.9						0.5	151.4
-54002.3	3272.1		6.0	20987.0	17309.0	13815.2	-46830.5
88147.3	-69.0		2385.1	5.8		37837.7	50315.4
-15295.9			1466.9	2122.7	1500.0	521.3	-13694.5

11-5 规模以上工业企业

指　　标	应交所得税	亏损企业亏损总额	利税总额	应交税金及附加	本年应付职工薪酬
总　计	**94102.3**	**508029.6**	**1135710.0**	**1145445.3**	**2823723.0**
一、按登记注册类型分组					
内资企业	79277.9	488156.8	983663.2	1037003.3	2393692.2
国有企业	618.7	33676.2	42452.7	32027.7	114488.4
中央企业	503.8	12162.0	53156.3	21828.4	74967.1
地方企业	114.9	21514.2	-10703.6	10199.3	39521.3
集体企业	138.3	492.7	9543.2	8579.7	21674.6
股份合作企业	45.2		536.9	292.8	210.6
有限责任公司	57209.4	335207.4	740915.3	857506.2	2066216.9
国有独资公司	11558.4	77628.1	227704.1	199078.0	653422.3
其他有限责任公司	45651.0	257579.3	513211.2	658428.2	1412794.6
股份有限公司	10972.3	11491.5	69403.8	27798.8	65625.4
私营企业	10294.0	107289.0	120811.3	110798.1	125476.3
私营独资企业	34.5	1736.5	6713.6	7548.6	4786.9
私营有限责任公司	9136.9	101861.7	100147.4	93414.9	115031.2
私营股份有限公司	1122.6	3690.8	13950.3	9834.6	5658.2
港、澳、台商投资企业	8803.3	845.9	110451.4	71701.5	382407.0
合资经营企业(港或澳、台资)	8800.6	798.6	110498.3	71698.4	382358.9
港澳台商独资经营企业	2.7	47.3	-46.9	3.1	48.1
外商投资企业	6021.1	19026.9	41595.4	36740.5	47623.8
中外合资经营企业	5511.3	18542.8	34524.8	34243.5	42399.6
外资企业	501.6	484.1	1727.2	793.0	2783.1
外商投资股份有限公司	8.2		5343.4	1704.0	2441.1
二、按经济组织类型分组					
独资企业	1295.8	36436.8	60389.8	48952.1	143781.1
国有企业	618.7	33676.2	42452.7	32027.7	114488.4
集体企业	138.3	492.7	9543.2	8579.7	21674.6
私营独资企业	34.5	1736.5	6713.6	7548.6	4786.9
港澳台商独资经营企业	2.7	47.3	-46.9	3.1	48.1
外资企业	501.6	484.1	1727.2	793.0	2783.1
合作、合伙企业	45.2		536.9	292.8	210.6
股份合作企业	45.2		536.9	292.8	210.6
股份有限公司	12103.1	15182.3	88697.5	39337.4	73724.7
股份有限公司(内资)	10972.3	11491.5	69403.8	27798.8	65625.4
私营股份有限公司	1122.6	3690.8	13950.3	9834.6	5658.2
外商投资股份有限公司	8.2		5343.4	1704.0	2441.1
有限责任公司	80658.2	456410.5	986085.8	1056863.0	2606006.6
国有独资公司	11558.4	77628.1	227704.1	199078.0	653422.3
私营有限责任公司	9136.9	101861.7	100147.4	93414.9	115031.2
合资经营企业(港或澳、台资)	8800.6	798.6	110498.3	71698.4	382358.9
中外合资经营企业	5511.3	18542.8	34524.8	34243.5	42399.6
其他有限责任公司	45651.0	257579.3	513211.2	658428.2	1412794.6

主要经济指标（五）

单位：万元

本年应交增值税	总资产贡献率（%）	资产负债率（%）	流动资产周转率（次/年）	成本费用利润率（%）	产品销售率（%）	从业人员平均人数
674066.9	**4.15**	**70.65**	**1.93**	**0.44**	**97.10**	**343246**
600948.6	4.05	71.14	1.89	0.28	97.08	274224
24574.0	4.59	80.14	0.94	1.54	99.12	15787
16844.2	7.64	76.17	1.27	5.49	99.51	6882
7729.8	0.57	85.37	0.52	−7.75	98.08	8905
7109.3	12.45	63.16	2.10	0.87	99.93	5931
207.8	11.28	45.01	1.38	5.98	100.00	82
480287.0	3.93	69.02	2.15	−0.03	97.06	207565
135800.0	2.60	67.42	2.39	0.40	98.51	68632
344487.0	5.83	71.29	1.81	−0.84	94.91	138933
13467.7	4.90	78.99	1.51	6.59	96.39	9551
75302.8	4.11	78.67	1.18	0.72	96.78	35308
7031.6	5.30	99.18	1.60	−0.36	102.66	1395
63201.1	3.84	78.47	1.08	0.68	96.00	32395
5070.1	8.64	67.70	3.10	1.74	99.80	1518
46518.2	4.76	65.57	2.33	1.63	98.12	62647
46517.8	4.76	65.58	2.33	1.63	98.12	62612
0.4	−6.15	18.60	0.41	−13.31	100.00	35
26600.1	6.76	63.42	1.94	1.77	91.35	6375
25127.8	6.70	67.11	1.88	1.15	90.29	5232
71.9	1.88	39.39	1.95	4.48	89.40	653
1400.4	15.72	26.67	2.91	6.43	103.52	490
38787.2	4.85	79.80	1.10	1.23	99.49	23801
24574.0	4.59	80.14	0.94	1.54	99.12	15787
7109.3	12.45	63.16	2.10	0.87	99.93	5931
7031.6	5.30	99.18	1.60	−0.36	102.66	1395
0.4	−6.15	18.60	0.41	−13.31	100.00	35
71.9	1.88	39.39	1.95	4.48	89.40	653
207.8	11.28	45.01	1.38	5.98	100.00	82
207.8	11.28	45.01	1.38	5.98	100.00	82
19938.2	5.44	77.06	1.78	5.24	97.59	11559
13467.7	4.90	78.99	1.51	6.59	96.39	9551
5070.1	8.64	67.70	3.10	1.74	99.80	1518
1400.4	15.72	26.67	2.91	6.43	103.52	490
615133.7	4.03	69.77	1.99	0.22	96.96	307804
135800.0	2.60	67.42	2.39	0.40	98.51	68632
63201.1	3.84	78.47	1.08	0.68	96.00	32395
46517.8	4.76	65.58	2.33	1.63	98.12	62612
25127.8	6.70	67.11	1.88	1.15	90.29	5232
344487.0	5.83	71.29	1.81	−0.84	94.91	138933

11-5 续表 5-1

指　　标	应交所得税	亏损企业亏损总额	利税总额	应交税金及附加	本年应付职工薪酬
三、在总计中：亏损企业	**14153.1**	**508029.6**	**–150145.0**	**396097.7**	**1337964.1**
在总计中：国有控股企业	66430.3	348610.9	842873.3	893018.7	2201939.2
在总计中：轻工业	22385.8	22009.5	375194.0	288305.5	114520.5
重工业	71716.5	486020.1	760516.0	857139.8	2709202.5
在总计中：大型企业	64268.2	323530.6	879304.9	935610.5	2491107.4
中型企业	20943.3	133593.6	109971.2	117144.0	213988.8
小型企业	8827.9	47852.4	147127.0	91557.5	115610.7
微型企业	62.9	3053.0	–693.1	1133.3	3016.1
四、按行业分组					
煤炭开采和洗选业	16263.2	176431.7	154293.5	355209.3	1161574.7
石油和天然气开采业			1425.4	855.8	2532.0
黑色金属矿采选业	192.5	2534.0	12753.9	13226.2	4063.6
农副食品加工业	477.7	28.4	27915.4	4951.3	9234.0
食品制造业	2415.4	3377.8	22222.5	11176.0	14058.5
酒、饮料和精制茶制造业	51.6	787.4	12405.7	8950.9	12668.8
烟草制品业	17527.7		294214.4	242425.1	35214.4
纺织业	144.8	1947.3	–1033.4	684.8	1335.5
纺织服装、服饰业	0.5		279.2	274.1	1065.2
木材加工和木、竹、藤、棕、草制品业		762.1	–22.1	24.6	749.4
家具制造业	7.6		880.1	158.7	939.9
造纸和纸制品业	14.2	1133.9	462.2	1483.0	1648.7
印刷和记录媒介复制业	377.6	301.2	8119.0	3224.6	12611.0
文教、工美、体育和娱乐用品制造业	37.8		6170.8	873.0	486.3
石油加工、炼焦和核燃料加工业	2548.2	82869.4	–11830.8	44650.7	49517.8
化学原料和化学制品制造业	4075.2	62307.1	–34240.7	20226.3	48292.7
医药制造业	90.4	587.6	3791.4	4053.1	4274.0
化学纤维制造业		33.7	–2.0	31.7	148.2
橡胶和塑料制品业	529.0	149.5	21266.0	2507.1	14024.7
非金属矿物制品业	2126.9	17939.3	17859.3	20626.2	37508.2
黑色金属冶炼和压延加工业	7549.5	58022.2	191761.8	163351.0	480394.0
有色金属冶炼和压延加工业	206.9	3412.1	4937.4	4733.4	10411.3
金属制品业	4930.1	1979.7	56816.6	24127.3	146817.7
通用设备制造业	531.6	2703.8	11497.3	11222.2	29007.5
专用设备制造业	7945.4	2956.6	93854.7	45112.1	117833.0
汽车制造业	95.7	7615.8	–5760.6	2008.5	9829.0
铁路、船舶、航空航天和其他运输设备制造业	4420.9	1335.9	47104.5	22907.4	57255.3
电气机械和器材制造业	135.3	2660.2	–757.5	1761.4	7849.8
计算机、通信和其他电子设备制造业	8151.7	11388.5	117434.6	72907.1	397144.3
仪器仪表制造业	3508.7	109.1	57824.3	14329.9	31553.2
其他制造业	2.3		43.6	39.9	117.1
金属制品、机械和设备修理业	43.4		997.9	890.2	3049.9
电力、热力生产和供应业		50960.8	–25168.4	23838.2	82076.3
燃气生产和供应业	9700.5		57259.7	17330.1	24902.9
水的生产和供应业		13694.5	–9065.7	5274.1	13534.1

单位：万元

本年应交增值税	总资产贡献率（%）	资产负债率（%）	流动资产周转率(次/年)	成本费用利润率(%)	产品销售率（%）	从业人员平均人数
290432.5	**0.63**	**81.14**	**1.64**	**-5.63**	**95.07**	**140194**
501139.3	4.10	70.19	2.12	0.27	98.09	218811
78606.2	19.86	46.92	1.65	8.53	97.84	21534
595460.7	3.37	71.82	1.94	0.11	97.06	321712
538970.6	4.17	70.88	2.17	0.22	97.53	262501
71487.7	3.41	73.80	1.20	0.64	95.19	49241
62726.0	5.27	63.85	1.35	2.73	95.89	30289
882.6	0.04	69.17	0.34	-3.54	95.36	1215
265514.4	4.43	77.27	2.36	-2.86	98.72	102061
750.2	1.46	96.58	1.79	8.66	100.00	146
7408.3	7.97	58.22	1.54	1.22	75.94	1137
3634.3	8.40	53.99	2.18	5.97	99.46	2949
7553.4	11.03	57.66	1.79	7.75	93.44	3814
4696.2	13.34	53.79	2.93	3.66	95.17	2075
48426.0	101.62	11.50	2.03	42.71	99.47	1042
267.4	0.14	46.23	0.39	-5.90	99.43	489
238.1	3.28	38.12	0.73	0.12	122.14	365
12.6	0.33	42.88	0.52	-0.53	101.21	316
127.4	7.45	22.62	1.30	9.21	100.00	238
1135.0	3.65	69.33	2.29	-2.09	94.99	721
1778.0	7.33	59.97	1.27	6.27	103.67	3205
551.0	24.15	94.14	1.15	28.93	100.00	142
31062.9	1.34	80.59	0.86	-3.45	86.23	11301
9521.6	-1.46	67.68	1.11	-5.70	97.90	11877
3415.5	5.15	72.90	0.98	0.11	98.12	1520
28.0	2.42	79.17	0.63	-1.52	95.22	95
528.3	7.48	70.83	1.97	5.38	86.40	3259
14750.0	3.59	56.20	1.17	0.10	95.10	8205
114088.5	2.99	67.48	4.04	0.41	99.05	35722
1664.7	5.87	84.17	4.27	0.20	98.98	2095
14025.1	4.19	57.54	1.47	2.66	97.64	25544
8476.0	2.70	74.82	0.71	0.61	98.13	8367
31495.6	3.15	70.88	0.61	3.20	95.15	20218
636.9	-2.10	80.74	0.72	-11.18	101.74	1915
15632.8	7.45	70.80	1.12	6.23	96.73	7917
1081.0	-0.12	52.14	0.60	-2.45	92.92	2207
48132.0	4.60	67.43	2.18	1.73	97.88	66497
8474.0	9.50	47.31	1.00	12.66	98.73	3781
30.0	0.79	82.05	1.46	0.46	100.00	40
739.3	58.51	55.55	2.80	3.37	100.00	798
18447.2	2.28	108.35	1.21	-7.67	100.00	8019
5703.9	5.58	81.19	1.80	10.44	97.02	2346
4041.3	-1.90	40.58	0.74	-14.23	99.96	2823

11-6 国有控股工业企业

指标	企业单位数（个）	亏损企业	工业总产值（当年价格）	工业销售产值（当年价格）	出口交货值
总计	**88**	**31**	**16007722.50**	**15717209.90**	**999474.10**
煤炭开采和洗选业	8	4	2986837.90	2935028.80	
石油和天然气开采业	1		6973.60	6973.60	
黑色金属矿采选业	1		43730.00	36296.00	
农副食品加工业	2		23537.20	22691.90	4525.60
食品制造业	1		3276.60	3112.80	
酒、饮料和精制茶制造业	2	1	31817.70	30831.90	
烟草制品业	1		415676.30	413467.30	
印刷和记录媒介复制业	5	3	35915.60	38929.40	
石油加工、炼焦和核燃料加工业	1	1	108585.20	109462.20	
化学原料和化学制品制造业	4	2	221420.90	219901.30	1021.00
橡胶和塑料制品业	4	1	337600.30	290750.00	52427.00
非金属矿物制品业	8	5	65825.40	66632.80	
黑色金属冶炼和压延加工业	3	1	7903884.50	7831967.00	817786.70
有色金属冶炼和压延加工业	3	1	50816.20	50765.60	969.20
金属制品业	4	1	83916.40	84136.40	12345.70
通用设备制造业	5		165003.90	159896.80	
专用设备制造业	9	2	1586074.70	1513916.90	96549.60
汽车制造业	2		106155.90	101356.40	6804.00
铁路、船舶、航空航天和其他运输设备制造业	5	2	313894.50	304377.00	
电气机械和器材制造业	3	1	37810.90	34651.00	1984.70
计算机、通信和其他电子设备制造业	2	1	117883.80	118180.10	
仪器仪表制造业	5		195108.90	194734.60	5060.60
电力、热力生产和供应业	5	3	527317.00	527317.00	
燃气生产和供应业	2		558787.10	541994.10	
水的生产和供应业	2	2	79872.00	79839.00	

主要经济指标(一)

单位：万元

年初存货	产成品	资产总计	流动资产合计	应收账款	存货	产成品	在产品
2692973.70	**776389.50**	**30495733.50**	**11487708.50**	**2746356.60**	**2988677.00**	**1093514.50**	**632612.40**
317926.90	107554.50	6072176.60	2060832.50	460669.30	454497.60	132031.00	29616.40
35.90		97475.80	4170.30	3982.40	9.10		
		34367.90	3108.60	1186.00	359.00	305.20	
8308.30	1920.10	45715.30	27790.00	4795.40	6665.60	2374.60	
1536.20	125.40	3272.70	2573.20	788.70	1341.90	965.20	63.20
5391.30	344.00	35731.50	15172.70	334.90	9425.60	897.00	
44043.30	8087.40	287303.60	201781.70	19797.80	36997.00	9737.70	
6859.90	2605.90	77406.50	30806.00	6881.80	6412.50	2471.00	1273.80
16477.50	16462.90	1236707.60	101378.70	34833.00	22433.50	6003.60	
76473.10	20895.10	1480370.00	660071.10	179128.50	90070.60	22040.30	5943.10
75018.50	57734.50	361443.40	168897.40	42870.50	80958.80	61470.20	3173.90
25455.30	7188.60	244876.80	133969.60	21386.60	22732.50	6555.20	2973.00
1266790.80	259215.50	12025329.40	3270967.00	240366.60	1240958.90	486076.20	184269.10
15373.80	1653.40	40984.20	32602.10	5257.20	17137.90	1950.70	1052.20
21463.90	8109.60	113786.90	62473.70	10073.30	20906.10	6419.50	2297.40
112389.30	35739.80	350651.20	258335.30	39349.70	134435.50	39325.10	78697.50
538917.70	230996.80	3730654.00	2756943.80	1269165.80	674248.30	281087.80	287473.30
5378.80	2778.40	184353.10	119428.90	24994.60	24036.70	5656.50	1139.20
28507.90	4165.30	451278.80	262056.70	173045.10	44743.90	14529.70	11465.00
10908.70	6186.70	122932.40	77989.70	29174.60	13749.30	8214.10	1168.40
33057.70	1133.40	212794.70	152607.40	18838.70	16342.10	1621.20	7170.60
46776.20	1372.90	362475.40	260273.60	35212.00	33727.30	1658.70	1266.40
32015.40		1222986.50	405084.40	78265.70	28202.30		13569.90
3273.00	2119.30	1313953.60	309779.10	37808.40	7811.00	2124.00	
594.30		386705.60	108615.00	8150.00	474.00		

11-6 国有控股工业企业

指标	固定资产合计	固定资产原价	累计折旧	本年折旧	在建工程
总 计	**11221921.70**	**17749710.10**	**8005080.40**	**928480.50**	**3376075.90**
煤炭开采和洗选业	2933708.70	4249126.80	2272513.20	325135.90	786806.10
石油和天然气开采业	74767.20	76083.00	1315.80	1281.40	18093.80
黑色金属矿采选业	14322.50	12178.50	2144.00		4474.40
农副食品加工业	10038.80	10727.70	6971.70	1373.50	6282.80
食品制造业	374.40	1110.20	735.80	84.60	
酒、饮料和精制茶制造业	19865.70	20612.30	5817.60	1585.60	565.40
烟草制品业	82749.80	135750.80	56590.30	6221.60	3589.30
印刷和记录媒介复制业	17872.60	38072.90	20200.30	2412.80	15295.20
石油加工、炼焦和核燃料加工业	143691.40	207534.80	63843.40	17398.90	324817.40
化学原料和化学制品制造业	451020.90	605335.20	161885.30	57582.20	79144.90
橡胶和塑料制品业	108545.70	140928.10	32382.50	4812.50	81345.60
非金属矿物制品业	90202.50	91842.60	33646.30	4002.30	7530.20
黑色金属冶炼和压延加工业	4491981.00	8278304.20	3786323.20	359023.10	1286297.40
有色金属冶炼和压延加工业	7295.60	10504.40	3208.80	975.20	83.30
金属制品业	51313.10	59362.00	20755.40	2206.20	9338.50
通用设备制造业	54171.90	72741.30	20535.40	1426.60	36120.80
专用设备制造业	727576.70	813059.30	218340.40	21018.30	174394.50
汽车制造业	53587.20	58536.80	27819.50	2174.60	2687.20
铁路、船舶、航空航天和其他运输设备制造业	188998.10	56679.50	26932.80	3032.70	31388.90
电气机械和器材制造业	37687.80	35064.80	11801.80	2523.30	27396.70
计算机、通信和其他电子设备制造业	50978.20	83378.30	32400.10	1550.40	5984.40
仪器仪表制造业	64607.30	84643.50	32926.90	5590.10	12890.90
电力、热力生产和供应业	739181.10	1645127.60	997861.70	67238.60	116999.90
燃气生产和供应业	587704.10	661929.20	74225.10	28090.60	338027.60
水的生产和供应业	219679.40	301076.30	93903.10	11739.50	6520.70

主要经济指标(二)

单位：万元

负债合计	流动负债合计		非流动负债合计	所有者权益合计	实收资本	国家资本	集体资本
		应付账款					
21631548.10	**13685154.10**	**3478481.10**	**7564693.10**	**8864148.80**	**3454101.50**	**1730776.00**	**15879.50**
4686135.20	2613140.30	705858.00	2071582.30	1386041.20	936711.00	168558.60	
94144.90	94144.90	86664.00		3330.90	4000.00		
22935.00	22935.00			11432.90	11432.90		
28880.10	25613.90	2790.90	3266.20	16835.20	14064.00	14064.00	
1936.40	1742.20	904.30	194.20	1336.30	500.00		
16979.60	16919.60	6442.30	60.00	18751.90	21874.90	1874.90	
33037.00	33037.00	24894.30		254266.60	61319.60		
52283.70	43652.50	8857.40	1185.60	25122.70	14933.80	7894.30	
994455.00	805655.00	63062.20	188800.00	242252.60	400000.00		
1012572.90	909703.40	227187.80	102869.50	467797.10	189925.20	152726.20	12691.50
269070.50	149470.50	25197.70	119600.00	92372.90	65251.60	1569.50	
85914.80	62447.50	27039.30	23467.20	158926.80	69662.90	39174.10	
7853113.50	4637173.70	476139.60	3215939.80	4172215.90	734390.90	668347.90	
23727.40	20893.30	40.90	2834.10	17256.80	7145.20	5545.20	
70359.20	57351.60	12914.30	13006.40	43427.70	8017.30	8017.30	
269855.40	234070.40	41591.30	35784.90	80795.90	30482.50	25994.50	
2679375.70	2282617.00	1112264.60	395912.60	1051278.30	526910.80	407337.50	
140203.30	123637.10	37305.20	16566.20	44149.00	11093.00	11093.00	
348360.40	245768.90	144661.30	102591.40	102918.30	48053.20	44865.20	3188.00
52667.60	30412.80	14427.60	22254.70	70264.90	4067.40	442.10	
163187.20	160394.50	94076.40	2792.70	49607.50	13320.60	4931.80	
174401.80	168214.10	66339.60	6187.70	188073.50	60204.80	47797.80	
1329005.90	502114.30	171138.00	826891.50	-106019.60	70538.00	6740.20	
1072039.60	327242.80	59732.30	372801.90	241914.00	43000.00	6600.00	
156906.00	116801.80	68951.80	40104.20	229799.50	107201.90	107201.90	

11-6 国有控股工业企业

指 标					营业收入
	法人资本	个人资本	港澳台资本	外商资本	
总 计	**1606481.90**	**67359.30**	**1100.00**	**24116.00**	**24840532.30**
煤炭开采和洗选业	745728.10	22424.30			5248367.60
石油和天然气开采业	4000.00				7475.30
黑色金属矿采选业	11432.90				9462.10
农副食品加工业					29610.50
食品制造业		500.00			12241.20
酒、饮料和精制茶制造业		20000.00			29245.00
烟草制品业	61319.60				410452.50
印刷和记录媒介复制业	6944.00	95.50			41799.00
石油加工、炼焦和核燃料加工业	400000.00				109891.50
化学原料和化学制品制造业		4507.50		20000.00	670875.90
橡胶和塑料制品业	63682.10				341498.20
非金属矿物制品业	27461.10	3027.70			82711.20
黑色金属冶炼和压延加工业	50000.00	16043.00			13993728.30
有色金属冶炼和压延加工业	1200.00	400.00			68082.20
金属制品业					80994.70
通用设备制造业	4488.00				138808.30
专用设备制造业	115457.30			4116.00	1639317.90
汽车制造业					107008.20
铁路、船舶、航空航天和其他运输设备制造业					305802.90
电气机械和器材制造业	3264.00	361.30			36195.80
计算机、通信和其他电子设备制造业					123998.60
仪器仪表制造业	11307.00		1100.00		222306.60
电力、热力生产和供应业	63797.80				507568.30
燃气生产和供应业	36400.00				543033.90
水的生产和供应业					80056.60

主要经济指标(三)

单位：万元

主营业务收入	营业成本	主营业务成本	营业税金及附加	主营业务税金及附加	其他业务收入	其他业务利润	销售费用
24435434.70	**22369385.50**	**21955126.90**	**271273.30**	**266620.20**	**405097.60**	**57634.90**	**388803.60**
5075147.70	4716030.30	4540669.80	54989.80	50740.70	173219.90	16581.80	69501.60
6973.60	4755.20	4371.80	87.50	86.80	501.70	105.70	
9462.10	5771.30	5771.30	339.90	339.90			10.20
29512.00	27662.00	27662.00	30.10	30.10	98.50	98.50	1076.50
12241.20	10049.20	10049.20	73.60	73.60			959.30
29186.30	21796.80	21722.40	3279.30	3279.30	58.70		207.40
404055.20	137126.50	130783.10	175677.40	175677.40	6397.30	53.90	4172.30
39378.60	35420.40	33288.70	205.50	205.30	2420.40	56.10	125.20
109776.60	117119.30	117029.20	1057.60	1057.60	114.90		9640.50
656170.50	639800.90	622417.60	4845.10	4845.10	14705.40	38.00	5221.40
338066.30	299629.30	297580.20	752.50	752.50	3431.90		6487.80
76828.90	71682.50	65331.50	596.70	596.70	5882.30		3754.50
13867099.00	13020712.50	12908673.30	18326.10	18326.10	126629.30	14590.10	162577.20
50352.40	59405.80	45949.60	119.80	119.80	17729.80	1273.50	743.10
80144.30	61307.60	60561.60	398.20	398.20	850.40	104.40	4192.60
137403.20	109883.50	108955.50	673.30	665.20	1405.10	321.90	6419.70
1627375.90	1362120.60	1353682.80	3564.40	3564.40	11942.00	3481.30	65056.10
105993.80	104216.60	91132.30	403.00	190.00	1014.40	240.00	1835.70
294259.90	256829.60	245595.90	946.10	946.10	11543.00	247.40	10697.90
35302.10	29505.10	28868.50	92.90	62.50	893.70	841.80	1807.80
123865.90	104602.10	98521.40	91.40	91.40	132.70	20.60	449.80
221769.20	186854.20	186274.30	275.40	202.40	537.40	–42.60	2098.20
500381.50	514412.30	486184.80	2803.10	2737.00	7186.80	1470.80	3017.70
524915.30	395336.10	386694.30	1057.10	1044.60	18118.60	17868.30	25041.30
79773.20	77355.80	77355.80	587.50	587.50	283.40	283.40	3709.80

11-6 国有控股工业企业

指　标	管理费用	税金	财务费用	利息收入	利息支出
总　计	**1417889.00**	**50517.10**	**441736.90**	**72780.50**	**526704.70**
煤炭开采和洗选业	562369.80	16964.20	132389.00	7040.80	138825.30
石油和天然气开采业	2036.30	18.10	-1.70	2.60	
黑色金属矿采选业	1368.10	960.30	403.40		
农副食品加工业	2928.50	50.40	-36.40	288.50	244.90
食品制造业	507.90	8.40	45.10	1.60	43.60
酒、饮料和精制茶制造业	1616.60	170.70	21.80	41.40	61.10
烟草制品业	25089.00	794.00	-2245.40	2249.20	
印刷和记录媒介复制业	6206.90	259.00	497.10	49.90	535.20
石油加工、炼焦和核燃料加工业	9346.90	567.60	10945.30	322.40	11227.00
化学原料和化学制品制造业	40068.50	1173.10	12203.50	1672.50	11246.60
橡胶和塑料制品业	5780.80	445.60	11402.40	316.00	11679.60
非金属矿物制品业	14174.20	202.30	-343.40	38.40	228.50
黑色金属冶炼和压延加工业	481598.70	22500.20	162042.90	54649.80	236119.30
有色金属冶炼和压延加工业	3282.50	102.50	372.60	10.50	344.30
金属制品业	13239.70	164.20	846.00	86.00	902.50
通用设备制造业	20593.90	591.70	513.60	317.10	778.40
专用设备制造业	107634.20	367.90	38290.30	550.00	35482.20
汽车制造业	14295.10	350.00	656.30	607.30	1214.00
铁路、船舶、航空航天和其他运输设备制造业	24297.00	570.50	2230.70	363.40	2558.20
电气机械和器材制造业	6259.80	213.80	252.40	74.90	310.80
计算机、通信和其他电子设备制造业	9742.30	494.80	-1579.60	1668.40	79.10
仪器仪表制造业	12469.40	45.60	-753.60	938.80	109.10
电力、热力生产和供应业	19975.00	2176.10	54200.30	439.30	54406.60
燃气生产和供应业	19571.40	680.80	17654.50	780.20	18307.90
水的生产和供应业	13436.50	645.30	1729.80	271.50	2000.50

主要经济指标(四)

单位：万元

营业利润	资产减值损失	公允价值变动收益	投资收益	营业外收入	补贴收入	营业外支出	利润总额
-38861.50	**131892.00**	**10.70**	**6412**	**205824.00**	**60183.30**	**129554.60**	**37407.90**
-265974.90	18679.20	10.70	4056	121687.70	13765.50	14500.50	-158787.70
597.70	0.20			0.10		10.10	587.70
1501.70				253.80		81.60	1673.90
-2050.10				2560.70	305.70	7.70	502.90
606.10				0.50		5.40	601.20
2323.30				161.30	141.10	44.30	2440.30
70632.70				136.40		658.10	70111.00
-699.20	0.20		-41	3919.40	1000.00	342.90	2877.30
-31382.20	41222.50			252.60		10220.60	-41350.20
-38237.90	7589.00		20	20227.70	9744.60	29602.00	-47612.20
17437.10	8.10			345.50	31.10	14.20	17768.40
-6553.70	321.70		75	1966.80	840.40	755.60	-5342.50
101582.70	43275.90		-3912	15246.00	8499.00	13779.00	103049.70
4158.50				274.20		3018.50	1414.20
1186.30	-154.60		21	1885.30	1622.00	331.90	2739.70
1132.20	58.90		-167	701.70	290.70	201.00	1632.90
38439.70	17126.90		132	9702.60	6410.50	3567.80	44574.50
-1470.80	-231.70		200	3546.50		79.00	1996.70
9729.90	1107.80		36	207.80	164.20	47.40	9890.30
-1350.70	-542.80			563.70		30.40	-817.40
16723.20	77.00		86	1752.50	1723.50	61.60	18414.10
23398.50	81.60		2047	485.10		31.40	23852.20
-51143.20	3272.10		6	17823.00	14145.00	13814.70	-47134.90
85847.50			2385	0.40		37827.60	48020.30
-15295.90			1467	2122.70	1500.00	521.30	-13694.50

11-6 国有控股工业企业

指　　标	应交所得税	亏损企业亏损总额	利税总额	应交税金及附加	本年应付职工薪酬
总　计	**62940.90**	**348610.90**	**803292.80**	**879342.90**	**2095030.30**
煤炭开采和洗选业	16236.20	167651.90	147999.20	339987.30	1154926.80
石油和天然气开采业			1425.40	855.80	2532.00
黑色金属矿采选业			2840.40	2126.80	1215.50
农副食品加工业			1590.80	1138.30	1634.50
食品制造业	150.30		1182.30	739.80	1318.70
酒、饮料和精制茶制造业		267.50	7304.20	5034.60	3089.50
烟草制品业	17527.70		294214.40	242425.10	35214.40
印刷和记录媒介复制业	20.00	251.00	4197.30	1599.00	5022.80
石油加工、炼焦和核燃料加工业		41350.20	-39880.90	2036.90	20288.50
化学原料和化学制品制造业	3415.10	57975.20	-37652.80	14547.60	42120.50
橡胶和塑料制品业		102.20	18729.10	1406.30	11218.50
非金属矿物制品业	501.10	8284.20	-797.00	5248.90	8144.40
黑色金属冶炼和压延加工业	6669.80	4602.00	232894.40	159014.70	464838.50
有色金属冶炼和压延加工业	206.40	243.70	2209.60	1104.30	3232.60
金属制品业	221.90	226.80	5754.20	3400.60	18236.70
通用设备制造业	226.50		6382.20	5567.50	15128.10
专用设备制造业	6724.90	202.90	71504.00	34022.30	95812.70
汽车制造业	-106.30		3425.50	1672.50	16790.20
铁路、船舶、航空航天和其他运输设备制造业	1419.10	1034.80	17100.60	9199.90	38348.10
电气机械和器材制造业	96.40	986.30	-308.20	819.40	5247.60
计算机、通信和其他电子设备制造业		776.90	18938.00	1018.70	11311.90
仪器仪表制造业	580.50		24843.30	1617.20	21209.70
电力、热力生产和供应业		50960.80	-26264.60	23046.40	81275.20
燃气生产和供应业	9051.30		54727.10	16438.90	23338.80
水的生产和供应业		13694.50	-9065.70	5274.10	13534.10

主要经济指标(五)

单位：万元

本年应交增值税	总资产贡献率（%）	资产负债率（%）	流动资产周转率（次/年）	成本费用利润率（%）	产品销售率（%）	从业人员平均人数
494611.60	**4.12**	**70.93**	**2.16**	**0.15**	**98.19**	**202199.00**
251797.10	4.61	77.17	2.55	-2.90	98.27	99422.00
750.20	1.46	96.58	1.79	8.66	100.00	146.00
826.60	8.26	66.73	3.04	22.16	83.00	250.00
1057.80	3.38	63.17	1.07	1.59	96.41	449.00
507.50	37.41	59.17	4.76	5.20	95.00	129.00
1584.60	20.50	47.52	1.93	10.32	96.90	671.00
48426.00	101.62	11.50	2.03	42.71	99.47	1042.00
1114.50	6.05	67.54	1.36	6.81	108.39	1392.00
411.70	-2.34	80.41	1.08	-28.12	100.81	1817.00
5114.30	-1.90	68.40	1.02	-6.83	99.31	10094.00
208.20	8.33	74.44	2.02	5.50	86.12	2402.00
3948.80	-0.25	35.08	0.62	-5.98	101.23	2790.00
111518.60	3.45	65.30	4.28	0.75	99.09	31839.00
675.60	6.21	57.89	2.09	2.22	99.90	438.00
2616.30	5.77	61.83	1.30	3.44	100.26	3296.00
4076.00	1.95	76.96	0.54	1.19	96.90	4195.00
23365.10	2.85	71.82	0.59	2.83	95.45	15398.00
1025.80	2.19	76.05	0.90	1.65	95.48	2749.00
6264.20	4.28	77.19	1.17	3.36	96.97	4630.00
416.30	-0.06	42.84	0.46	-2.16	91.64	1385.00
432.50	8.15	76.69	0.81	16.26	100.25	2670.00
715.70	6.62	48.11	0.85	11.89	99.81	2122.00
18067.20	2.27	108.67	1.25	-7.97	100.00	7864.00
5649.70	5.50	81.59	1.75	10.49	96.99	2186.00
4041.30	-1.90	40.58	0.74	-14.23	99.96	2823.00

11-7 集体工业企业

指　标	企业单位数（个）	亏损企业	工业总产值（当年价格）	工业销售产值（当年价格）
总　计	**21**	**4**	**124930.8**	**124845.3**
纺织服装、服饰业	1		1761.8	2151.9
印刷和记录媒介复制业	1		5401.6	5401.6
化学原料和化学制品制造业	1		4801.0	4782.3
黑色金属冶炼和压延加工业	1		3098.0	3041.5
有色金属冶炼和压延加工业	1		5781.5	5612.0
金属制品业	8		37807.6	37200.0
通用设备制造业	5	2	55628.3	55324.3
铁路、船舶、航空航天和其他运输设备制造业	3	2	10651.0	11331.7

11-7 集体工业企业

指　标	产成品	在产品	固定资产合计	固定资产原价
总　计	**3431.2**	**2227.5**	**10466.9**	**22658.1**
纺织服装、服饰业	1174.9	151.3	2423.7	3901.2
印刷和记录媒介复制业	256.5	97.5	339.8	1474.7
化学原料和化学制品制造业	303.6		345.4	446.5
黑色金属冶炼和压延加工业	198.2		762.9	1560.0
有色金属冶炼和压延加工业			752.5	725.2
金属制品业	669.3		1897.1	5027.0
通用设备制造业	828.7	1573.2	3333.5	7488.2
铁路、船舶、航空航天和其他运输设备制造业		405.5	612.0	2035.3

主要经济指标(一)

单位：万元

出口交货值	年初存货		资产总计			
		产成品		流动资产合计		
					应收账款	存货
	8642.6	**3045.8**	**76212.4**	**63582.5**	**24919.2**	**9933.0**
	1858.9	1522.5	8417.8	5019.1	1064.6	1326.2
	272.5	208.2	4125.6	3785.8	471.7	354.0
	121.1	23.6	1598.9	1253.4	663.6	435.9
	336.5	236.5	4105.0	3342.1	1921.4	301.0
	82.3		5088.4	4334.4	2416.9	40.9
	1665.7	314.4	18647.5	15647.7	2929.4	2420.4
	3159.9	740.6	24244.1	20827.4	11471.7	2917.6
	1145.7		9985.1	9372.6	3979.9	2137.0

主要经济指标(二)

单位：万元

累计折旧		在建工程	负债合计			
	本年折旧			流动负债合计		非流动负债合计
					应付账款	
12691.7	**1180.7**	**1374.4**	**48132.7**	**46675.5**	**22304.6**	
1477.5	119.9	378.8	3208.5	3208.5	1794.7	
1134.9	175.5		3235.3	3235.3	2851.4	
101.1	10.1		1394.2	1394.2	24.4	
797.1	24.0		3699.8	3699.8		
291.2	42.0		3189.6	3120.5	2736.6	
3310.8	314.5	912.4	7692.2	6304.1	2288.9	
4154.7	383.8	83.2	16971.5	16971.5	5833.1	
1424.4	110.9		8741.6	8741.6	6775.5	

11-7 集体工业企业

指　标	所有者权益合计	实收资本	国家资本	集体资本	法人资本
总　计	**28065.5**	**11765.6**	**130.0**	**11435.6**	
纺织服装、服饰业	5209.2	2089.4		2089.4	
印刷和记录媒介复制业	890.2	30.2		30.2	
化学原料和化学制品制造业	204.7	80.0		80.0	
黑色金属冶炼和压延加工业	391.9	265.0		265.0	
有色金属冶炼和压延加工业	1898.8	130.0	130.0		
金属制品业	10954.9	5735.3		5735.3	
通用设备制造业	7272.3	2348.8		2148.8	
铁路、船舶、航空航天和其他运输设备制造业	1243.5	1086.9		1086.9	

11-7 集体工业企业

指　标	主营业务成本	营业税金及附加	主营业务税金及附加	其他业务收入	其他业务利润
总　计	**119584.3**	**1260.1**	**1248.9**	**3134.4**	**176.2**
纺织服装、服饰业	3536.0	35.5	35.5		
印刷和记录媒介复制业	2941.2	72.8	72.8	1908.5	85.8
化学原料和化学制品制造业	4351.2	18.3	18.3		
黑色金属冶炼和压延加工业	2832.9	13.0	13.0		
有色金属冶炼和压延加工业	5361.2	25.7	25.7		
金属制品业	38315.4	366.7	356.4	471.2	2.0
通用设备制造业	52565.7	571.0	570.1	578.1	60.6
铁路、船舶、航空航天和其他运输设备制造业	9680.7	157.1	157.1	176.6	27.8

主要经济指标（三）

单位：万元

个人资本	港澳台资本	外商资本	营业收入	主营业务收入	营业成本
200.0			**133783.9**	**130549.5**	**122230.1**
			3665.9	3565.9	3536.0
			5526.4	3517.9	4764.0
			4782.3	4782.3	4351.2
			3041.5	3041.5	2832.9
			5612.0	5612.0	5361.2
			44180.6	43709.4	38528.2
200.0			55038.6	54460.5	53029.9
			11936.6	11760.0	9826.7

主要经济指标（四）

单位：万元

销售费用	管理费用	税金	财务费用	利息收入	利息支出
570.5	**12318.4**	**72.0**	**−59.7**	**56.7**	**−0.5**
3.3	1176.8		−2.5	3.2	
	639.0	11.5	−9.6	9.8	0.2
250.1	58.0		0.6	0.1	0.7
22.0	85.0		−0.1	0.1	
43.6	139.6		−3.4	3.4	
	4988.9	39.4	−30.4	25.2	−1.7
232.2	3082.5	21.1	16.1	12.0	26.7
19.3	2148.6		−30.4	2.9	−26.4

11-7 集体工业企业

指　　标	营业利润	资产减值损失	公允价值变动收益	投资收益	营业外收入
总　计	**-2420.9**				**4129.8**
纺织服装、服饰业	-1085.7				1153.3
印刷和记录媒介复制业	60.7				
化学原料和化学制品制造业	104.1				101.8
黑色金属冶炼和压延加工业	88.6				
有色金属冶炼和压延加工业	45.3				
金属制品业	326.9				121.6
通用设备制造业	-1773.5				2525.9
铁路、船舶、航空航天和其他运输设备制造业	-187.3				227.2

11-7 集体工业企业

指　　标	应交税金及附加	本年应付职工薪酬	本年应交增值税	总资产贡献率（%）
总　计	**8579.7**	**21674.6**	**7109.3**	**12.45**
纺织服装、服饰业	274.1	1065.2	238.1	3.28
印刷和记录媒介复制业	386.5	1465.0	289.4	9.79
化学原料和化学制品制造业	120.1	248.6	101.8	20.43
黑色金属冶炼和压延加工业	51.5	261.2	38.5	3.41
有色金属冶炼和压延加工业	118.7	66.1	93.0	3.16
金属制品业	2699.9	7409.9	2216.8	15.45
通用设备制造业	3975.6	8667.2	3355.3	19.14
铁路、船舶、航空航天和其他运输设备制造业	953.3	2491.4	776.4	6.58

主要经济指标(五)

单位：万元

补贴收入	营业外支出	利润总额	应交所得税	亏损企业亏损总额	利税总额
2898.4	**533.0**	**1173.8**	**138.3**	**492.7**	**9543.2**
204.9	61.9	5.6	0.5		279.2
	9.4	51.3	12.8		413.5
101.8		205.9			326.0
		88.6			140.1
		45.3			164.0
	122.2	324.3	77.0		2907.8
2404.9	52.9	699.5	28.2	191.6	4625.8
186.8	286.6	−246.7	19.8	301.1	686.8

主要经济指标(六)

单位：万元

资产负债率(%)	流动资产周转率(次/年)	成本费用利润率（%）	产品销售率(%)	从业人员平均人数
63.16	**2.10**	**0.87**	**99.93**	**5931**
38.12	0.73	0.12	122.14	365
78.42	1.46	0.95	100.00	301
87.20	3.82	4.42	99.61	69
90.13	0.91	3.01	98.18	80
62.68	1.29	0.82	97.07	25
41.25	2.82	0.75	98.39	2215
70.00	2.64	1.24	99.45	2274
87.55	1.27	−2.06	106.39	602

11-8 私营工业企业

指　　标	企业单位数(个)	亏损企业	工业总产值(当年价格)	工业销售产值(当年价格)	出口交货值
总　计	**268**	**92**	**3356378.5**	**3248349.0**	**17438.0**
煤炭开采和洗选业	46	30	282626.9	292230.1	
黑色金属矿采选业	7	4	176814.6	131194.3	
农副食品加工业	10		346574.4	344903.9	
食品制造业	8	1	77880.2	68768.8	
酒、饮料和精制茶制造业	3	1	9174.1	7155.0	
纺织业	2		5617.0	5982.0	
木材加工和木、竹、藤、棕、草制品业	3	1	6937.7	7021.7	
家具制造业	2		10041.5	10041.5	
造纸和纸制品业	5	2	41138.3	39075.9	
印刷和记录媒介复制业	5	1	19901.7	19901.7	
文教、工美、体育和娱乐用品制造业	1		44663.6	44663.6	
石油加工、炼焦和核燃料加工业	10	7	592019.5	574185.7	
化学原料和化学制品制造业	10	3	129995.3	127076.8	7215.5
医药制造业	3	1	10834.8	9887.4	
橡胶和塑料制品业	3		16443.0	15639.5	
非金属矿物制品业	24	6	232685.7	224669.7	
黑色金属冶炼和压延加工业	23	9	427738.0	437568.2	2923.0
有色金属冶炼和压延加工业	6	3	304443.7	300989.3	4196.5
金属制品业	18	6	123930.1	125419.6	1874.4
通用设备制造业	15	5	52140.8	52016.2	147.3
专用设备制造业	22	5	190716.6	175974.2	412.2
汽车制造业	2		14546.0	13854.8	
铁路、船舶、航空航天和其他运输设备制造业	1		2050.7	2041.7	
电气机械和器材制造业	11	4	42875.0	40048.9	614.8
计算机、通信和其他电子设备制造业	13	2	74552.3	62601.6	54.3
仪器仪表制造业	11	1	92461.3	87861.2	
其他制造业	1		1617.9	1617.9	
金属制品、机械和设备修理业	1		4751.6	4751.6	
电力、热力生产和供应业	1		16205.8	16205.8	
燃气生产和供应业	1		5000.4	5000.4	

主要经济指标(一)

单位：万元

年初存货		资产总计					
	产成品		流动资产合计	应收账款	存货	产成品	在产品
563418.0	**207926.2**	**4421958.1**	**2890669.8**	**648618.7**	**558973.1**	**217346.8**	**42424.5**
40450.7	14714.7	387141.7	289211.3	71556.4	52981.0	22286.9	202.8
14458.1	8824.7	127629.6	50955.1	15465.3	19988.6	12916.1	
21943.2	9321.8	301647.8	157052.5	18876.8	30646.5	12826.1	275.7
11485.7	1901.4	115685.8	44792.7	8481.4	14603.8	2328.4	2101.8
4754.8		20738.0	12136.2	1072.9	8113.0	501.1	4161.6
918.9	549.8	8588.3	4413.6	537.1	1054.8	560.1	
4901.3	615.4	28156.5	13332.8	1634.5	1924.7	1408.9	49.9
1337.3		12151.6	6751.2	1147.1	47.4		
5143.8	2541.5	39848.3	17597.6	7124.8	4021.6	1088.0	
1404.6	8.9	39323.8	24850.9	5412.9	6463.9		
		25582.0	24941.5	11440.4			
80780.2	48811.8	1322849.7	999399.6	86360.8	109676.2	61038.6	8844.3
14401.1	2918.0	94659.9	64914.7	17860.8	12991.5	6104.8	943.9
8801.6	558.8	32028.5	19842.2	3718.0	10506.2	5229.4	1817.6
3246.8	2326.9	19912.9	14352.8	6556.2	4462.3	1543.2	
23558.5	3575.2	240572.2	147124.0	74331.0	24491.4	6254.0	600.3
188983.9	74500.9	545380.9	282855.1	31825.6	111630.0	46206.6	12349.6
14990.8	5731.4	115836.2	48557.9	4654.2	3720.8	2117.3	438.0
17105.3	3557.4	100918.0	77736.3	27461.5	20796.1	6367.3	45.7
16551.7	888.4	110792.3	74368.1	27313.5	21952.9	1540.4	994.4
28048.7	5934.3	296054.7	213516.7	102017.7	40765.3	10386.4	4321.4
8589.6	7772.7	20676.7	17285.7	1827.4	9972.0	7381.0	
		11085.3	9577.8	4224.5	3206.1		
	11913.3	4689.9	81313.8	54222.4	30544.7	13331.3	3301.1
2165.6	12354.7	2366.3	74836.7	50196.4	21825.3	10826.6	1612.5
185.4	27109.5	5816.0	155870.2	131866.0	62027.7	20638.3	4348.6
2926.5	145.8		5553.5	1385.6	897.2	139.1	
			1700.5	1695.3	551.7		
	38.1		40680.8	29017.0	886.5	21.7	
			44741.9	6720.8	984.8		

11-8 私营工业企业

指标	固定资产合计	固定资产原价	累计折旧	本年折旧	在建工程
总计	**971187.5**	**1325815.0**	**477001.4**	**92461.1**	**223612.7**
煤炭开采和洗选业	81525.6	111235.7	33830.0	6391.2	2676.1
黑色金属矿采选业	36865.3	70938.4	38160.2	8697.5	6732.9
农副食品加工业	82587.3	103148.0	27927.7	4071.0	27196.7
食品制造业	38384.1	46696.7	8516.7	2611.8	26544.7
酒、饮料和精制茶制造业	7114.1	5782.8	1072.2	389.9	1134.0
纺织业	3725.5	4626.9	1905.4	369.2	1003.9
木材加工和木、竹、藤、棕、草制品业	12860.7	13653.7	990.9	57.9	1795.2
家具制造业	5192.5	6544.3	1351.8	386.9	
造纸和纸制品业	16049.9	30190.6	14217.2	2277.0	216.6
印刷和记录媒介复制业	13708.5	21026.9	9922.9	1088.1	2609.2
文教、工美、体育和娱乐用品制造业	640.5	996.2	355.7	119.0	
石油加工、炼焦和核燃料加工业	119661.5	155891.9	59650.7	11070.3	35742.8
化学原料和化学制品制造业	16787.2	35009.8	21875.4	1979.2	2141.9
医药制造业	10446.1	12789.4	2915.3	1245.7	572.0
橡胶和塑料制品业	4189.0	3612.9	1400.0	232.2	1976.1
非金属矿物制品业	82344.1	119616.4	46664.4	10154.6	14501.7
黑色金属冶炼和压延加工业	234376.1	288697.6	93481.4	18704.4	42480.4
有色金属冶炼和压延加工业	51064.7	90478.6	42229.7	8099.1	2818.8
金属制品业	13383.2	23136.0	11280.3	1999.0	6384.0
通用设备制造业	18248.8	25672.2	8112.5	1539.6	10042.6
专用设备制造业	45049.0	60193.3	20413.3	4521.2	4926.9
汽车制造业	3390.9	4620.8	1603.4	807.4	374.4
铁路、船舶、航空航天和其他运输设备制造业	1478.3	3064.4	1586.1	267.5	2.0
电气机械和器材制造业	13032.0	20872.6	8380.5	1184.2	588.0
计算机、通信和其他电子设备制造业	18902.4	20146.6	8617.1	911.8	10341.6
仪器仪表制造业	8639.9	13771.7	5131.8	822.5	3075.3
其他制造业	3628.9	224.1	143.6	20.8	3548.4
金属制品、机械和设备修理业	5.2	102.7	97.6	2.5	
电力、热力生产和供应业	4196.1	5315.4	1119.3	518.2	3961.4
燃气生产和供应业	23710.1	27758.4	4048.3	1921.4	10225.1

主要经济指标（二）

单位：万元

负债合计	流动负债合计	应付账款	非流动负债合计	所有者权益合计	实收资本	国家资本	集体资本
3478919.1	**2587095.2**	**541982.7**	**690447.4**	**940744.1**	**673045.5**	**118.0**	**7826.9**
345681.4	318690.2	63023.0	12552.7	40450.8	52549.7		
71377.4	71377.4	24823.0		56252.2	26886.6		
161897.5	124290.6	10988.5	37606.9	139750.1	29134.0		3667.0
62754.4	39420.1	8667.3	19526.2	52656.9	20788.0		
8043.1	7569.9	453.0	473.2	12694.9	9108.0		
2677.7	2327.7	315.1	350.0	5910.5	1680.0		
12074.0	12074.0	130.1		15706.9	13000.0		
2748.2	2748.2	48.8		9403.4	2700.0		
27625.0	25436.4	7753.0	2188.5	12223.3	13678.5		
24241.9	19501.7	3551.1	4740.2	15081.9	7361.2		
24083.1	12180.1	12148.1	11903.0	1498.9	500.0		
1140808.3	847384.7	90859.5	143105.7	183041.5	75536.0		
61885.3	46372.9	13707.1	20270.8	32564.7	28107.6		37.6
22713.1	20632.7	5187.8	2080.4	9275.8	7857.0		
15362.2	14982.2	2660.1	30.0	4550.6	3628.8		
182409.6	162749.7	65408.8	17065.7	57885.1	45141.8		
608054.0	235187.8	59928.8	366409.0	-63161.7	89031.6		2122.3
109357.0	91057.5	17636.8	20.1	6479.2	25517.0	100.0	
61146.7	59907.2	9379.7	367.1	39607.6	16500.6		
79913.5	74907.9	19297.1	5005.5	30787.4	30768.0		2000.0
189403.1	186069.5	58012.2	3333.5	106541.9	68842.7		
16331.1	16331.1	1025.1		4345.6	4010.0		
6060.9	6060.9	422.7		5024.4	5000.0		
52685.8	51014.4	22358.7	1573.3	28373.9	36768.0		
46841.6	41064.0	24473.7	5493.7	27994.9	11846.7		
65936.1	54884.0	13012.4	2625.2	89933.9	34803.7		
4556.6	2174.4	626.3	2174.3	996.9	1000.0		
944.6	944.6	76.6		755.9	100.0	18.0	
40213.9	18161.4	3493.3	22052.4	466.8	1000.0		
31092.0	21592.0	2515.0	9500.0	13649.9	10200.0		

11-8 私营工业企业

指标					营业收入
	法人资本	个人资本	港澳台资本	外商资本	
总计	**204881.0**	**458219.6**		**2000.0**	**3421081.1**
煤炭开采和洗选业	19689.8	30859.9		2000.0	349385.6
黑色金属矿采选业	10000.0	16886.6			73967.8
农副食品加工业	1437.0	24030.0			350945.5
食品制造业	9093.3	11694.7			68051.4
酒、饮料和精制茶制造业		9108.0			7447.7
纺织业	500.0	1180.0			6150.9
木材加工和木、竹、藤、棕、草制品业	9000.0	4000.0			6908.9
家具制造业	2050.0	650.0			8754.9
造纸和纸制品业	300.0	13378.5			40241.0
印刷和记录媒介复制业	3672.0	3689.2			27039.5
文教、工美、体育和娱乐用品制造业		500.0			28745.0
石油加工、炼焦和核燃料加工业	12390.0	63146.0			591382.0
化学原料和化学制品制造业	1090.0	26980.0			131520.2
医药制造业	1205.0	6652.0			9604.5
橡胶和塑料制品业	3608.8	20.0			21225.9
非金属矿物制品业	16236.0	28905.8			219234.7
黑色金属冶炼和压延加工业	9761.0	77148.3			535187.4
有色金属冶炼和压延加工业	21727.0	3690.0			291097.4
金属制品业	1000.0	15500.6			136607.4
通用设备制造业	17860.0	10908.0			54962.4
专用设备制造业	23883.2	44959.5			166485.7
汽车制造业	4010.0				13948.1
铁路、船舶、航空航天和其他运输设备制造业		5000.0			2041.7
电气机械和器材制造业	6059.2	30708.8			42402.3
计算机、通信和其他电子设备制造业	550.0	11296.7			78619.5
仪器仪表制造业	22184.7	12619.0			109385.3
其他制造业		1000.0			2017.9
金属制品、机械和设备修理业		82.0			4751.6
电力、热力生产和供应业	1000.0				16366.0
燃气生产和供应业	6574.0	3626.0			26602.9

主要经济指标(三)

单位：万元

主营业务收入	营业成本	主营业务成本	营业税金及附加	主营业务税金及附加	其他业务收入	其他业务利润	销售费用
3358582.4	**3060301.8**	**3013559.5**	**21082.5**	**19781.0**	**62498.7**	**865.6**	**112342.1**
347387.7	319991.4	317460.0	675.6	670.1	1997.9	-551.4	26284.3
73893.5	58364.5	58290.3	4062.2	4062.2	74.3	0.1	1955.7
350945.5	314206.5	314206.5	637.3	637.3			6684.1
68039.2	47018.5	46998.8	328.9	328.9	12.2		10051.5
7439.6	5410.9	5410.9	76.1	76.1	8.1	8.1	556.5
6150.9	3977.9	3977.9	36.9	36.9			712.3
6908.9	5620.5	5620.5	2.1	2.1			115.2
8754.9	5713.7	5713.7	14.7	14.7			1347.6
40241.0	38717.9	38717.9	183.1	183.1			262.1
26979.5	23593.4	21050.7	63.0	60.5	60.0	5.5	397.7
19082.6	18332.8	18332.8	19.2	19.2	9662.4		376.2
576661.0	492818.6	476955.1	6620.0	5620.0	14721.0	-1144.2	25180.3
131520.2	123566.6	123566.6	279.7	279.7		-9.5	4488.8
9566.1	7692.5	7692.5	60.6	60.6	38.4	38.4	521.8
21225.5	18879.1	18879.1	29.2	29.2	0.4	0.1	498.5
219166.7	197714.1	197279.8	1414.1	1328.2	68.0	-141.3	5704.2
516599.5	564114.0	546490.6	404.1	403.8	18587.9	1529.3	2523.3
291011.9	285339.0	285253.5	2402.3	2402.3	85.5	85.5	872.6
132720.4	115355.9	115355.9	324.3	324.3	3887.0	52.8	2399.6
54301.5	46210.1	45741.2	217.9	214.3	660.9	218.8	1640.5
165025.2	137363.4	136183.8	867.2	848.7	1460.5	91.7	6822.7
13948.1	12280.5	12280.5	8.6	8.6			484.5
2041.7	1556.9	1556.9	7.1	7.1			
40955.6	37336.0	35933.4	199.6	199.3	1446.7	41.9	2342.5
76217.8	61694.4	60807.6	318.0	318.0	2401.7	639.8	2635.0
107029.6	73784.9	72674.8	1124.0	1122.4	2355.7		5759.5
2017.9	1843.1	1843.1	4.4	4.4			72.3
4751.6	4285.4	4285.4	107.2	107.2			
16366.0	16217.3	16217.3	411.8	411.8			1433.5
21632.8	21302.0	18782.4	183.3		4970.1		219.3

11-8　私营工业企业

指　　标	管理费用	税金	财务费用	利息收入	利息支出
总　计	**131222.2**	**4118.8**	**76939.8**	**887.9**	**61837.1**
煤炭开采和洗选业	5419.6	264.1	5094.2	85.3	3143.8
黑色金属矿采选业	7899.7	263.0	1781.4	-4.9	154.2
农副食品加工业	4990.9	116.5	3036.9	170.1	2737.7
食品制造业	3892.4	213.2	3415.8	73.0	3149.0
酒、饮料和精制茶制造业	736.5	1.4	482.1		482.3
纺织业	818.0	2.3	18.8	0.6	18.1
木材加工和木、竹、藤、棕、草制品业	472.9	9.9	783.5		116.0
家具制造业	913.4	9.0	38.0		25.6
造纸和纸制品业	885.2	150.7	1071.4	8.9	1000.0
印刷和记录媒介复制业	2632.9	26.9	1376.7	28.6	1078.4
文教、工美、体育和娱乐用品制造业	640.4	265.0	9.2	5.6	13.3
石油加工、炼焦和核燃料加工业	19111.2	813.1	31101.4	47.1	25812.9
化学原料和化学制品制造业	4276.6	115.2	1667.2	0.6	1341.7
医药制造业	1368.1	62.0	445.1	8.7	402.3
橡胶和塑料制品业	708.5	9.8	400.6	0.5	337.3
非金属矿物制品业	10633.6	510.7	5504.8	109.8	4780.2
黑色金属冶炼和压延加工业	8861.3	382.7	6511.5	96.8	5228.1
有色金属冶炼和压延加工业	3809.1	211.5	4295.5	48.5	4277.6
金属制品业	5388.7	107.9	1670.8	4.2	1662.4
通用设备制造业	4281.8	134.8	2456.0	0.1	1331.5
专用设备制造业	14521.0	313.1	2360.6	145.9	1612.8
汽车制造业	439.6	4.8	528.3		528.3
铁路、船舶、航空航天和其他运输设备制造业	213.6		219.9	4.2	214.3
电气机械和器材制造业	5651.7	6.5	343.4	-0.7	83.1
计算机、通信和其他电子设备制造业	7416.5	33.2	805.9	6.2	808.2
仪器仪表制造业	12200.7	83.5	433.1	19.0	381.9
其他制造业	88.9	3.2			
金属制品、机械和设备修理业	210.2	0.3	-3.0	3.3	0.3
电力、热力生产和供应业	1165.0		-2.6	3.0	0.4
燃气生产和供应业	1574.2	4.5	1093.3	23.5	1115.4

主要经济指标（四）

单位：万元

营业利润	资产减值损失	公允价值变动收益	投资收益	营业外收入	补贴收入	营业外支出	利润总额
30104.2	**2115.2**	**-51961.8**	**-1390.7**	**19756.0**	**6257.1**	**25404.1**	**24426.0**
-8172.5			119.4	1966.1		2249.4	-8469.0
-757.6				184.0		156.8	-730.4
21699.1		-7162.7	240.8	669.1		110.7	22257.5
3313.9	-12.8			1199.3	97.0	504.8	4008.4
155.3				6.9		0.4	161.8
587.2				8.0	7.1	1.9	593.3
-36.8							-36.8
728.0			0.6	10.0			738.0
-860.9		-925.6		115.1	52.0	93.3	-855.9
1313.1				54.5		5.5	1362.1
5633.6			-3000.0	150.0	1.0	183.0	5600.6
17652.2			417.6	628.6	1.8	17109.3	1171.5
-2744.7		-8364.0		32.8		23.6	-2735.5
-481.7			1.8	732.0		3.1	247.2
692.0						576.3	115.7
-118.4	1558.7	-3864.7		3372.8	570.3	618.3	2636.1
-46663.6		-350.0	-1.0	1794.2	50.4	123.7	-44993.1
-854.2		-23000.0		143.5		23.9	-734.6
11244.5	203.7	-8092.6	15.9	1462.4	578.4	692.2	12014.7
-818.3		-202.2		223.8	135.0	410.5	-1005.1
10039.7	425.6		852.7	2030.1	448.7	353.5	11716.3
225.2							225.2
44.1						1.8	42.3
-1549.3	-1229.0		-1.8	229.2	155.0	28.5	-1348.6
6100.4			1.7	180.5		1975.5	4305.4
14132.1	1238.0		-38.4	1393.7	996.4	147.0	15378.8
9.2							9.2
151.9						0.5	151.4
-2859.1				3164.0	3164.0	0.5	304.4
2299.8	-69.0			5.4		10.1	2295.1

11-8 私营工业企业

指　标	应交所得税	亏损企业亏损总额	利税总额	应交税金及附加	本年应付职工薪酬
总　计	**10294.0**	**107289.0**	**120811.3**	**110798.1**	**125476.3**
煤炭开采和洗选业	27.0	8633.5	3287.6	12047.7	3559.1
黑色金属矿采选业	192.5	2534.0	9913.5	11099.4	2848.1
农副食品加工业	477.7		25471.3	3808.0	6710.5
食品制造业	1219.3	2419.1	7007.6	4431.7	5932.9
酒、饮料和精制茶制造业	50.5	519.9	422.3	312.4	484.6
纺织业	144.8		708.9	262.7	598.7
木材加工和木、竹、藤、棕、草制品业		762.1	-22.1	24.6	749.4
家具制造业	7.6		880.1	158.7	939.9
造纸和纸制品业	14.2	1133.9	462.2	1483.0	1648.7
印刷和记录媒介复制业	13.8	50.2	1710.0	388.6	2451.3
文教、工美、体育和娱乐用品制造业	37.8		6170.8	873.0	486.3
石油加工、炼焦和核燃料加工业	801.1	23742.9	25285.0	25727.7	15137.0
化学原料和化学制品制造业	276.6	4331.9	758.0	3885.3	4126.8
医药制造业	4.1	4.2	714.0	532.9	1268.7
橡胶和塑料制品业	25.1		397.9	317.1	1168.1
非金属矿物制品业	608.7	1929.7	10172.4	8655.7	10143.3
黑色金属冶炼和压延加工业	217.7	52046.9	-42111.6	3481.9	13700.9
有色金属冶炼和压延加工业	0.5	3168.4	2563.8	3510.4	7112.6
金属制品业	2319.3	271.6	14521.2	4933.7	9751.9
通用设备制造业	276.5	2512.2	225.7	1642.1	4027.2
专用设备制造业	563.0	844.1	18133.1	7292.9	11570.4
汽车制造业			356.6	136.2	902.7
铁路、船舶、航空航天和其他运输设备制造业	10.6		98.5	66.8	220.7
电气机械和器材制造业	31.7	1673.9	-555.2	831.6	2366.0
计算机、通信和其他电子设备制造业	549.3	601.4	6720.9	2998.0	4949.8
仪器仪表制造业	1729.7	109.1	22848.5	9282.9	7088.5
其他制造业	2.3		43.6	39.9	117.1
金属制品、机械和设备修理业	43.4		997.9	890.2	3049.9
电力、热力生产和供应业			1096.2	791.8	801.1
燃气生产和供应业	649.2		2532.6	891.2	1564.1

主要经济指标(五)

单位：万元

本年应交增值税	总资产贡献率（%）	资产负债率（%）	流动资产周转率（次/年）	成本费用利润率（%）	产品销售率（%）	从业人员平均人数
75302.80	**4.11**	**78.67**	**1.18**	**0.72**	**96.78**	**35308**
11081.00	1.64	89.29	1.21	-2.37	103.40	1660
6581.70	7.89	55.93	1.45	-1.04	74.20	887
2576.50	9.30	53.67	2.23	6.77	99.52	2323
2670.30	8.72	54.25	1.52	6.23	88.30	1676
184.40	4.36	38.78	0.61	2.25	77.99	211
78.70	8.46	31.18	1.39	10.73	106.50	176
12.60	0.33	42.88	0.52	-0.53	101.21	316
127.40	7.45	22.62	1.30	9.21	100.00	238
1135.00	3.65	69.33	2.29	-2.09	94.99	721
284.90	7.02	61.65	1.09	4.86	100.00	623
551.00	24.15	94.14	1.15	28.93	100.00	142
17493.50	3.86	86.24	0.59	0.21	96.99	4584
3213.80	2.22	65.38	2.03	-2.04	97.75	1376
406.20	3.46	70.92	0.48	2.47	91.26	407
253.00	3.69	77.15	1.48	0.56	95.11	420
6122.20	6.17	75.82	1.49	1.20	96.56	3024
2477.40	-6.78	111.49	1.89	-7.73	102.30	3108
896.10	5.86	94.41	5.99	-0.25	98.87	1632
2182.20	16.03	60.59	1.76	9.63	101.20	2679
1012.90	1.41	72.13	0.74	-1.84	99.76	1601
5549.60	6.62	63.98	0.78	7.27	92.27	2974
122.80	4.28	78.98	0.81	1.64	95.25	321
49.10	2.78	54.68	0.21	2.13	99.56	85
593.80	-0.58	64.79	0.78	-2.95	93.41	758
2097.50	10.05	62.59	1.57	5.93	83.97	1097
6345.70	14.89	42.30	0.83	16.68	95.02	1116
30.00	0.79	82.05	1.46	0.46	100.00	40
739.30	58.51	55.55	2.80	3.37	100.00	798
380.00	2.69	98.85	0.56	1.62	100.00	155
54.20	8.10	69.49	3.96	9.49	100.00	160

11-9 外商投资和港澳台商

指　　标	企业单位数（个）	亏损企业	工业总产值（当年价格）	工业销售产值（当年价格）
总　计	**24**	**8**	**4739843.4**	**4606680.7**
农副食品加工业	1		7260.4	7342.8
食品制造业	1		49126.5	51040.0
酒、饮料和精制茶制造业	2		54827.4	53206.6
纺织业	1	1	10084.0	9999.7
石油加工、炼焦和核燃料加工业	2	2	228705.4	181678.1
化学原料和化学制品制造业	2		114927.9	111066.6
医药制造业	1		306.0	306.0
橡胶和塑料制品业	2	1	27749.7	23497.1
非金属矿物制品业	2	2	22832.8	23507.9
黑色金属冶炼和压延加工业	2	1	14017.1	13678.3
通用设备制造业	1		3149.4	3577.5
专用设备制造业	2	1	10205.8	9206.5
汽车制造业	1		5191.6	5191.6
铁路、船舶、航空航天和其他运输设备制造业	1		112644.0	111344.0
计算机、通信和其他电子设备制造业	2		3973861.7	3897084.3
仪器仪表制造业	1		104953.7	104953.7

11-9 外商投资和港澳台商

指　　标	产成品	在产品	固定资产合计	固定资产原价
总　计	**186714.9**	**47501.0**	**1093780.0**	**1708722.0**
农副食品加工业	120.5		6325.5	6561.4
食品制造业	425.3		7641.9	21363.4
酒、饮料和精制茶制造业	3936.9		27238.1	52571.8
纺织业	85.0		5400.5	9043.6
石油加工、炼焦和核燃料加工业	29714.2	8013.3	77032.7	100140.0
化学原料和化学制品制造业	1906.5	1388.5	150245.9	241119.6
医药制造业	278.4		2377.6	2810.1
橡胶和塑料制品业	369.7	3609.4	33348.9	53843.6
非金属矿物制品业	957.2	528.2	5620.7	14226.6
黑色金属冶炼和压延加工业	1853.2	652.1	1355.7	2763.7
通用设备制造业			1141.9	1834.3
专用设备制造业	1323.6	987.0	12543.2	25868.5
汽车制造业	1232.0	1110.0	2831.7	5428.4
铁路、船舶、航空航天和其他运输设备制造业	4021.4	1748.8	44482.6	64563.1
计算机、通信和其他电子设备制造业	136357.9	20227.9	710920.6	1097191.6
仪器仪表制造业	4133.1	9235.8	5272.5	9392.3

投资工业企业主要经济指标(一)

单位：万元

出口交货值	年初存货	产成品	资产总计	流动资产合计	应收账款	存货
3287423.9	**403289.6**	**114752.5**	**3376028.0**	**2097986.0**	**511226.6**	**348041.4**
	459.7		7750.8	1425.3	399.5	122.8
	2205.6	818.0	24115.2	13570.4	5576.2	2177.7
	6374.5	3856.3	40836.7	12613.1	555.4	6306.5
3306.9	1065.7	410.0	23571.0	14406.9	10067.9	281.3
	52654.8	29814.2	233752.3	123914.8	9909.8	54481.8
	5419.9	1947.1	197297.2	39426.3	19945.3	4655.0
	3052.2	3052.2	9094.3	1258.2	406.2	452.6
30.4	3378.2	479.9	48799.8	14456.4	3536.8	3979.1
	5481.3	1662.2	34322.0	23955.1	2705.7	3521.8
	6702.5	3851.6	12205.1	10733.5	3545.2	3236.8
3577.5	1527.4		4448.0	3277.5	1270.8	1870.1
	6367.2	1555.1	25261.4	12677.2	3948.2	4666.8
	2126.5	843.6	10167.1	6638.7	1806.2	2342.0
	28510.2	7994.6	139801.2	91081.7	43350.3	21018.0
3280509.1	260455.7	57806.6	2476813.6	1673389.5	333692.3	225560.2
	17508.2	661.1	87792.3	55161.4	20510.8	13368.9

投资工业企业主要经济指标(二)

单位：万元

累计折旧	本年折旧	在建工程	负债合计	流动负债合计	应付账款	非流动负债合计
639942.3	**145134.5**	**24886.3**	**2196762.1**	**2158671.1**	**1078475.0**	**38050.3**
442.2	34.4	206.3	1306.2	1306.2	598.0	
13721.5	2456.0		6376.3	6169.3	5420.8	206.9
25333.7	2466.4	291.1	27313.7	26870.5	5580.0	443.1
3643.1	179.9	80.4	12845.4	12806.5	3986.0	
46429.5	6624.7	1794.0	217623.8	203992.0	31774.6	13631.8
90873.7	12774.0	7597.6	77948.2	60446.6	14812.4	17500.0
432.5			4294.6	4244.6	12.7	50.0
20496.1	5293.0	653.7	20230.9	15658.3	2479.2	4572.6
8700.0	1043.6	122.0	34848.3	40109.9	4092.2	-5261.6
1410.1	276.9	2.1	8600.7	8600.7	683.9	
1166.6	133.4	474.2	788.0	788.0	168.8	
13325.4			12717.8	12717.8	5747.4	
2596.7	426.7		2768.1	2678.1	1514.1	90.0
20980.4	6434.5	2844.6	84526.3	84526.3	33781.1	
386271.0	105875.2	697.7	1638146.7	1638146.7	957844.2	
4119.8	1115.8	10122.6	46427.1	39609.6	9979.6	6817.5

11-9 外商投资和港澳台商

指　标	所有者权益合计	实收资本	国家资本	集体资本	法人资本
总　计	**1170769.6**	**829132.6**	**27026.6**		**95123.0**
农副食品加工业	6444.6	1165.0			750.0
食品制造业	17738.9	11667.0			11667.0
酒、饮料和精制茶制造业	13523.0	10218.0			2076.8
纺织业	10725.6	12520.0			11930.0
石油加工、炼焦和核燃料加工业	16128.4	43585.0			31500.0
化学原料和化学制品制造业	119349.0	44340.1	22126.6		
医药制造业	4799.7	4799.7			4799.7
橡胶和塑料制品业	20072.9	19613.9			
非金属矿物制品业	-526.3	16009.8	4900.0		6009.8
黑色金属冶炼和压延加工业	3604.4	3903.1			
通用设备制造业	3660.0	3848.4			
专用设备制造业	12543.5	22985.7			9085.7
汽车制造业	7399.0	3004.0			3004.0
铁路、船舶、航空航天和其他运输设备制造业	55274.9	16071.4			11250.0
计算机、通信和其他电子设备制造业	838666.8	610401.5			
仪器仪表制造业	41365.2	5000.0			3050.0

11-9 外商投资和港澳台商

指　标	主营业务成本	营业税金及附加	主营业务税金及附加	其他业务收入	其他业务利润
总　计	**3676164.6**	**13669.8**	**13669.8**	**42626.5**	**5194.6**
农副食品加工业	6661.7				
食品制造业	46641.2	166.7	166.7	800.0	11.5
酒、饮料和精制茶制造业	61515.0	347.7	347.7	31.9	
纺织业	6935.4	15.6	15.6		
石油加工、炼焦和核燃料加工业	210428.0	625.0	625.0		
化学原料和化学制品制造业	93184.4	361.6	361.6	291.2	170.4
医药制造业	1038.0	27.9	27.9		
橡胶和塑料制品业	22379.0	114.5	114.5	985.3	143.0
非金属矿物制品业	18786.3	271.2	271.2	266.8	218.3
黑色金属冶炼和压延加工业	13783.0	12.3	12.3		
通用设备制造业	3341.2				
专用设备制造业	12196.2	122.5	122.5	486.4	62.1
汽车制造业	5761.5	38.2	38.2	9.9	9.9
铁路、船舶、航空航天和其他运输设备制造业	86598.4	891.7	891.7	920.2	920.2
计算机、通信和其他电子设备制造业	3020779.7	9909.8	9909.8	38834.8	3659.2
仪器仪表制造业	66135.6	765.1	765.1		

投资工业企业主要经济指标(三)

单位：万元

个人资本	港澳台资本	外商资本	营业收入	主营业务收入	营业成本
1500.0	**5019.7**	**700463.3**	**4745795.7**	**4703169.2**	**3731518.0**
	415.0		7053.8	7053.8	6661.7
			51840.0	51040.0	47429.6
		8141.2	80233.8	80201.9	61557.0
	590.0		8121.9	8121.9	6935.4
		12085.0	231280.4	231280.4	210428.0
		22213.5	111355.3	111064.1	96514.5
			3052.2	3052.2	1038.0
	161.6	19452.3	26767.4	25782.1	23221.4
		5100.0	23914.2	23647.4	18834.8
1500.0	1903.1	500.0	14429.9	14429.9	13783.0
		3848.4	3932.2	3932.2	3341.2
		13900.0	13956.7	13470.3	12323.2
			7021.3	7011.4	5770.2
		4821.4	112264.2	111344.0	86598.4
		610401.5	3935919.1	3897084.3	3070946.0
	1950.0		114653.3	114653.3	66135.6

投资工业企业主要经济指标(四)

单位：万元

销售费用	管理费用	税金	财务费用	利息收入	利息支出
52322.5	**149411.2**	**6829.5**	**21463.7**	**5799.2**	**30077.4**
21.0	136.5	4.7	−1.0	1.0	
2625.5	1253.8	60.2	−5.1	5.9	
13558.5	3519.2	327.9	85.7	5.3	73.9
96.9	610.0		1289.2	0.5	1157.3
16531.4	5017.9	365.3	9986.0	279.3	6738.0
2022.5	3250.7	176.0	1874.7	11.4	1907.8
858.8	836.0	5.1	180.3	4.6	184.6
562.4	1228.4	98.2	−301.3	237.8	−541.5
688.8	9925.6	28.0	463.3	160.4	
56.2	678.9	7.0	320.1	4.6	324.3
265.6	266.5	0.9	83.9	0.4	
698.0	2468.9		202.1		
87.9	857.5	30.3	113.7	8.2	60.8
1832.3	7330.3	36.4	3536.7	49.5	3604.3
6817.4	104267.0	5635.9	3386.8	5008.3	16307.7
5599.3	7764.0	53.6	248.6	22.0	260.2

11–9 外商投资和港澳台商

指　　标	营业利润	资产减值损失	公允价值变动收益	投资收益	营业外收入
总　计	**73693.7**	**312.1**	**–216251.9**	**–514706.3**	**20154.8**
农副食品加工业	235.6				
食品制造业	3692.0				55.0
酒、饮料和精制茶制造业	1196.0				211.3
纺织业	–825.3		–615.1		28.0
石油加工、炼焦和核燃料加工业	–11308.0		–18000.0		208.1
化学原料和化学制品制造业	10647.5	624.7		129.6	460.3
医药制造业	88.3	23.0			
橡胶和塑料制品业	1933.2				36.5
非金属矿物制品业	–6325.7				1364.7
黑色金属冶炼和压延加工业	–424.7				5.0
通用设备制造业	18.3				
专用设备制造业	–1858.4				89.7
汽车制造业	145.2				323.8
铁路、船舶、航空航天和其他运输设备制造业	12410.4	–335.6			376.5
计算机、通信和其他电子设备制造业	29928.6		–197636.8	–514835.9	16995.9
仪器仪表制造业	34140.7				

11–9 外商投资和港澳台商

指　　标	应交税金及附加	本年应付职工薪酬	本年应交增值税	总资产贡献率（%）
总　计	**108442.0**	**430030.8**	**73118.3**	**5.22**
农副食品加工业	4.7	34.6		3.03
食品制造业	1635.5	1899.3	1400.4	20.32
酒、饮料和精制茶制造业	3603.9	9094.7	2927.2	11.63
纺织业	199.6	397.3	184.0	2.37
石油加工、炼焦和核燃料加工业	8177.5	6211.1	7187.2	1.29
化学原料和化学制品制造业	9578.8	5886.5	5460.5	9.51
医药制造业	33.0	204.7		3.24
橡胶和塑料制品业	783.7	1638.1	67.1	2.79
非金属矿物制品业	1722.1	13355.9	1422.9	–11.54
黑色金属冶炼和压延加工业	60.2	313.0	39.4	–0.40
通用设备制造业	1.3	1086.4		0.35
专用设备制造业	627.6	2402.2	505.1	–4.52
汽车制造业	68.5	541.8		4.82
铁路、船舶、航空航天和其他运输设备制造业	10446.8	5003.6	7590.7	17.50
计算机、通信和其他电子设备制造业	68069.0	378706.6	44921.2	4.53
仪器仪表制造业	3429.8	3255.0	1412.6	11.81

投资工业企业主要经济指标(五)

单位：万元

补贴收入	营业外支出	利润总额	应交所得税	亏损企业 亏损总额	利税总额
396.7	**28589.8**	**65258.7**	**14824.4**	**19872.8**	**152046.8**
		235.6			235.6
	407.9	3339.1	8.2		4906.2
	3.0	1404.3	1.1		4679.2
	1.3	−798.6		798.6	−599.0
	152.4	−11252.3		11252.3	−3440.1
	71.4	11036.4	3580.7		16858.5
	1.3	87.0			114.9
	12.3	1957.4	503.9	47.3	2139.0
391.7	533.8	−5494.8		5494.8	−3800.7
5.0	0.3	−420.0	1.5	484.1	−368.3
	2.3	16.0	0.4		16.0
	0.6	−1769.3		1795.7	−1141.7
	70.0	399.0			437.2
	356.6	12430.3	1928.0		20912.7
	790.7	46133.8	7602.1		100964.8
	26185.9	7954.8	1198.5		10132.5

投资工业企业主要经济指标(六)

单位：万元

资产负债率 (%)	流动资产周转率 (次/年)	成本费用利润率（%）	产品销售率 (%)	从业人员 平均人数
65.07	**2.26**	**1.65**	**97.19**	**69022**
16.85	4.95	3.46	101.13	22
26.44	3.82	6.51	103.90	272
66.89	6.36	1.78	97.04	1193
54.50	0.56	−8.94	99.16	167
93.10	1.87	−4.65	79.44	1929
39.51	2.82	10.65	96.64	764
47.22	2.43	2.99	100.00	69
41.46	1.85	7.92	84.68	437
101.53	1.00	−18.37	102.96	481
70.47	1.34	−2.83	97.58	90
17.72	1.20	0.40	113.59	228
50.34	1.10	−11.28	90.21	280
27.23	1.06	5.84	100.00	218
60.46	1.23	12.52	98.85	427
66.14	2.35	1.45	98.07	61902
52.88	2.08	9.97	100.00	543

11-10　大中型工业企业

指　标	企业单位数(个)	亏损企业	工业总产值(当年价格)	工业销售产值(当年价格)	出口交货值
总　计	**117**	**37**	**23880980.90**	**23221187.60**	**4323818.40**
煤炭开采和洗选业	6	4	2999846.50	2948173.30	
黑色金属矿采选业	1		52643.70	52643.70	
农副食品加工业	2		51333.90	51208.00	2551.90
食品制造业	3		88714.70	83282.20	78.30
酒、饮料和精制茶制造业	3	1	75967.40	73520.40	
烟草制品业	1		415676.30	413467.30	
纺织服装、服饰业	1		1761.80	2151.90	
造纸和纸制品业	1		19720.20	16877.00	
印刷和记录媒介复制业	4	1	34567.90	31188.60	
石油加工、炼焦和核燃料加工业	10	8	1417505.70	1194824.40	
化学原料和化学制品制造业	7	2	307875.10	303821.20	1021.00
医药制造业	1		26165.20	29150.30	
橡胶和塑料制品业	3		359944.80	308633.00	52457.40
非金属矿物制品业	10	3	232789.70	227512.10	
黑色金属冶炼和压延加工业	5	2	8153651.00	8074730.40	817786.70
有色金属冶炼和压延加工业	3	1	293904.10	290384.80	
金属制品业	11	1	1408058.00	1373604.20	65054.70
通用设备制造业	7	1	205049.40	199904.90	
专用设备制造业	11	3	1666851.00	1591340.70	96621.60
汽车制造业	3	1	33144.30	33985.80	
铁路、船舶、航空航天和其他运输设备制造业	4		464174.40	446204.60	692.40
电气机械和器材制造业	3	2	27658.90	24049.50	1984.70
计算机、通信和其他电子设备制造业	5	2	4100662.10	4024168.30	3280509.10
仪器仪表制造业	3		273398.30	273270.50	5060.60
金属制品、机械和设备修理业	1		4751.60	4751.60	
电力、热力生产和供应业	5	3	534592.90	534592.90	
燃气生产和供应业	1		550700.00	533907.00	
水的生产和供应业	2	2	79872.00	79839.00	

主要经济指标(一)

单位：万元

年初存货		资产总计					
	产成品		流动资产合计				
				应收账款	存货		
						产成品	在产品
3626838.50	**1136149.00**	**38084583.20**	**16186140.10**	**3607115.70**	**3839178.80**	**1522641.10**	**700588.30**
320067.80	107878.90	6174080.00	2082736.60	462500.80	456444.30	132094.80	29616.40
640.90	320.80	17271.60	10103.70	7989.30	262.00	0.60	
10007.20	523.10	100073.10	38066.50	5069.30	5679.50	223.70	
13575.60	7844.40	149575.10	48031.70	4551.00	14766.70	8611.90	667.10
11540.70	4043.80	70243.90	27190.30	869.30	15371.00	4608.60	
44043.30	8087.40	287303.60	201781.70	19797.80	36997.00	9737.70	
1858.90	1522.50	8417.80	5019.10	1064.60	1326.20	1174.90	151.30
1984.50	1936.80	15097.90	2559.80	501.20	862.60	382.60	
5566.10	1237.20	80439.80	36769.50	7329.20	6860.00	1318.40	995.00
196653.10	108534.00	3514548.30	1616720.80	176707.80	262246.80	113302.30	14263.30
83579.30	22426.50	1523976.10	695037.80	191870.70	96369.60	25138.30	7827.80
12447.80	11705.60	34497.30	26915.30	1677.50	17207.50	11093.30	371.60
76218.40	57227.80	379128.20	175659.50	44673.70	81758.50	59308.80	6783.30
54412.50	10866.50	373210.20	197325.20	41594.10	31476.20	8666.70	4519.70
1421562.40	333347.40	12347188.80	3447623.80	255544.80	1315229.50	529354.20	188268.80
13817.20	5048.00	108990.80	43433.20	4250.00	2327.60	1749.20	
209751.50	76201.10	1716370.80	939677.10	174363.10	250578.90	94925.70	7547.20
114551.80	35890.10	366973.80	270842.10	46806.60	136745.20	39490.60	80645.00
549526.70	236666.80	3816947.30	2806350.50	1290980.80	686411.20	287481.30	289387.20
16890.90	10765.40	130431.10	53508.20	9897.00	15684.80	10855.80	1139.20
60563.20	20665.60	666634.90	401107.90	245634.20	65747.20	26415.00	13213.80
13440.70	8397.60	117749.10	77375.90	32159.60	14491.30	8938.20	1862.40
301578.80	61533.70	2763057.50	1858336.00	413370.80	249416.50	140645.10	29810.80
56649.20	1359.90	417495.90	285772.90	43637.10	38439.90	5001.40	9948.50
		1700.50	1695.30	551.70			
32043.90		1208723.90	419262.60	78344.10	28195.80		13569.90
3271.80	2118.10	1307750.30	308622.10	37229.60	7809.00	2122.00	
594.30		386705.60	108615.00	8150.00	474.00		

11-10 大中型工业企业

指 标	固定资产合计	固定资产原价	累计折旧	本年折旧	在建工程
总 计	**13198514.50**	**20789229.50**	**9193168.60**	**1157710.60**	**3618441.00**
煤炭开采和洗选业	2955354.30	4291335.30	2293076.10	327983.40	788736.40
黑色金属矿采选业	7167.80	28218.70	21050.90	5339.30	927.30
农副食品加工业	14867.20	18093.30	9508.90	1210.30	22189.00
食品制造业	64052.00	46035.70	7704.10	2115.50	52268.00
酒、饮料和精制茶制造业	41558.20	64996.70	28509.50	4052.00	687.90
烟草制品业	82749.80	135750.80	56590.30	6221.60	3589.30
纺织服装、服饰业	2423.70	3901.20	1477.50	119.90	378.80
造纸和纸制品业	11182.80	23660.60	12538.90	1907.40	61.00
印刷和记录媒介复制业	23251.60	38055.80	19972.60	2962.40	15662.00
石油加工、炼焦和核燃料加工业	527743.30	773083.40	275654.80	55769.20	365471.50
化学原料和化学制品制造业	458961.10	624661.90	174173.10	58782.20	80160.10
医药制造业	7519.30	10001.90	4662.90	714.20	2180.30
橡胶和塑料制品业	139844.30	190571.00	50726.80	9849.30	60633.10
非金属矿物制品业	150707.60	155159.00	45789.80	9731.00	20092.30
黑色金属冶炼和压延加工业	4626549.90	8436078.70	3848777.20	371457.70	1318692.60
有色金属冶炼和压延加工业	49355.70	88131.60	41591.70	7993.60	2815.80
金属制品业	561543.50	809751.90	308202.70	30445.40	131127.00
通用设备制造业	58974.20	80339.00	23603.00	1616.90	34534.30
专用设备制造业	742138.00	848650.40	239394.40	23030.00	181836.80
汽车制造业	39493.00	58623.50	19509.90	5055.10	2915.40
铁路、船舶、航空航天和其他运输设备制造业	255873.70	159622.80	63900.00	10921.60	37349.30
电气机械和器材制造业	21331.20	26941.60	11480.20	1301.30	6232.80
计算机、通信和其他电子设备制造业	779122.60	1219905.80	440783.20	108128.90	6682.10
仪器仪表制造业	68596.60	88484.10	32778.20	6307.80	23013.50
金属制品、机械和设备修理业	5.20	102.70	97.60	2.50	
电力、热力生产和供应业	703314.40	1609864.70	994734.20	64862.00	117994.10
燃气生产和供应业	585154.10	658131.10	72977.00	28090.60	335689.60
水的生产和供应业	219679.40	301076.30	93903.10	11739.50	6520.70

主要经济指标(二)

单位：万元

负债合计	流动负债合计	应付账款	非流动负债合计	所有者权益合计	实收资本	国家资本	集体资本
27129479.60	**18211917.80**	**5008221.20**	**8416176.10**	**10946189.70**	**4634505.70**	**1688614.80**	**37427.90**
4732181.20	2628878.60	690037.60	2101890.00	1441898.60	932311.00	163783.60	2100.00
20956.10	20956.10	15849.20		−3684.50	800.00		
53837.40	41929.30	5102.80	11908.10	46235.70	14227.00	10560.00	3667.00
96594.30	58700.70	9288.60	37893.60	52980.80	19264.20		5166.70
39874.20	39371.00	9536.80	503.10	30369.70	30187.70	1874.90	
33037.00	33037.00	24894.30		254266.60	61319.60		
3208.50	3208.50	1794.70		5209.20	2089.40		2089.40
10040.90	8766.60	6060.80	1274.20	5057.00	6060.00		
51920.70	45043.80	7945.70	6876.90	28343.80	8821.90	4386.50	30.20
2810565.10	2315585.50	414033.00	382452.90	703983.20	618685.00		
1035697.90	931829.50	234417.80	109416.50	488068.30	197265.30	154852.80	12691.50
33674.90	32674.90	8686.50		822.30	4500.00		
259865.80	135693.20	26418.50	124172.60	110766.50	83134.40		
203595.30	182120.60	52835.20	21474.60	169614.80	63907.70	23920.00	665.30
8354128.10	4790501.90	510118.70	3563626.20	3993060.70	753858.90	668347.90	5000.00
105730.20	87430.70	15473.70	20.10	3260.60	21727.00		
988400.90	754273.90	162891.10	233253.40	727969.80	196203.80	8967.30	1978.80
283202.50	247417.50	42375.00	35784.90	83771.20	33233.50	25994.50	851.00
2738377.00	2323798.80	1120560.10	413732.20	1078570.20	541202.40	407157.50	
111508.80	110148.90	14050.60	1359.90	18890.80	40322.30	10143.00	
470846.20	359136.30	186178.30	111709.90	195788.60	68754.40	38495.00	3188.00
79054.50	57314.40	20835.90	21740.00	38694.70	11903.40	442.10	
1866679.90	1863887.20	1058917.20	2792.70	896377.50	651402.10	4931.80	
196360.60	184349.50	68390.80	12011.10	221135.20	54484.80	47197.80	
944.60	944.60	76.60		755.90	100.00	18.00	
1322510.70	513133.50	174631.30	809377.10	−113787.00	71538.00	6740.20	
1069780.30	324983.50	57868.60	372801.90	237970.00	40000.00	3600.00	
156906.00	116801.80	68951.80	40104.20	229799.50	107201.90	107201.90	

11-10 大中型工业企业

指 标					营业收入
	法人资本	个人资本	港澳台资本	外商资本	
总 计	**1932986.50**	**283306.70**	**3471.30**	**680309.70**	**32559687.60**
煤炭开采和洗选业	745228.10	21199.30			5265155.00
黑色金属矿采选业		800.00			16220.30
农副食品加工业					63664.60
食品制造业	7800.00	5876.20	421.30		81497.40
酒、饮料和精制茶制造业	2076.80	20000.00		6236.00	100894.30
烟草制品业	61319.60				410452.50
纺织服装、服饰业					3665.90
造纸和纸制品业		6060.00			16877.10
印刷和记录媒介复制业	4216.00	189.20			41586.60
石油加工、炼焦和核燃料加工业	514800.00	91800.00		12085.00	1275312.70
化学原料和化学制品制造业		7507.50		22213.50	761166.30
医药制造业	4500.00				27748.70
橡胶和塑料制品业	63682.10			19452.30	363949.90
非金属矿物制品业	8000.00	26222.40		5100.00	229835.00
黑色金属冶炼和压延加工业	5301.00	75210.00			14299222.50
有色金属冶炼和压延加工业	21727.00				280449.90
金属制品业	181757.70	3500.00			1392072.80
通用设备制造业	6388.00				177870.60
专用设备制造业	119466.90	14578.00			1706905.60
汽车制造业	30179.30				36286.50
铁路、船舶、航空航天和其他运输设备制造业	22250.00			4821.40	456931.40
电气机械和器材制造业	1179.20	10282.10			24947.50
计算机、通信和其他电子设备制造业	27680.00			610401.50	4085699.20
仪器仪表制造业	4237.00		3050.00		309439.80
金属制品、机械和设备修理业		82.00			4751.60
电力、热力生产和供应业	64797.80				515004.40
燃气生产和供应业	36400.00				532022.90
水的生产和供应业					80056.60

主要经济指标(三)

单位：万元

主营业务收入	营业成本	主营业务成本	营业税金及附加	主营业务税金及附加	其他业务收入	其他业务利润	销售费用
32091265.90	**28784126.00**	**28288586.90**	**296221.70**	**290592.40**	**468421.70**	**62590.10**	**525517.40**
5091935.10	4724528.10	4549167.60	55486.40	51237.30	173219.90	16581.80	69998.50
16220.30	10505.90	10505.90	1943.60	1943.60			1942.80
63664.60	54531.90	54531.90	351.80	351.80			4596.40
81497.40	52436.40	52436.40	435.10	435.10			11003.60
100835.60	75760.90	75686.50	3627.00	3627.00	58.70		13765.90
404055.20	137126.50	130783.10	175677.40	175677.40	6397.30	53.90	4172.30
3665.90	3536.00	3536.00	35.50	35.50			3.30
16877.10	15668.50	15668.50	118.70	118.70			151.10
38045.00	34084.40	28520.20	512.00	512.00	3541.60	85.80	3948.90
1261985.50	1136815.40	1120781.80	3978.70	2978.70	13327.20	-2732.90	75906.90
746458.60	724243.30	703648.40	5088.30	5088.30	14707.70	38.00	9398.20
27546.00	23834.60	23652.90	74.90	74.90	202.70	20.80	1563.40
359532.70	319874.30	316982.80	834.90	834.90	4417.20	143.00	6748.30
222181.30	199135.30	192196.90	1199.70	1170.70	7653.70	218.30	6193.60
14154054.00	13360479.20	13231407.30	18380.20	18380.20	145168.50	16096.60	162951.80
280364.40	274922.10	274836.60	2397.00	2397.00	85.50	85.50	696.40
1385178.40	1228994.70	1213296.20	2705.40	2699.10	6894.40	2484.40	16772.10
175955.50	147106.70	145729.40	1166.10	1158.00	1915.10	382.50	6705.70
1692822.00	1422190.10	1411901.90	4151.40	4151.40	14083.60	3819.30	68154.30
35379.20	29895.40	29291.40	230.60	17.60	907.30	116.10	2432.30
444847.40	367177.60	356374.80	1803.60	1803.60	12084.00	1281.10	12334.70
24053.80	19299.60	18663.00	93.60	63.20	893.70	841.80	1877.20
4046731.70	3201435.00	3145188.00	10141.50	10141.50	38967.50	3679.80	8370.30
309133.90	231600.00	231065.90	917.10	844.10	305.90	-228.20	5718.80
4751.60	4285.40	4285.40	107.20	107.20			
509565.90	521014.40	493105.60	3169.20	3148.80	5438.50	1470.80	1433.50
514154.60	386288.50	377986.70	1007.30	1007.30	17868.30	17868.30	24967.30
79773.20	77355.80	77355.80	587.50	587.50	283.40	283.40	3709.80

11-10 大中型工业企业

指　　标	管理费用	税金	财务费用	利息收入	利息支出
总　计	**1729549.00**	**60863.00**	**554366.60**	**81895.90**	**644351.20**
煤炭开采和洗选业	566866.50	16983.90	135071.10	7040.80	141507.20
黑色金属矿采选业	1402.30	71.20	39.40		39.40
农副食品加工业	4338.40	66.80	215.70	301.20	338.90
食品制造业	6321.50	146.20	2547.60	7.30	2547.90
酒、饮料和精制茶制造业	5135.80	498.60	107.20	46.60	135.00
烟草制品业	25089.00	794.00	-2245.40	2249.20	
纺织服装、服饰业	1176.80		-2.50	3.20	
造纸和纸制品业	378.20	58.00	558.50		558.50
印刷和记录媒介复制业	4343.30	219.50	1941.20	57.80	1920.00
石油加工、炼焦和核燃料加工业	36970.40	1991.70	68772.20	1212.30	61072.20
化学原料和化学制品制造业	42231.00	1302.30	13551.50	1657.70	12373.70
医药制造业	1158.40	30.00	993.80	200.70	1162.80
橡胶和塑料制品业	5881.50	543.10	11082.90	553.80	11114.50
非金属矿物制品业	25786.70	574.30	5494.40	279.60	5405.10
黑色金属冶炼和压延加工业	487833.50	22796.60	164376.00	55049.30	239181.50
有色金属冶炼和压延加工业	3609.00	211.50	4215.70	48.20	4250.40
金属制品业	124517.30	1991.10	19745.90	2687.00	21475.30
通用设备制造业	23128.40	611.80	974.60	328.00	1249.30
专用设备制造业	115735.10	551.00	39259.60	646.30	36543.20
汽车制造业	14945.80	881.50	2846.50	144.70	2683.50
铁路、船舶、航空航天和其他运输设备制造业	38590.00	635.30	6494.80	459.60	6874.40
电气机械和器材制造业	6638.80	187.50	275.70	50.90	310.80
计算机、通信和其他电子设备制造业	117704.30	6130.70	5164.90	6443.40	18739.30
仪器仪表制造业	17653.80	97.00	-511.50	954.80	366.90
金属制品、机械和设备修理业	210.20	0.30	-3.00	3.30	0.30
电力、热力生产和供应业	19888.80	2173.20	54010.80	412.70	54193.80
燃气生产和供应业	18577.70	670.60	17659.20	786.00	18306.80
水的生产和供应业	13436.50	645.30	1729.80	271.50	2000.50

主要经济指标(四)

单位：万元

营业利润	资产减值损失	公允价值变动收益	投资收益	营业外收入	补贴收入	营业外支出	利润总额
-17193.20	**134241.30**	**-304043.40**	**-504999.00**	**260953.80**	**94664.30**	**161147.60**	**82596.10**
-265856.30	18679.20	10.70	4056.00	121687.70	13765.50	14521.50	-158690.10
406.00				110.00		49.20	466.80
-371.50				2266.20		9.10	1885.60
8766.00	-12.80			1553.10		486.90	9832.20
2527.70				342.20	141.10	44.30	2825.60
70632.70				136.40		658.10	70111.00
-1085.70				1153.30	204.90	61.90	5.60
5.60				90.10	27.00		78.90
-885.40			-41.00	2271.50	2200.00	144.90	1241.20
-39925.50	41937.90	-62000.00	4.00	605.90	1.80	10580.10	-49899.70
-37004.20	7619.10	-8364.00	150.00	20237.90	9744.60	29622.20	-46388.50
123.40						114.90	8.50
19519.30				382.00	31.10	26.50	19874.80
-6937.70	321.70	-6000.00	75.00	3032.90		1533.60	-5438.40
57681.90	43275.90		-3912.00	16870.40	8499.40	13851.70	60700.60
-623.50		-23000.00		143.50		20.00	-500.00
14405.80	-515.30	-7053.30	2532.00	28611.10	22612.10	5798.90	37218.00
-1886.00	58.90		-167.00	2930.60	2397.80	247.20	797.40
39641.10	17443.70		132.00	9640.80	6410.30	3585.50	45696.40
-12702.10	2004.50		200.00	6149.40	7777.00	96.50	-6649.20
29968.80	1345.40		784.00	933.20	164.20	457.50	30444.50
-2181.50	-1229.00		-2.00	210.50	155.00	36.50	-2007.50
35920.20	77.00	-197636.80	-514750.00	19469.90	1723.50	852.40	54537.70
56139.60	4.40		2083.00	222.50		26215.30	30146.80
151.90						0.50	151.40
-53317.00	3230.70		6.00	19780.00	17309.00	13783.50	-47320.50
84989.10			2385.00			37827.60	47161.50
-15295.90			1467.00	2122.70	1500.00	521.30	-13694.50

11–10 大中型工业企业

指　　标	应交所得税	亏损企业亏损总额	利税总额	应交税金及附加	本年应付职工薪酬
总　计	**85211.50**	**457124.20**	**989276.10**	**1052754.50**	**2705096.20**
煤炭开采和洗选业	16236.20	167554.30	150981.40	342891.60	1157754.30
黑色金属矿采选业	108.30		4081.50	3794.20	1164.50
农副食品加工业	357.50		5512.40	4051.10	5072.10
食品制造业	1882.80		14620.70	6817.50	6237.00
酒、饮料和精制茶制造业		267.50	10666.90	8339.90	11866.60
烟草制品业	17527.70		294214.40	242425.10	35214.40
纺织服装、服饰业	0.50		279.20	274.10	1065.20
造纸和纸制品业			971.70	950.80	769.60
印刷和记录媒介复制业	354.80	173.20	2321.40	1654.50	8415.70
石油加工、炼焦和核燃料加工业	2124.00	78271.10	–17177.50	36837.90	47350.60
化学原料和化学制品制造业	3833.20	57975.20	–34223.20	17300.80	46293.40
医药制造业	2.10		630.10	653.70	1906.90
橡胶和塑料制品业	501.20		20816.40	1985.90	11557.40
非金属矿物制品业	913.20	14112.70	3283.20	10209.10	25698.80
黑色金属冶炼和压延加工业	7331.00	49031.10	190907.40	160334.40	472245.30
有色金属冶炼和压延加工业		2928.70	2749.00	3460.50	6712.00
金属制品业	4670.20	226.80	51242.40	20685.70	139580.00
通用设备制造业	245.70	1694.80	8892.90	8953.00	21966.60
专用设备制造业	6633.40	207.10	76806.90	38294.90	105371.00
汽车制造业	95.70	7171.70	–5823.80	1802.60	9031.20
铁路、船舶、航空航天和其他运输设备制造业	4367.80		46060.20	20618.80	49846.60
电气机械和器材制造业	15.00	2067.60	–1465.20	744.80	5419.90
计算机、通信和其他电子设备制造业	7602.40	10787.10	110713.70	69909.10	392194.50
仪器仪表制造业	1550.00		32524.60	4024.80	21687.20
金属制品、机械和设备修理业	43.40		997.90	890.20	3049.90
电力、热力生产和供应业		50960.80	–25704.10	23789.60	81317.50
燃气生产和供应业	8815.40		53461.30	15785.80	22773.90
水的生产和供应业		13694.50	–9065.70	5274.10	13534.10

主要经济指标（五）

单位：万元

本年应交增值税	总资产贡献率（%）	资产负债率（%）	流动资产周转率（次/年）	成本费用利润率（%）	产品销售率（%）	从业人员平均人数
610458.30	**4.07**	**71.23**	**2.01**	**0.26**	**97.24**	**311742.00**
254185.10	4.62	76.65	2.53	-2.89	98.28	99866.00
1671.10	23.86	121.33	1.61	3.36	100.00	280.00
3275.00	5.55	53.80	1.67	2.96	99.75	1558.00
4353.40	11.47	64.58	1.70	13.60	93.88	2115.00
4214.30	15.31	56.77	3.71	2.98	96.78	1828.00
48426.00	101.62	11.50	2.03	42.71	99.47	1042.00
238.10	3.28	38.12	0.73	0.12	122.14	365.00
774.10	10.14	66.51	6.59	0.47	85.58	325.00
568.20	5.20	64.55	1.13	2.80	90.22	2203.00
28743.50	1.21	79.97	0.79	-3.78	84.29	10665.00
7077.00	-1.54	67.96	1.10	-5.88	98.68	11178.00
546.70	4.62	97.62	1.03	0.03	111.41	527.00
106.70	8.28	68.54	2.07	5.78	85.74	2556.00
7521.90	2.25	54.55	1.16	-2.30	97.73	4724.00
111826.60	3.04	67.66	4.15	0.43	99.03	33255.00
852.00	6.38	97.01	6.46	-0.18	98.80	1460.00
11319.00	4.08	57.59	1.48	2.68	97.55	23141.00
6929.40	2.67	77.17	0.66	0.45	97.49	6269.00
26959.10	2.95	71.74	0.61	2.78	95.47	17614.00
594.80	-2.52	85.49	0.68	-13.27	102.54	1616.00
13812.10	7.87	70.63	1.14	7.17	96.13	6556.00
448.70	-1.02	67.14	0.32	-7.15	86.95	1497.00
46034.50	4.45	67.56	2.20	1.64	98.13	65400.00
1460.70	7.65	47.03	1.08	11.85	99.95	2083.00
739.30	58.51	55.55	2.80	3.37	100.00	798.00
18447.20	2.32	109.41	1.23	-7.94	100.00	7877.00
5292.50	5.43	81.80	1.72	10.54	96.95	2121.00
4041.30	-1.90	40.58	0.74	-14.23	99.96	2823.00

11-11 民用汽车拥有量

单位：辆

指 标	2013	2012	比2012年增长（%）
总 计	**912372**	**808252**	**12.9**
一、汽车	895044	788379	13.5
#载客汽车	794820	688631	15.4
载货汽车	93878	92917	1.0
其他汽车	6346	6831	-7.1
#个人汽车	756516	649216	16.5
二、电车	193	171	12.9
三、摩托车	356	3243	-89.0
四、拖拉机	9256	8899	4.0
五、挂车	7295	7354	-0.8
六、其他类型	228	206	10.7

11-12 公路运输线路长度

单位：公里

指 标	2013	2012
公路线路里程	**7316.47**	**7009.47**
#等级公路	7188.93	6881.94
#晴雨通车里程	7242.81	6935.82
#高速公路	288.31	289.68
小 店 区	952.44	942.33
迎 泽 区	156.62	148.57
杏花岭区	274.42	269.21
尖草坪区	645.77	631.72
万柏林区	506.23	483.99
晋 源 区	550.95	441.70
清 徐 县	1315.34	1309.77
阳 曲 县	1197.16	1108.89
娄 烦 县	727.99	685.92
古 交 市	989.55	987.36
每百平方公里平均里程	**105.34**	**100.31**

11-13 旅客运输量及周转量

指 标	2013	比2012年增长（%）
旅客发送量总计（万人）	**5530.44**	**3.2**
铁 路	2523.08	-0.5
公 路	2227	4.0
民 航	780.36	14.5
旅客周转量总计（百万人公里）	**12278.56**	**-0.5**
铁 路	6345.66	-5.2
公 路	5932.90	5.0

11-14　货物运输量及周转量

指　　标	2013	比2012年增长（%）
货物运输量总计（万吨）	**15342.45**	**7.9**
铁　路	4239.01	-7.5
公　路	11099	15.2
民　航	4.44	5.0
货物周转量总计（百万吨公里）	**42328.05**	**-1.2**
铁　路	29231.52	-7.2
公　路	13096.53	15.2

11-15　公路通车里程

指　　标	单　位	2013	比2012年增长（%、百分点）
公路通车里程	**公里**	**7316.47**	**4.4**
按隶属关系分			
国道	公里	385.39	6.8
省道	公里	467.02	-1.0
县公路	公里	1022.38	2.1
乡公路	公里	1772.82	0.4
村道	公里	3637.80	7.6
专用公路	公里	31.06	
按等级分			
等级里程	公里	7188.93	4.5
高速	公里	288.31	-0.5
一级	公里	213.58	15.0
二级	公里	920.84	-0.3
三级	公里	1232.57	2.3
四级	公里	4533.64	6.0
等外里程	公里	127.64	0.1
等级公路占总里程比重	%	99.3	1.1
按铺装质量分			
有铺装路面里程	公里	5640.19	6.8
占总里程比重	%	77.1	1.7
简易铺装路面里程	公里	762.17	-1.9
占总里程比重	%	10.4	-0.7
未铺装路面里程	公里	914.11	-3.7
占总里程比重	%	12.5	-1.0
百平方公里公路网密度	**公里**	**105.34**	**5.0**

11-16 公路绿化里程

指　标	单　位	2013	比2012年增长（%、百分点）
公路绿化里程	**公里**	**2235.98**	**1.3**
国道	公里	298.30	10.2
省道	公里	357.45	-1.5
县公路	公里	661.40	-1.3
乡公路	公里	661.21	0.3
村道	公里	228.48	5.7
专用公路	公里	29.15	
公路绿化率	**%**	**30.6**	**-0.9**
国道	%	77.4	2.4
省道	%	76.5	-0.4
县公路	%	64.7	-2.3
乡公路	%	37.3	
村道	%	6.3	-0.1
专用公路	%	93.9	

11-17 乡镇、村通公路、通油路情况

指　标	单　位	数　量
乡镇总数	个	52
通油路乡镇数	个	52
乡镇通油路率	%	100.0
行政村总数	个	951
通公路行政村数	个	951
行政村通公路率	%	100.0
通油路行政村数	个	949
行政村通油路率	%	99.8

11-18 全社会公路分货类运输量

单位：万吨

指　　标	2013	2012
总　计	**11099.00**	**9637.00**
煤炭及制品	4412.96	3928.04
石油天然气及制品	105.44	81.91
金属矿石	52.17	45.29
钢铁	438.41	380.66
矿建材料	1111.01	955.03
水泥	1590.49	1371.35
木材	92.12	79.99
非金属矿石	34.41	20.24
化肥及农药	51.06	34.69
盐	54.39	37.58
粮食	135.41	107.93
机械、设备、电器	318.54	276.58
化工原料及制品	98.78	76.13
有色金属	16.65	14.46
轻工、医药产品	69.92	51.08
农林牧渔业产品	324.09	281.40
其他	2193.15	1894.63

11-19 铁路线路长度

线路名称	起始地点	营业里程（公里）	延展里程（公里）
太原铁路局		**2761.98**	**7515.87**
京包线	郭磊庄	155.50	435.70
太焦线	修文	190.80	243.97
南同蒲线	榆次	478.72	1274.43
侯西线	侯马	76.11	131.82
侯月线	侯马北	151.26	430.94
北同蒲线	大同	335.48	1142.52
京原线	灵丘	184.70	277.13
石太线	赛鱼	123.94	535.40
口泉支线	平旺	9.73	100.93
宁岢支线	宁武	95.37	163.02
忻河线	忻州	39.96	57.90
兰村支线	汾河	12.66	17.06
太岚支线	太北一场	55.36	113.46
西山支线	太北四场	23.60	92.64
介西支线	介休	46.91	116.71
二峰山支线	翼城东	4.23	7.49
礼垣支线	礼元	44.28	52.53
大秦线	韩家岭	652.00	1819.50

11-20 邮电局(所)邮电线路及通信工具拥有量

指　标	单　位	2013	2012	比2012年增长%
邮电局所总数(包括代办点)	个	1297	1220	6.3
设在农村	个	658	659	-0.2
邮路总条数	条	115	110	4.5
邮路总长度	公里	71045	68606	3.6
汽车邮路	公里	18813	18704	0.6
铁路邮路	公里	8179	8025	1.9
航空邮路	公里	44000	41518	6.0
已通电话的行政村	个	933	945	-1.3
局用电话交换机容量	门	1129529	1311819	-13.9
接入网交换机容量	门	146078	179470	-18.6
软交换接入设备容量	门	547329	395881	38.3

11-21 邮电业务量

指　标	单　位	2013	2012	比2012年增长%
邮电业务总量	**万元**	**796122**	**772207**	**3.1**
函件	万件	14651.87	14490.97	1.1
包裹	万件	225.78	266.7	-15.3
特快专递	万件	1239.2	1164.2	6.4
汇票	万笔	116.97	143.8	-18.7
订销报纸	万份	9189.84	8460.5	8.6
订销杂志	万份	655.89	674.9	-2.8
长途电话通话时长	万分钟	210542	232598	-9.5
固定电话用户	户	1233262	1397534	-11.8
# 住宅电话	户	592419	815587	-27.4
无线市话	户	28587	78329	-63.5
公用电话	部	182699	177610	2.9
#IC 电话	部	13257	13319	-0.5
移动电话用户	户	7262221	7180036	1.1

第12篇

国内外贸易和旅游

资料整理、审核

师　超　　李红令　　马　娜　　陶姝钰

12-1 社会消费品零售总额

单位：万元

指　　标	2013	2012	比 2012 年增长%
社会消费品零售总额	**12814593.6**	**11295106.8**	**13.5**
一、按销售地区分			
城镇	12555288.9	11088765.5	13.2
乡村	259304.7	206341.3	25.7
二、按行业分			
批发、零售贸易业	12034093.4	10404903.5	15.7
住宿和餐饮业	780500.2	890203.3	-12.3

12-2 限额以上连锁零售餐饮业经营情况

指　　标	单位	总计		
			直营店	加盟店
门店总数	个	1966	790	1176
营业面积	平方米	1023684	927659	96025
从业人员	人	33619	26544	7075
销售额	万元	2463907	2307051	156856
# 零售额	万元	2423018	2266522	156496
比 2012 年增长速度				
门店总数	%	3.9	3.0	4.4
营业面积	%	2.3	0.8	19.7
从业人员	%	-1.7	-3.2	4.5
销售额	%	15.9	15.9	14.8
# 零售额	%	18.9	19.2	14.9

12-3 限额以上批发和零售业法人商品购进、销售、库存总额

单位：万元

指标	法人企业数（个）	从业人员期末人（人）	商品购进额		商品销售额				期末商品库存额
				#进口		批发额	#出口	零售额	
总计	**610**	**69321**	**40461715.6**	**3563194.7**	**43228840.3**	**36003057.8**	**420908.3**	**7225782.5**	**2151766.3**
一、批发业	**262**	**24665**	**34198619.8**	**3399823.4**	**35801965.7**	**35656882.1**	**420908.3**	**145083.6**	**1233501.1**
1.按批发行业小类分									
农、林、牧产品批发	4	290	19526.2		20972.4	19817.1		1155.3	5961.2
谷物、豆及薯类批发	4	290	19526.2		20972.4	19817.1		1155.3	5961.2
食品、饮料及烟草制品批发	26	4443	925509.8		1099044.8	1071221.2		27823.6	83064
米、面制品及食用油批发	3	392	76553.3		76668.1	68509.2		8158.9	7344.2
糕点、糖果及糖批发	1	5	3367.9		3358.1	3358.1			602.2
果品、蔬菜批发	1	534	167139.2		166303.9	166302.5		1.4	11204
肉、禽、蛋、奶及水产品批发	3	761	30753.2		36736.8	27338.7		9398.1	1085.8
盐及调味品批发	4	766	53401.3		69988.4	69498.1		490.3	9841.7
营养和保健品批发	1	25	6870.7		7222.7	7222.7			223.5
酒、饮料及茶叶批发	10	934	128746.1		126079.8	116304.9		9774.9	23306.5
烟草制品批发	1	782	430291.7		582148.6	582148.6			28593.5
其他食品批发	2	244	28386.4		30538.4	30538.4			862.6
纺织、服装及家庭用品批发	21	3037	381582		409948.3	383178.5	1094.2	26769.8	73252.3
服装批发	7	1701	85861.2		104841.4	104841.4			41862.5
鞋帽批发	2	109	26352.7		29506.4	28397.1		1109.3	2448.4
厨房、卫生间用具及日用杂货批发	2	42	2688.5		3530.5	3285.2	1094.2	245.3	367.9
家用电器批发	8	1062	227481		232271.6	206856.4		25415.2	27582.8
其他家庭用品批发	2	123	39198.6		39798.4	39798.4			990.7
文化、体育用品及器材批发	6	818	484631		473314.3	470789.1	18156.3	2525.2	53816.8
文具用品批发	1	91	176066.9		177621.8	177621.8			11204.3
体育用品及器材批发	1	45			18156.3	18156.3	18156.3		0.1
图书批发	2	612	231400.7		201318	199638		1680	38396.3
首饰、工艺品及收藏品批发	2	70	77163.4		76218.2	75373		845.2	4216.1
医药及医疗器材批发	29	2839	952693.1		1010467	1005432.5		5034.5	75356.8
西药批发	13	1838	634485.5		661141.9	661141.9			51144.2
中药批发	12	605	176091.9		185207.5	184191.3		1016.2	15574.2
医疗用品及器材批发	4	396	142115.7		164117.6	160099.3		4018.3	8638.4
矿产品、建材及化工产品批发	133	11204	26637922.9	3113720.7	27863255.7	27791867.3	51485.4	71388.4	856755.5
煤炭及制品批发	45	8383	14802743.5	109289	15569159.3	15552729.9	6611	16429.4	442419.5
石油及制品批发	9	671	640543.1		638127.8	628307.6		9820.2	178315.2
非金属矿及制品批发	2	38	23332.4	3296.4	29464.8	29464.8	22601.3		4747.1
金属及金属矿批发	55	1382	9914711.7	2996925.8	10347422.6	10302283.8	15022.6	45138.8	136262.1
建材批发	14	414	774887.5	4200.4	789346.4	789346.4	4154.8		30928.1

12-3 续表1

单位：万元

指标	法人企业数(个)	年末从业人员数(人)	商品购进额	#进口	商品销售额	批发额	#出口	零售额	期末商品库存额
化肥批发	3	216	378490.6		384480	384480			59529
其他化工产品批发	5	100	103214.1	9.1	105254.8	105254.8	3095.7		4554.5
机械设备、五金产品及电子产品批发	30	1413	4169586.4	1030.2	4203756.6	4193369.8	3593.2	10386.8	25431.8
农业机械批发	2	130	21802.7		21124.9	15260		5864.9	677.8
汽车批发	1	22	6086.1		6314.6	6101.6		213	479.6
五金产品批发	3	88	16541.8		17921.5	17910.1		11.4	1827.3
电气设备批发	1	37	7985.9		8486.7	8486.7			135.4
计算机、软件及辅助设备批发	4	66	22342.1		22984.4	20786.5		2197.9	1355
其他机械设备及电子产品批发	19	1070	4094827.8	1030.2	4126924.5	4124824.9	3593.2	2099.6	20956.7
贸易经纪与代理	1	114	316396.8	285072.5	401947	401947	346579.2		14079.2
贸易代理	1	114	316396.8	285072.5	401947	401947	346579.2		14079.2
其他批发业	12	507	310771.6		319259.6	319259.6			45783.5
再生物资回收与批发	3	127	21144.6		23817.4	23817.4			1253.5
其他未列明批发业	9	380	289627		295442.2	295442.2			44530
2.按登记注册类型分									
内资企业	259	23251	34107188.7	3399823.4	35704870.4	35559786.8	420908.3	145083.6	1222571.8
国有企业	17	2505	5361677	2918495.1	5520658.7	5497957.6	4489.9	22701.1	105212.2
集体企业	4	252	135082.2		141832.6	141579.7		252.9	9494.7
有限责任公司	69	12739	21867234.2	106344.9	22977073.1	22934912.4		42160.7	433430.7
国有独资公司	16	6033	8252302	106344.9	8927183.7	8916136.1		11047.6	175622.4
其他有限责任公司	53	6706	13614932.2		14049889.4	14018776.3		31113.1	257808.3
股份有限公司	6	788	2667847		2747508.6	2747508.6			310752.8
私营企业	163	6967	4075348.3	374983.4	4317797.4	4237828.5	416418.4	79968.9	363681.4
私营有限责任公司	159	6412	3891613.1	374983.4	4146939.6	4072639.9	416418.4	74299.7	323711.1
私营股份有限公司	4	555	183735.2		170857.8	165188.6		5669.2	39970.3
港、澳、台商投资企业	2	1127	82138.3		86193.4	86193.4			10832.6
与港澳台商合资经营企业	1	289	60099.3		60099.3	60099.3			0.1
港澳台商独资企业	1	838	22039		26094.1	26094.1			10832.5
外商投资企业	1	287	9292.8		10901.9	10901.9			96.7
中外合资经营企业	1	287	9292.8		10901.9	10901.9			96.7
3.按控股情况分									
国有控股	71	12928	28921234.1	3024840	30224961.3	30186651.7	4489.9	38309.6	803975.3
集体控股	6	334	295494.8		303220	302967.1		252.9	11801.7
私人控股	167	7695	4330687.5	374983.4	4588621.4	4507634.9	416418.4	80986.5	380189.5
港澳台商控股	2	1127	82138.3		86193.4	86193.4			10832.6
其他	16	2581	569065.1		598969.6	573435		25534.6	26702

12-3 续表 2

单位：万元

指　　标	法人企业数（个）	年末从业人员数（人）	商品购进额	#进口	商品销售额	批发额	#出口	零售额	期末商品库存额
4.按经营形式分									
独立门店	165	15660	19708629.6	3028823.4	20293013.4	20187408.4	37040.3	105605	662006.8
其他	97	9005	14489990.2	371000	15508952.3	15469473.7	383868	39478.6	571494.3
5.按单位规模分									
大型	16	10403	10716751.7	239.3	11226070.9	11210461	4489.9	15609.9	223396.1
中型	131	12239	12313461.8	399537.9	12961272.6	12836482.7	375501.3	124789.9	916112.7
小型	86	1851	3254588.9	81790.4	3627195.2	3622799.2	40917.1	4396	66672.4
微型	29	172	7913817.4	2918255.8	7987427	7987139.2		287.8	27319.9
二、零售业	**348**	**44656**	**6263095.8**	**163371.3**	**7426874.6**	**346175.7**		**7080698.9**	**918265.2**
1.按零售行业小类分									
综合零售	27	16965	1161608.9		1444526.7			1444526.7	266031
百货零售	15	2856	452369.6		573819.8			573819.8	204164.6
超级市场零售	9	12408	525599		683553.4			683553.4	56743.8
其他综合零售	3	1701	183640.3		187153.5			187153.5	5122.6
食品、饮料及烟草制品专门零售	37	1959	128657.2	2010.6	155505	32814.4		122690.6	20323.3
粮油零售	7	121	8612.8		9098	1804.3		7293.7	1069.4
糕点、面包零售	1	681	15246.5		21648.4			21648.4	888.4
果品、蔬菜零售	5	375	23591.9		30154.3	8154.7		21999.6	527.1
酒、饮料及茶叶零售	18	505	49041.6		55638.8	14951.6		40687.2	11762.2
烟草制品零售	2	93	11274.2		15081.6			15081.6	2437.4
其他食品零售	4	184	20890.2	2010.6	23883.9	7903.8		15980.1	3638.8
纺织、服装及日用品专门零售	39	4002	412267.9		413217.4	21270.2		391947.2	89158.8
纺织品及针织品零售	1	50	500		530.1			530.1	3
服装零售	33	3232	387784.1		391718	21259.7		370458.3	83960.8
鞋帽零售	1	380	36		26.8	10.5		16.3	9.6
化妆品及卫生用品零售	2	87	5929.1		6741.4			6741.4	547.1
钟表、眼镜零售	2	253	18018.7		14201.1			14201.1	4638.3
文化、体育用品及器材专门零售	20	1603	178686.7		189219	48408.2		140810.8	40463.5
文具用品零售	1	19	1858.1		1906.5			1906.5	372.2
体育用品及器材零售	1	16			4484.6			4484.6	220
图书、报刊零售	7	581	28998.4		28398.5	7619.7		20778.8	7175.3
珠宝首饰零售	6	905	138239.8		144728.1	40110.9		104617.2	30346.9
工艺美术品及收藏品零售	1	5	694.2		698.6			698.6	114.8
乐器零售	1	35	2776.1		2869.3	1		2868.3	1490.1
照相器材零售	2	35	5175.1		5181			5181	481.7
其他文化用品零售	1	7	945		952.4	676.6		275.8	262.5

12-3 续表 3

单位：万元

指标	法人企业数(个)	年末从业人员数(人)	商品购进额	#进口	商品销售额	批发额	#出口	零售额	期末商品库存额
医药及医疗器材专门零售	17	4361	109254.3	4.6	529198.4	114033.5		415164.9	53392.1
药品零售	16	4340	108295.8	4.6	528136.2	114033.5		414102.7	52814.1
医疗用品及器材零售	1	21	958.5		1062.2			1062.2	578
汽车、摩托车、燃料及零配件专门零售	168	12463	3830411.1	161356.1	4210440.2	98902.1		4111538.1	367420.3
汽车零售	125	9234	3054589.4	157813.6	3130684.3	52334.3		3078350	339702.1
汽车零配件零售	3	81	3551.7		7501.7	3944.5		3557.2	247.9
机动车燃料零售	40	3148	772270	3542.5	1072254.2	42623.3		1029630.9	27470.3
家用电器及电子产品专门零售	28	2872	403833.4		441502.3	28875.6		412626.7	75631.4
家用视听设备零售	1	23	1444.9		1568.3			1568.3	227.4
日用家电设备零售	9	2382	289462.5		313084.5	2682.3		310402.2	71993.4
计算机、软件及辅助设备零售	8	202	48229.1		58503.9	19498.7		39005.2	2106.1
通信设备零售	8	224	49885.4		53571.4	6694.6		46876.8	725.7
其他电子产品零售	2	41	14811.5		14774.2			14774.2	578.8
五金、家具及室内装饰材料专门零售	7	161	13691.8		17179.2			17179.2	4419.6
五金零售	1	15	1078.9		1161.5			1161.5	54.2
家具零售	2	55	223.2		4758.6			4758.6	1266.7
陶瓷、石材装饰材料零售	2	67	5640.3		6499.3			6499.3	236.8
其他室内装饰材料零售	2	24	6749.4		4759.8			4759.8	2861.9
货摊、无店铺及其他零售业	5	270	24684.5		26086.4	1871.7		24214.7	1425.2
互联网零售	2	192	21122.2		20955.1	20		20935.1	167.1
其他未列明零售业	3	78	3562.3		5131.3	1851.7		3279.6	1258.1
2.按登记注册类型分									
内资企业	337	42376	5996280.3	104427.4	7127878.2	335476.3		6792401.9	871851.3
国有企业	16	854	57936.7		60440.6	7589.7		52850.9	6614.7
集体企业	11	603	101026.7		111912.2	2003.3		109908.4	12214.6
联营企业	1	19	720		720			720	13
国有联营企业	1	19	720		720			720	13
有限责任公司	38	6081	744879.2		1224073.9	154580.1		1069493.8	289956.8
国有独资公司	2	125	13275.5		14268.5			14268.5	4669.8
其他有限责任公司	36	5956	731603.7		1209805.4	154580.1		1055225.3	285287
股份有限公司	4	1906	605453	3542.5	870456.4	34147.5		836308.8	19329.3
私营企业	264	32805	4485756.7	100884.9	4859474.4	136919.1		4722555.3	543631.4
私营独资企业	6	156	8347.1		9008.6	210		8798.6	755.9
私营有限责任公司	253	21330	3880384.8	100884.9	4130702.1	115434.3		4015267.8	493965.3
私营股份有限公司	5	11319	597024.8		719763.7	21274.8		698488.9	48910.2
其他企业	3	108	508		800.7	236		564.7	91.5

12-3 续表 4

指　　标	法人企业数（个）	年末从业人员数（人）	商品购进额	#进口	商品销售额	批发额	#出口	零售额	期末商品库存额
港、澳、台商投资企业	9	1347	241650.8	58943.9	270361.6	10699.4		259662.2	40901.1
与港澳台商合资经营企业	3	521	94026.2		92404.5	8524.8		83879.7	33681.1
港澳台商独资企业	5	662	147624.6	58943.9	162502.2	2174.6		160327.6	7196.7
港澳台商投资股份有限公司	1	164			15454.9			15454.9	23.3
外商投资企业	2	933	25164.7		28634.8			28634.8	5512.8
中外合资经营企业	1	445	15429.9		18882.8			18882.8	2488
外资企业	1	488	9734.8		9752			9752	3024.8
3.按控股情况分									
国有控股	34	6269	920790.4	3542.5	1631115.5	176823.5		1454292	252434.3
集体控股	18	2002	223368.8		266668.6	4527.4		262141.2	28818.8
私人控股	268	32952	4493829.3	100884.9	4868192.1	136919.1		4731273	548825.8
港澳台商控股	7	918	157091.1	58943.9	181012.6	10699.4		170313.2	31970.2
外商控股	3	1277	101744.7		109377			109377	6740.2
其他	18	1238	366271.5		370508.8	17206.3		353302.5	49475.9
4.按经营形式分									
独立门店	308	24360	4313122.3	159828.8	5063588	302254.8		4761333.2	718731.3
连锁总店	18	8077	1345021.4		1348913.2	38083.7		1310829.5	135170.2
连锁门店	6	11001	454149.1		576808.1			576808.1	44976.8
其他	16	1218	150803	3542.5	437565.3	5837.2		431728.1	19386.9
5.按单位规模分									
大型	21	23159	3084300.4	3542.5	4013701	200222.8		3813478.2	453651
中型	122	17133	2445350.9	141827.2	2627738.9	64611.7		2563127.2	343450.9
小型	162	4040	664169.5	17999.3	690311.7	73217.4		617094.3	112267.3
微型	43	324	69275	2.3	95123	8123.8		86999.2	8896
6.按零售业态分									
有店铺零售	346	44464	6241973.6	163371.3	7405919.5	346155.7		7059763.8	918098.1
便利店	4	1734	184406		187918.2			187918.2	5130.6
超市	8	218	14377.7	2010.6	13990	120		13870	2790.1
大型超市	8	12843	534455.1		692488.8			692488.8	59577
百货店	23	3150	482490.3		627287.6	4751		622536.6	214984.5
专业店	149	14911	2438028.9	18929.1	3163053.1	205373.8		2957679.3	306825
专卖店	132	9902	2333032	142431.6	2448805.7	127880.8		2320924.9	308353.4
家居建材商店	3	77	7720.2		8743.3			8743.3	945
购物中心	6	1251	223989.2		221103.5			221103.5	13141.1
厂家直销中心	13	378	23474.2		42529.3	8030.1		34499.2	6351.4
无店铺零售	2	192	21122.2		20955.1	20		20935.1	167.1
网上商店	2	192	21122.2		20955.1	20		20935.1	167.1

12-4 限额以上住宿业和餐饮业经营情况

单位：万元

指　　标	法人企业数（个）	从业人员期末人数（人）	营业额					客房收入	餐费收入
				客房收入	餐费收入	商品销售收入	其他收入		
总　计	**232**	**38778**	**493309.2**	**130911.4**	**340870.6**	**3830.5**	**17696.7**	**17687**	**30278**
一、住宿业	**87**	**11934**	**140544.5**	**77759.7**	**49067.2**	**1178.6**	**12539**	**11885**	**20356**
1.按住宿业行业小类分									
旅游饭店	50	9290	111174.6	56450.7	42830.3	1028.2	10865.4	8043	13318
一般旅馆	34	2354	26998.7	19867.6	6231.3	96.6	803.2	3654	6676
其他住宿业	3	290	2371.2	1441.4	5.6	53.8	870.4	188	362
2.按登记注册类型分									
内资企业	86	11606	135771.7	75477.5	46776.7	1178.6	12338.9	11684	20036
国有企业	22	4524	46778.8	22676.9	20718.2	178.7	3205	3513	6027
集体企业	5	511	3488.4	2134.6	1137.8	12	204	594	1157
有限责任公司	11	1525	24640.1	14279.3	7128	416.3	2816.5	1658	3002
国有独资公司	1	76	1826.6	1208.8	515.4		102.4	192	345
其他有限责任公司	10	1449	22813.5	13070.5	6612.6	416.3	2714.1	1466	2657
股份有限公司	1	41	522.5	338.8			183.7	32	64
私营企业	47	5005	60341.9	36047.9	17792.7	571.6	5929.7	5887	9786
私营独资企业	1	35	235.8	234.7	1.1			102	204
私营有限责任公司	44	4755	55342.4	34141.2	14965.9	305.6	5929.7	5535	9099
私营股份有限公司	2	215	4763.7	1672	2825.7	266		250	483
港、澳、台商投资企业	1	328	4772.8	2282.2	2290.5		200.1	201	320
与港澳台商合资经营企业	1	328	4772.8	2282.2	2290.5		200.1	201	320
二、餐饮业									
1.按控股情况分									
国有控股	29	5564	65053.9	33264.5	25811.8	190.9	5786.7	4743	8148
集体控股	5	511	3488.4	2134.6	1137.8	12	204	594	1157
私人控股	49	5174	61778.1	37251.9	18024.9	571.6	5929.7	6029	10154

12-4 续表 1

单位：万元

指标	法人企业数（个）	年末从业人员数（人）	营业额					客房收入	餐费收入
				客房收入	餐费收入	商品销售收入	其他收入		
港澳台商控股	1	328	4772.8	2282.2	2290.5		200.1	201	320
其他	3	357	5451.3	2826.5	1802.2	404.1	418.5	318	577
2.按经营形式分									
独立门店	86	11834	139392.6	76840	48835	1178.6	12539	11767	20036
连锁门店	1	100	1151.9	919.7	232.2			118	320
3.按单位规模分									
大型	1	824	12807.9	6983.4	5746.3		78.2	291	470
中型	21	5807	76014.9	35839	31519.6	565.1	8091.2	4366	7178
小型	65	5303	51721.7	34937.3	11801.3	613.5	4369.6	7228	12708
4.按星级分									
五星	3	1701	23541.6	12222.7	10705.4		613.5	840	1377
四星	12	2417	31130.2	14851.4	12432.5	390.6	3455.7	1929	3366
三星	24	4119	42188.1	21851.9	15391.2	593.8	4351.2	4123	7130
二星	5	230	2478.9	2065.3	401.6	12		382	834
其他	43	3467	41205.7	26768.4	10136.5	182.2	4118.6	4611	7649
三、餐饮业	**145**	**26844**	**352764.7**	**53151.7**	**291803.4**	**2651.9**	**5157.7**	**5802**	**9922**
1.按餐饮业行业小类分									
正餐服务	141	20208	265665.9	53151.7	204704.6	2651.9	5157.7	5802	9922
快餐服务	4	6636	87098.8		87098.8				
2.按登记注册类型分									
内资企业	139	20095	267344.6	52952.9	206582.1	2651.9	5157.7	5663	9668
国有企业	8	1271	8646.9	2176	5327.9	317.1	825.9	575	1124
股份合作企业	1	50	519.5	254.9	264.6			20	45
有限责任公司	18	3933	61501.6	19980.1	38817.2	504.5	2199.8	1461	2274
国有独资公司	1	305	4826.9	2469.8	2302		55.1	294	562
其他有限责任公司	17	3628	56674.7	17510.3	36515.2	504.5	2144.7	1167	1712

12-4 续表 2

单位：万元

指　　标	法人企业数（个）	年末从业人员数（人）	营业额					客房收入	餐费收入
				客房收入	餐费收入	商品销售收入	其他收入		
私营企业	111	14810	196489	30466.8	162059.9	1830.3	2132	3575	6163
私营独资企业	10	580	9318.8	192.8	9121.1	4	0.9	77	154
私营有限责任公司	99	13662	176307.5	29506.2	143586.5	1114.2	2100.6	3333	5731
私营股份有限公司	2	568	10862.7	767.8	9352.3	712.1	30.5	165	278
其他企业	1	31	187.6	75.1	112.5			32	62
港、澳、台商投资企业	2	117	1523.5	103.8	1419.7			79	134
港澳台商独资企业	2	117	1523.5	103.8	1419.7			79	134
外商投资企业	4	6632	83896.6	95	83801.6			60	120
中外合资经营企业	1	80	3905.5		3905.5				
中外合作经营企业	1	160	1597.1	95	1502.1			60	120
外资企业	2	6392	78394		78394				
3.按控股情况分									
国有控股	14	3259	37733.6	16709	18237.2	317.1	2470.3	1621	2772
私人控股	119	16216	220595.9	35549.3	180238.1	2334.8	2473.7	3948	6713
港澳台商控股	3	277	3120.6	198.8	2921.8			139	254
外商控股	3	6472	82299.5		82299.5				
其他	6	620	9015.1	694.6	8106.8		213.7	94	183
4.按经营形式分									
独立门店	136	16986	255335.8	52854.9	194696.3	2638.4	5146.2	5742	9814
连锁总店	4	8652	88513.6	296.8	88191.8	13.5	11.5	60	108
连锁门店	3	1113	8044.5		8044.5				
其他	2	93	870.8		870.8				
5.按单位规模分									
大型	3	9174	97955.2	9371	87721.7		862.5	401	525
中型	30	9293	158208.7	30088.3	124158.2	2019.4	1942.8	2670	4221
小型	103	8097	89315.9	13692.4	72638.6	632.5	2352.4	2731	5176
微型	9	280	7284.9		7284.9				

12-5 限额以上批发和

指标	法人企业数(个)	执行《2006年企业会计准则》企业数(个)	年初存货	流动资产合计	应收帐款
总 计	**610**	**558**	**1665633.6**	**14005274.1**	**2828210.8**
一、批发业	**262**	**239**	**1123805.3**	**10771965.3**	**2448583.4**
1.按批发行业小类分					
农、林、牧产品批发	4	3	11454.4	14876.9	2227.7
谷物、豆及薯类批发	4	3	11454.4	14876.9	2227.7
食品、饮料及烟草制品批发	26	23	72718.1	347207.5	69660.6
米、面制品及食用油批发	3	3	11024.7	16687.6	36.5
糕点、糖果及糖批发	1	1	493.4	-339.7	-992.7
果品、蔬菜批发	1	1	11591.3	97862.9	54417
肉、禽、蛋、奶及水产品批发	3	2	1477.8	6344.5	307.8
盐及调味品批发	4	4	1756.2	43207.4	4035.4
营养和保健品批发	1	1	118.2	1304	755.7
酒、饮料及茶叶批发	10	9	21086.1	44160.7	7899.3
烟草制品批发	1		24374.6	133113.6	
其他食品批发	2	2	795.8	4866.5	3201.6
纺织、服装及家庭用品批发	21	20	61151.4	234287.7	87449.3
服装批发	7	7	23674.3	137640.5	58113.6
鞋帽批发	2	2	3378.8	24576.1	19281.5
厨房、卫生间用具及日用杂货批发	2	2	826.9	2061.8	477.7
家用电器批发	8	7	30513.5	64942.1	7625.7
其他家庭用品批发	2	2	2757.9	5067.2	1950.8
文化、体育用品及器材批发	6	5	34010.3	396713.6	76829.6
文具用品批发	1	1	9058.8	75978.2	34569.7
体育用品及器材批发	1	1	0.1	23633.5	15044.9
图书批发	2	2	21875.2	286671.7	21913.5
首饰、工艺品及收藏品批发	2	1	3076.2	10430.2	5301.5
其他文化用品批发					
医药及医疗器材批发	29	26	61290	455152.8	181228.2
西药批发	13	11	39975.2	280975	90709.8
中药批发	12	12	10280.4	115460.3	56044.5
医疗用品及器材批发	4	3	11034.4	58717.5	34473.9
矿产品、建材及化工产品批发	133	121	779091.1	8694193.3	1729496.6
煤炭及制品批发	45	40	355616.1	6394549.8	1250653.5
石油及制品批发	9	9	166855.7	374932.1	126851.6
非金属矿及制品批发	2	2	6513.9	26379.6	3919.5
金属及金属矿批发	55	50	171890.6	1477170.6	294282.6
建材批发	14	13	47924.9	283376.8	46523.4
化肥批发	3	2	25756.4	117350.2	3931.6
其他化工产品批发	5	5	4533.5	20434.2	3334.4
机械设备、五金产品及电子产品批发	30	28	35279.5	410337.5	291096
农业机械批发	2	1	548.5	4530.6	2815.7
汽车批发	1	1	605.2	4487.3	2258.3
五金产品批发	3	3	1241	11358.3	7499.6
电气设备批发	1	1	26.9		
计算机、软件及辅助设备批发	4	4	971.8	5874.6	1967.9

零售业法人企业财务状况(一)

单位：万元

存货	固定资产合计	固定资产原价	累计折旧	#本年折旧	在建工程	资产总计
1870180.9	**1088592.3**	**1553651.6**	**466355.6**	**74969.3**	**811748.5**	**18820620.4**
1077023.9	**639734.8**	**915701.6**	**276701.4**	**47022.5**	**742333.1**	**14524005.8**
7853.6	9128.5	14469.7	5408.9	155.4	110.1	28691.7
7853.6	9128.5	14469.7	5408.9	155.4	110.1	28691.7
80564.9	81346.3	115545.1	34198.9	6278.4	7765.5	470129
10156.9	5824.7	11021	5196.3	169.9	5874.3	35347.1
602.2	1.5	6.9	5.4	0.6		-338.2
13146.2	29165.7	32283.8	3118.1	1338.4	35	135483.4
1227.4	349.2	540	190.8	94.5		9958.4
6305	6907.8	12837.5	5929.7	757.2	96	60168.7
188.4	53.5	214	160.5			1357.5
22955.5	5730.3	10142.3	4412	717.5		50885.6
25120.7	33097.8	47927.4	14829.7	3163.1	661.2	171025.7
862.6	215.8	572.2	356.4	37.2	1099	6240.8
74307.1	5816	9710.5	4176.4	983.4	199.1	267099.6
41420.3	4328.2	6929.7	2665.4	573.4	63.9	168778.7
2242.1	403.4	509.8	189.2	46.6		24979.6
367.9	220.9	370.1	149.2	15.7		2382
29360.1	504.2	1391.9	887.7	202.2		65532.8
916.7	359.3	509	284.9	145.5	135.2	5426.5
34244.6	18055.6	24626.5	6570.9	1050.6	1416.8	432101.2
11204.3	1436.3	2246.9	810.6	136	138.3	78002.2
0.1	647.8	861.3	213.5	44.2	163.6	27907.7
19436.7	15822.8	21102.5	5279.7	746.9	1114.9	315606.5
3603.5	148.7	415.8	267.1	123.5		10584.8
72819.5	17645.2	23919.7	6274.5	2979.4	8368.8	495519.6
48475.2	12320.3	15986.5	3666.2	1947.7	216	297740.1
15754.1	4692.5	6865.7	2173.2	712.4	8152.8	138239.6
8590.2	632.4	1067.5	435.1	319.3		59539.9
724414.4	475156.8	678002.3	203080.4	31544.4	722336.4	12121431.2
335407.4	360254	468614.9	108554.3	25951.7	621911.9	9144257.5
178586.1	78859.6	152147.5	73287.9	2037.5	97009.4	662144.6
4781.2	126.2	356.6	230.4	102.4		27291.1
132647.9	13912.6	25455.7	11563.5	1696.4	16.6	1819285.5
34197.8	12834.1	19635.5	6822.5	1250.3	21.2	305536.9
34239.7	8004.7	10035.8	2031.1	392.3	116.2	130960.7
4554.3	1165.6	1756.3	590.7	113.8	3261.1	31954.9
28539.5	11908.6	19699.2	7790.6	2601.9	1696.4	453397.9
677.8	4555.1	6180.5	1625.4	44.7		9085.7
479.6	8.3	8.3				4495.6
2300.7	127.2	406	278.8	73.6		11533.9
	18.5	45.6	27.1	8		684.2
1232.6	38.2	1259.1	1220.9	12.7		5915.7

12-5 续表 1-1

指　标	法人企业数（个）	执行《2006年企业会计准则》企业数（个）	年初存货	流动资产合计	应收帐款
其他机械设备及电子产品批发	19	18	31886.1	384086.7	276554.5
贸易经纪与代理	1	1	33248	140764.3	
贸易代理	1	1	33248	140764.3	
其他批发业	12	12	35562.5	78431.7	10595.4
再生物资回收与批发	3	3	136.4	6144	2200.3
其他未列明批发业	9	9	35426.1	72287.7	8395.1
2.按登记注册类型分					
内资企业	259	236	1114752.8	10724268.9	2438056.3
国有企业	17	13	111433.7	775141.2	114422.1
集体企业	4	4	1115.3	43302.4	13133.6
有限责任公司	69	65	347723.7	4820462.8	1594199.6
国有独资公司	16	15	64506.1	2122357.1	496521.7
其他有限责任公司	53	50	283217.6	2698105.7	1097677.9
股份有限公司	6	6	275566.7	2523341.6	268905.3
私营企业	163	148	378913.4	2562020.9	447395.7
私营有限责任公司	159	146	365889.9	2434001.2	401923.7
私营股份有限公司	4	2	13023.5	128019.7	45472
港、澳、台商投资企业	2	2	9000.2	46933.4	10481.8
与港澳台商合资经营企业	1	1	0.1	25635.3	2024.2
港澳台商独资企业	1	1	9000.1	21298.1	8457.6
外商投资企业	1	1	52.3	763	45.3
中外合资经营企业	1	1	52.3	763	45.3
3.按控股情况分					
国有控股	71	64	677948.5	7563224.7	1811443.1
集体控股	6	6	1719.7	276358.3	40007.7
私人控股	167	152	400337.7	2692649.1	518998.6
港澳台商控股	2	2	9000.2	46933.4	10481.8
其他	16	15	34799.2	192799.8	67652.2
4.按经营形式分					
独立门店	165	146	542536.4	4929378.1	1441120.4
其他	97	93	581268.9	5842587.2	1007463
5.按单位规模分					
大型	16	14	198574.1	2683698.6	568787.7
中型	131	119	810818.6	6978528	1470390.2
小型	86	77	69270.9	465199.9	165434.8
微型	29	29	45141.7	644538.8	243970.7
二、零售业	**348**	**319**	**541828.3**	**3233308.8**	**379627.4**
1.按零售行业小类分					
综合零售	27	24	58907.2	717248.4	12812.9
百货零售	15	13	7236.6	370328.3	2431.2
超级市场零售	9	8	48705.4	305933.7	10027.8
其他综合零售	3	3	2965.2	40986.4	353.9
食品、饮料及烟草制品专门零售	37	34	21125.6	64412.2	10376.9
粮油零售	7	6	4746	10475.1	1221.4
糕点、面包零售	1	1	1180	12515.3	884.3

单位：万元

存货	固定资产合计	固定资产原价	累计折旧	# 本年折旧	在建工程	资产总计
23848.8	7161.3	11799.7	4638.4	2462.9	1696.4	421682.8
14079.2	12531.3	17174.3	4643	536.9		166291.4
14079.2	12531.3	17174.3	4643	536.9		166291.4
40201.1	8146.5	12554.3	4557.8	892.1	440	89344.2
1246	1502.2	1833.4	331.2	85.3		8823.6
38955.1	6644.3	10720.9	4226.6	806.8	440	80520.6
1065442	638375.9	913094.9	275453.6	46531.6	742333.1	14474905.2
104025.9	57454.2	88797.4	31427.6	3883.1	6800.5	941413.2
4926	7863.5	14039.1	6175.6	767.9	96	68988.4
308388.2	432940.1	557679.9	124889.8	33072.7	622323.5	6619976.2
88546.9	351463.4	441696.1	90382.7	24666	621373.3	3462776.7
219841.3	81476.7	115983.8	34507.1	8406.7	950.2	3157199.5
310426.5	71127.5	139773.8	68646.3	1022.5	96757.9	3650386.5
337675.4	68990.6	112804.7	44314.3	7785.4	16355.2	3194140.9
323622	63017	102536	40019.2	7419.7	16355.2	3009597.8
14053.4	5973.6	10268.7	4295.1	365.7		184543.1
11496.1	1035.2	2143.3	1108.1	406		48013.9
	76.9	174.3	97.4	97.4		25712.2
11496.1	958.3	1969	1010.7	308.6		22301.7
85.8	323.7	463.4	139.7	84.9		1086.7
85.8	323.7	463.4	139.7	84.9		1086.7
673871	518699.8	732565.9	214100.5	33947.5	725733.9	10351185.1
7233	8205.2	14917	6711.8	787.9	96	519734.9
355912.6	98554.6	145804.4	47750	9205.4	16390.2	3362882.2
11496.1	1035.2	2143.3	1108.1	406		48013.9
28511.2	13240	20271	7031	2675.7	113	242189.7
596311.9	465384.2	615230.9	150409.6	34697.4	609186.8	6710235.7
480712	174350.6	300470.7	126291.8	12325.1	133146.3	7813770.1
215377.3	424738	536957.1	112219.2	30072.4	621036.4	4144528.8
759939	185434.3	328588.4	143393.3	14417.4	111519.1	9167723.8
68693.6	26795.9	45335.6	18841.6	2450.1	9584.2	530124.6
33014	2766.6	4820.5	2247.3	82.6	193.4	681628.6
793157	**448857.5**	**637950**	**189654.2**	**27946.8**	**69415.4**	**4296614.6**
68529.7	111675	160845.5	49238.1	5550.4	5174.6	1226434
7318.3	39574	50914.7	11340.7	2169	3139.1	715015
56088.8	53765.2	87042.8	33345.2	2271.5	1789.5	441209.2
5122.6	18335.8	22888	4552.2	1109.9	246	70209.8
24154.6	33289.3	46192.7	13111.1	1114.2	30355.8	132894
6724.3	3221.5	3721.1	707.3	87.1	156.4	13885.7
1135.7	2004.5	3222.5	1218		25299.9	47945.8

12-5 续表 1-2

指　　标	法人企业数（个）	执行《2006年企业会计准则》企业数（个）	年初存货	流动资产合计	应收帐款
果品、蔬菜零售	5	5	343.3	3364	2563.3
酒、饮料及茶叶零售	18	16	10023.3	24133.4	4759.2
烟草制品零售	2	2	1548.5	5886.5	45.5
其他食品零售	4	4	3284.5	8037.9	903.2
纺织、服装及日用品专门零售	39	37	47674.9	186318.3	22803.9
纺织品及针织品零售	1	1		1112	1112
服装零售	33	31	37732.2	175608	20166.1
鞋帽零售	1	1	0.3	1037.2	
化妆品及卫生用品零售	2	2	315.3	1361.8	45
钟表、眼镜零售	2	2	9627.1	7199.3	1480.8
文化、体育用品及器材专门零售	20	18	27150.9	54047.7	5115.4
文具用品零售	1	1	454.3	1010.5	247
体育用品及器材零售	1	1	220	264	2.3
图书、报刊零售	7	7	3595.2	11675.8	1773.5
珠宝首饰零售	6	4	20692.4	37209.1	2489.1
工艺美术品及收藏品零售	1	1	119.2	145.8	10.4
乐器零售	1	1	1299.1	2311.3	281.4
照相器材零售	2	2	508.2	987.5	298.8
其他文化用品零售	1	1	262.5	443.7	12.9
医药及医疗器材专门零售	17	15	43158.1	277962.6	120389
药品零售	16	15	42815.6	277054.8	120097.9
医疗用品及器材零售	1		342.5	907.8	291.1
汽车、摩托车、燃料及零配件专门零售	168	156	320683.1	1758473.6	179742.8
汽车零售	125	118	279871.9	896934.2	70051.3
汽车零配件零售	3	3	3398	7207.9	1722.8
机动车燃料零售	40	35	37413.2	854331.5	107968.7
家用电器及电子产品专门零售	28	25	19604.2	161558.9	24242.9
家用视听设备零售	1		218.7	274.3	
日用家电设备零售	9	9	16244.3	132633.1	15152.8
计算机、软件及辅助设备零售	8	7	1683.9	16449.9	5048.7
通信设备零售	8	8	949.6	8807.6	5144.5
其他电子产品零售	2	1	507.7	3394	-1103.1
五金、家具及室内装饰材料专门零售	7	6	1652.2	7489.8	3538.6
五金零售	1		49.7	701.4	492.6
家具零售	2	2	789.3	1519.1	133.9
陶瓷、石材装饰材料零售	2	2	139.9	2376.8	775
其他室内装饰材料零售	2	2	673.3	2892.5	2137.1
货摊、无店铺及其他零售业	5	4	1872.1	5797.3	605
互联网零售	2	2	314.7	3672.2	119.2
其他未列明零售业	3	2	1557.4	2125.1	485.8
2.按登记注册类型分					
内资企业	337	308	502391.6	3141884.3	371569.7
国有企业	16	15	8334.7	28393.2	2943.5
集体企业	11	11	10765.3	21748.5	2100.2
联营企业	1	1	26	208	20
国有联营企业	1	1	26	208	20

单位：万元

存货	固定资产合计	固定资产原价	累计折旧	# 本年折旧	在建工程	资产总计
242.6	19348.9	20050.7	701.8	289.9	4230.9	23056.3
11084.6	7286.2	15517.1	8230.9	491.8	468.6	32268.3
2216.4	286.3	725.8	439.5	68.6		6173.1
2751	1141.9	2955.5	1813.6	176.8	200	9564.8
45019.7	77514.3	103679.4	26165.1	4835.6	10955.1	293402.1
	8306.1	8654.1	348	312.2		9438.1
39888.8	63072.8	88240.9	25168.1	4416.1	9001.6	263741.2
7.6	5408.7	5804.5	395.8	47.2	1953.5	9732.4
485	280.9	318.8	37.9	32.7		2067.7
4638.3	445.8	661.1	215.3	27.4		8422.7
30889.8	17418.4	27209.3	9790.9	1439.5	2890.4	87762.1
318.1	10.2	26.3	16.1	3.3		1020.7
220						264
4285.6	4879.8	9197.7	4317.9	160.4	30	18525.9
23696.3	12510.3	17764.9	5254.6	1256.9	2860.4	63972.8
114.8	6	23.6	17.6	1.6		151.8
1490.1	11.2	22.7	11.5	3.3		2394.8
502.4	0.9	174.1	173.2	14		988.4
262.5						443.7
47834.9	8074.4	11725.6	3651.2	1662.8	1272.2	309210.2
47256.9	8068.2	11713.5	3645.3	1660.3	1272.2	308287.9
578	6.2	12.1	5.9	2.5		922.3
552909.9	167696.7	247915.9	80505.6	12247.2	18345	2025713.1
298135.6	111665.9	156931.8	45327.1	11060.9	16910.7	1080535.6
3464.5	123.4	545.6	422.2	66.5	5.3	10185.1
251309.8	55907.4	90438.5	34756.3	1119.8	1429	934992.4
19119.8	31890.5	38395.3	6504.8	931	330	203672.6
194.3	0.1	0.3	0.2	0.1		274.4
15944.6	30529.7	35772.9	5243.2	147.4	330	172519.5
1700.7	1014.5	1947.1	932.6	708.1		17947.7
751.3	315.1	546.9	231.8	75.4		9505.9
528.9	31.1	128.1	97			3425.1
2302.1	226.5	633.2	406.7	78.6		7726.9
54.2		1.4	1.4			701.4
1102.9	46	177	131	4.8		1565.1
460.4	33.2	73.1	39.9	16.7		2420.6
684.6	147.3	381.7	234.4	57.1		3039.8
2396.5	1072.4	1353.1	280.7	87.5	92.3	9799.6
1201.3	508.1	585.4	77.3	15		5043.5
1195.2	564.3	767.7	203.4	72.5	92.3	4756.1
751031.5	404766.3	583335.1	179130.5	23040.6	69402.3	4144784.6
10088	7533.6	11699.2	4373.3	257.6	30	37576.2
10346.7	3855.5	13792.6	9937.1	596.9	200	26088.6
100	6.1	8.2	2.1			565
100	6.1	8.2	2.1			565

12-5 续表 1-3

指　标	法人企业数（个）	执行《2006 年企业会计准则》企业数（个）	年初存货	流动资产合计	应收帐款
有限责任公司	38	34	87613.9	467800.6	121084.7
国有独资公司	2	2	853.6	4139.4	169.9
其他有限责任公司	36	32	86760.3	463661.2	120914.8
股份有限公司	4	4	25475.3	811841.9	103201
私营企业	264	240	370129.9	1809278.6	140002.1
私营独资企业	6	6	242.2	1197.7	271.9
私营有限责任公司	253	230	330713.6	1515114.1	130725.4
私营股份有限公司	5	4	39174.1	292966.8	9004.8
其他企业	3	3	46.5	2613.5	2218.2
港、澳、台商投资企业	9	9	36499.5	81092.3	7913.5
与港澳台商合资经营企业	3	3	29393.3	45795.1	6634
港澳台商独资企业	5	5	7091.9	33521.6	1279.5
港澳台商投资股份有限公司	1	1	14.3	1775.6	
外商投资企业	2	2	2937.2	10332.2	144.2
中外合资经营企业	1	1	1757.5	4636.6	144
外资企业	1	1	1179.7	5695.6	0.2
3.按控股情况分					
国有控股	34	33	73046.3	1138622.3	220087.3
集体控股	18	16	26029.2	58931	5107.2
私人控股	268	244	376221	1814956.9	140272.9
港澳台商控股	7	7	26812.3	57109.9	5948.4
外商控股	3	3	4195.7	24786.2	655.6
其他	18	16	35523.8	138902.5	7556
4.按经营形式分					
独立门店	308	283	438623.3	1659318.1	241241.4
连锁总店	18	17	54743.4	506568.8	21014.8
连锁门店	6	6	33602.4	261476.4	9814.4
其他	16	13	14859.2	805945.5	107556.8
5.按单位规模分					
大型	21	21	194869.3	2045461.5	254064.4
中型	122	114	250523	834817.8	58734.9
小型	162	143	81097	316143.5	56785.9
微型	43	41	15339	36886	10042.2
6.按零售业态分					
有店铺零售	346	317	541513.6	3229636.6	379508.2
便利店	4	4	2965.2	41937.7	744.1
超市	8	7	422.3	3245.4	1965.2
大型超市	8	8	49782.7	310612.7	9466
百货店	23	18	12291.3	412961.5	3480.5
专业店	149	139	218432.6	1644023.4	291542.6
专卖店	132	120	241366.8	742229.1	60435.4
家居建材商店	3	3	754.5	4325.1	2065.2
购物中心	6	6	8091.1	42720.7	1246.7
厂家直销中心	13	12	7407.1	27581	8562.5
无店铺零售	2	2	314.7	3672.2	119.2
网上商店	2	2	314.7	3672.2	119.2

单位：万元

存货	固定资产合计	固定资产原价	累计折旧	# 本年折旧	在建工程	资产总计
83365.4	31122.8	55443.4	24320.6	3071.1	29689.1	564768.1
844.1	3511.9	5953.3	2441.4	204.4		7753
82521.3	27610.9	49490.1	21879.2	2866.7	29689.1	557015.1
243962.2	47509.9	70991.9	23482	613	839.5	859454.7
403085.9	310193.1	426691.5	116852.4	18483	34412.8	2648829.9
525.9	240.7	323.2	82.5	3		1482
355609.4	257206.3	352631.7	95779.4	17794.3	29917.4	2215134.2
46950.6	52746.1	73736.6	20990.5	685.7	4495.4	432213.7
83.3	4545.3	4708.3	163	19	4230.9	7502.1
36984.1	36812.2	44445.2	7633	3606.4		132763.4
30557	13834.5	17431.5	3597	1996.8		69494.7
6414.7	5912.9	8656.4	2743.5	1607.2		40652.8
12.4	17064.8	18357.3	1292.5	2.4		22615.9
5141.4	7279	10169.7	2890.7	1299.8	13.1	19066.6
2488	5024.5	7462.3	2437.8	1121.8	13.1	9689.4
2653.4	2254.5	2707.4	452.9	178		9377.2
296121.3	74401.9	116962.3	42768.1	2896.3	1213.3	1240447.7
27365.5	7616.9	20954.3	13337.4	803.6	25499.9	102007
408354	310500.5	427418	117271.5	18528	34412.8	2654817.6
28053.2	35535.3	41488.6	5953.3	2206.1		107504
6368.8	8555.9	13126.3	4570.4	2700.1	13.1	34797.6
26894.2	12247	18000.5	5753.5	812.7	8276.3	157040.7
460774.9	308969.3	440008.6	131601	22447.6	38799.2	2212587.9
62451	90355.4	122120.8	31765.4	3963.2	26320.2	886863.7
42583	39311.6	57870.5	18558.9	227.7	1699.3	375532.7
227348.1	10221.2	17950.1	7728.9	1308.3	2596.7	821630.3
421486.1	183881	259723	75842	8469.1	13417.3	2663231
270425	225844.5	317131.6	91292.7	15977.6	39730.4	1216482.5
89886.1	35241.2	54533.9	19848.8	3324.4	14890.8	367430.7
11359.8	3890.8	6561.5	2670.7	175.7	1376.9	49470.4
791955.7	448349.4	637364.6	189576.9	27931.8	69415.4	4291571.1
5175.3	18336.8	22891	4554.2	1109.9	246	71162.1
602.8	434.5	684.2	317.3	28.9	67.6	3700.9
58550.6	55871.6	89460.8	33589.2	2425.5	1721.9	449421.6
11712.3	64512.6	89053.2	24540.6	3607.3	3211.5	788893.1
429410.5	210114.3	278480.7	68574	8843.4	20234.5	1961143
262379.2	92681.6	144484.7	52089.5	9607.9	43223.3	921528.6
1065.7	178.3	425.1	246.8	73.3		4514
11565	2916.7	5968	3051.3	1983.4		56888.2
11494.3	3303	5916.9	2614	252.2	710.6	34319.6
1201.3	508.1	585.4	77.3	15		5043.5
1201.3	508.1	585.4	77.3	15		5043.5

12–5 限额以上批发和

指　　标	流动负债合计	#应付帐款	非流动负债合计	负债合计	所有者权益合计
总　计	**12576155**	**2987777.2**	**2258504.1**	**14808960.6**	**4011659.8**
一、批发业	**9346163.4**	**2435875.1**	**2028179.6**	**11373985.5**	**3150020.3**
1.按批发行业小类分					
农、林、牧产品批发	15143.6	2344.1	4141.7	19285.3	9406.4
谷物、豆及薯类批发	15143.6	2344.1	4141.7	19285.3	9406.4
食品、饮料及烟草制品批发	194796.5	74173.5	51452.1	246248.6	223880.4
米、面制品及食用油批发	17998.6	6067.1	10060.8	28059.4	7287.7
糕点、糖果及糖批发	-481.7	-481.7		-481.7	143.5
果品、蔬菜批发	83483.4	35185.5	36000	119483.4	16000
肉、禽、蛋、奶及水产品批发	7837.3	728.5		7837.3	2121.1
盐及调味品批发	30593	13803.3	872.5	31465.5	28703.2
营养和保健品批发	958.9	364.2	146	1104.9	252.6
酒、饮料及茶叶批发	44962.3	16161.6	567.8	45530.1	5355.5
烟草制品批发	9356	3797.6		9356	161669.7
其他食品批发	88.7	-1452.6	3805	3893.7	2347.1
纺织、服装及家庭用品批发	169222.3	59499.4	200	169422.3	97677.3
服装批发	65770	12313.6	200	65970	102808.7
鞋帽批发	20985.1	9759.1		20985.1	3994.5
厨房、卫生间用具及日用杂货批发	1635.4	1436.3		1635.4	746.6
家用电器批发	75838.4	32166.2		75838.4	-10305.6
其他家庭用品批发	4993.4	3824.2		4993.4	433.1
文化、体育用品及器材批发	375946.4	98372.6		375946.4	56154.8
文具用品批发	72967.1	11855.7		72967.1	5035.1
体育用品及器材批发	24879.3	18719.5		24879.3	3028.4
图书批发	268301.5	66520.5		268301.5	47305
首饰、工艺品及收藏品批发	9798.5	1276.9		9798.5	786.3
其他文化用品批发					
医药及医疗器材批发	400809.9	160053.1	9095.7	409905.6	85614
西药批发	247857.3	88030	1898	249755.3	47984.8
中药批发	103433.2	48909.7	7197.7	110630.9	27608.7
医疗用品及器材批发	49519.4	23113.4		49519.4	10020.5
矿产品、建材及化工产品批发	7636951.3	1671899.1	1932674.7	9569268.5	2552162.7
煤炭及制品批发	5591802.9	1220254.5	1567624.4	7159427.3	1984830.2
石油及制品批发	291340.9	215432.8	348053.7	639394.6	22750
非金属矿及制品批发	20624.5	-3623.9		20624.5	6666.6
金属及金属矿批发	1277704.4	209362.3	5435.1	1283139.5	536146
建材批发	327321.9	18378.5	380.2	327344.6	-21807.7
化肥批发	109218.6	9780.1	3058.2	112276.8	18683.9
其他化工产品批发	18938.1	2314.8	8123.1	27061.2	4893.7
机械设备、五金产品及电子产品批发	372413.3	296876	97	372510.3	80887.6
农业机械批发	6208.5	87.5	97	6305.5	2780.2
汽车批发	3957.7	2384.6		3957.7	537.9
五金产品批发	8477.4	7273.4		8477.4	3056.5
电气设备批发	438.5			438.5	245.7
计算机、软件及辅助设备批发	3729	1943.7		3729	2186.7

零售业法人企业财务状况(二)

单位：万元

实收资本	国家资本	集体资本	法人资本	个人资本	港澳台资本	外商资本
1842128.6	**621687.3**	**98828.7**	**706499.3**	**374470.8**	**31314.5**	**9328**
1312865.5	**502599.7**	**91947.6**	**496036.3**	**201239.4**	**21042.5**	
7559.1	7559.1					
7559.1	7559.1					
42482.8	8277.9	5000.9	8189.8	21014.2		
5886.1	5286.1		600			
50	50					
16000				16000		
1150			1150			
8650.9		5000.9	3000	650		
200			200			
7712	2941.8		456	4314.2		
1683.8			1683.8			
1150			1100	50		
48427.7			20840.7	6544.5	21042.5	
42226.5			18484	2700	21042.5	
2500			500	2000		
755				755		
2406.7			1356.7	1050		
539.5			500	39.5		
19220.4	13920.4		2100	3200		
660	660					
3000				3000		
15260.4	13260.4		2000			
300			100	200		
57070.9	4355	30	18978	33707.9		
25320.9		30	11088	14202.9		
23325	3550		4215	15560		
8425	805		3675	3945		
1063366.2	443259.6	86233.2	417167.8	116705.6		
640099.1	269566.8	12510	327031.3	30991		
23738.9	6628	195.9	12597.2	4317.8		
5000			4500	500		
347843.9	162064.8	70727.3	58030	57021.8		
27740	5000		6030	16710		
13629.3		2800	5179.3	5650		
5315			3800	1515		
58973.3	23834.5	138.8	27160	7840		
1329.5	990.7	138.8	200			
900			900			
2900			500	2400		
200			200			
2100			800	1300		

12-5 续表 2-1

指 标	流动负债合计	#应付帐款	非流动负债合计	负债合计	所有者权益合计
其他机械设备及电子产品批发	349602.2	285186.8		349602.2	72080.6
贸易经纪与代理	105044.1	51043.9	27798.5	132842.6	33448.8
贸易代理	105044.1	51043.9	27798.5	132842.6	33448.8
其他批发业	75836	21613.4	2719.9	78555.9	10788.3
再生物资回收与批发	5974.9	1155.3	447.4	6422.3	2401.3
其他未列明批发业	69861.1	20458.1	2272.5	72133.6	8387
2.按登记注册类型分					
内资企业	9319445.4	2415372.9	2028179.6	11347267.5	3127637.7
国有企业	586336.8	92030.6	18221.2	604558	336855.2
集体企业	38686.2	23469.1	1319.9	40006.1	28982.3
有限责任公司	4290787.8	1476030.1	949316.5	5240104.3	1379871.9
国有独资公司	1964840.6	502883.2	815024.9	2779865.5	682911.2
其他有限责任公司	2325947.2	973146.9	134291.6	2460238.8	696960.7
股份有限公司	2044960.3	371839.4	874093.5	2919053.8	731332.7
私营企业	2358674.3	452003.7	185228.5	2543545.3	650595.6
私营有限责任公司	2253088.4	423935.2	183511.5	2436242.4	573355.4
私营股份有限公司	105585.9	28068.5	1717	107302.9	77240.2
港、澳、台商投资企业	25861.8	20260.5		25861.8	22152.1
与港澳台商合资经营企业	25144	20089.7		25144	568.2
港澳台商独资企业	717.8	170.8		717.8	21583.9
外商投资企业	856.2	241.7		856.2	230.5
中外合资经营企业	856.2	241.7		856.2	230.5
3.按控股情况分					
国有控股	6464797.7	1834873.8	1803083.7	8267881.4	2083303.7
集体控股	211971.1	29785.6	1645.1	213616.2	306118.7
私人控股	2470339.5	492464.9	221228.5	2691210.5	671671.7
港澳台商控股	25861.8	20260.5		25861.8	22152.1
其他	173193.3	58490.3	2222.3	175415.6	66774.1
4.按经营形式分					
独立门店	4442824.1	1301827	843535.1	5286001.7	1424234
其他	4903339.3	1134048.1	1184644.5	6087983.8	1725786.3
5.按单位规模分					
大型	2233781.2	626644.5	883276.6	3117057.8	1027471
中型	6111214.3	1440102.3	1125444.9	7236659.2	1931064.6
小型	408197.1	121866	18815.8	426655.4	103469.2
微型	592970.8	247262.3	642.3	593613.1	88015.5
二、零售业	**3229991.6**	**551902.1**	**230324.5**	**3434975.1**	**861639.5**
1.按零售行业小类分					
综合零售	810373.1	174979.1	118292.8	927698.6	298735.4
百货零售	328501.7	108854.6	106078.9	434575.9	280439.1
超级市场零售	429034	47687.2	6132.2	434203.6	7005.6
其他综合零售	52837.4	18437.3	6081.7	58919.1	11290.7
食品、饮料及烟草制品专门零售	71927.8	14048.2	18796.9	90724.7	42169.3
粮油零售	10245.8	1421.7	214.5	10460.3	3425.4
糕点、面包零售	34265.3		11752.9	46018.2	1927.6

单位：万元

实收资本	国家资本	集体资本	法人资本	个人资本	港澳台资本	外商资本
51543.8	22843.8		24560	4140		
5000				5000		
5000				5000		
10765.1	1393.2	544.7	1600	7227.2		
1644.7		544.7	600	500		
9120.4	1393.2		1000	6727.2		
1291773	502599.7	91947.6	495986.3	201239.4		
171309.4	167486.8	138.8	3683.8			
8655.6		8655.6				
513411.3	133706	83123.2	264184.2	32397.9		
173734.2	88777.5		84956.7			
339677.1	44928.5	83123.2	179227.5	32397.9		
219151.9	201151.9		15200	2800		
379244.8	255	30	212918.3	166041.5		
356383.5	255	30	193393	162705.5		
22861.3			19525.3	3336		
21042.5					21042.5	
21042.5					21042.5	
50			50			
50			50			
780720.3	501544.7	12534.7	254378	12262.9		
81382.9		79382.9	2000			
402869.8	255	30	217108.3	185476.5		
21042.5					21042.5	
26850	800		22550	3500		
603098	259772.3	79797	128397.4	135131.3		
709767.5	242827.4	12150.6	367638.9	66108.1	21042.5	
318711	132336.5		161474.5	24900		
792658.4	306759.8	89392.9	267671.8	107791.4	21042.5	
92421.1	11303.4	544.7	33135	47438		
109075	52200	2010	33755	21110		
529263.1	**119087.6**	**6881.1**	**210463**	**173231.4**	**10272**	**9328**
56777.8	2840.1	883.2	29306.6	19436.4	13.5	4298
26816.4	1103.7	883.2	21138	1030	13.5	2648
24961.4	1736.4		5650	15925		1650
5000			2518.6	2481.4		
30436.5	5785.6	644.9	9859.6	13476.2	670.2	
1360.4	470.2		600	290.2		
1926.6			1926.6			

12-5 续表 2-2

指 标	流动负债合计	#应付帐款	非流动负债合计	负债合计	所有者权益合计
果品、蔬菜零售	1915.7	1325		1915.7	21140.6
酒、饮料及茶叶零售	22621.5	8836.6	6480.9	29102.4	3165.9
烟草制品零售	326.4	197.5		326.4	5846.7
其他食品零售	2553.1	2267.4	348.6	2901.7	6663.1
纺织、服装及日用品专门零售	246692.6	78963.7	40869.7	287562.3	5839.8
纺织品及针织品零售	7972	7972	2610.1	10582.1	-1144
服装零售	231223.7	70343.1	38079.5	269303.2	-5562
鞋帽零售	1955.8			1955.8	7776.6
化妆品及卫生用品零售	709.3	24	5.6	714.9	1352.8
钟表、眼镜零售	4831.8	624.6	174.5	5006.3	3416.4
文化、体育用品及器材专门零售	47918.8	12729.5	623.6	48542.4	39219.7
文具用品零售	502.9	76.5		502.9	517.8
体育用品及器材零售	164	164		164	100
图书、报刊零售	15063.5	4163		15063.5	3462.4
珠宝首饰零售	30131.6	7841.5	623.6	30755.2	33217.6
工艺美术品及收藏品零售	99.2	98.7		99.2	52.6
乐器零售	1432.4	201.9		1432.4	962.4
照相器材零售	152.5	141.4		152.5	835.9
其他文化用品零售	372.7	42.5		372.7	71
医药及医疗器材专门零售	186263.8	104291	17501.9	188771.8	120438.4
药品零售	185532.8	103827.7	17501.9	188040.8	120247.1
医疗用品及器材零售	731	463.3		731	191.3
汽车、摩托车、燃料及零配件专门零售	1690721.5	117713	33338.9	1714680.6	311032.5
汽车零售	849552.5	100138.7	32332.1	872504.8	208030.8
汽车零配件零售	7611.5	2176.4	2	7613.5	2571.6
机动车燃料零售	833557.5	15397.9	1004.8	834562.3	100430.1
家用电器及电子产品专门零售	163657.7	43710.8	900.7	164558.4	39114.2
家用视听设备零售	40.4	12.6	150	190.4	84
日用家电设备零售	144995.5	37498.8	720	145715.5	26804
计算机、软件及辅助设备零售	10349.2	4172.6		10349.2	7598.5
通信设备零售	7004.8	1274.4	30.7	7035.5	2470.4
其他电子产品零售	1267.8	752.4		1267.8	2157.3
五金、家具及室内装饰材料专门零售	4892.7	2684.7		4892.7	2834.2
五金零售	594.6	194.2		594.6	106.8
家具零售	474.4	344.5		474.4	1090.7
陶瓷、石材装饰材料零售	2045.9	512.1		2045.9	374.7
其他室内装饰材料零售	1777.8	1633.9		1777.8	1262
货摊、无店铺及其他零售业	7543.6	2782.1		7543.6	2256
互联网零售	3034.5	448.4		3034.5	2009
其他未列明零售业	4509.1	2333.7		4509.1	247
2.按登记注册类型分					
内资企业	3123025.4	525947	229134.7	3326819.1	817965.5
国有企业	27016.1	2904.8	404.3	27420.4	10155.8
集体企业	16068.1	12516.3	656.6	16724.7	9363.9
联营企业	210			210	355
国有联营企业	210			210	355

单位：万元

实收资本	国家资本	集体资本	法人资本	个人资本	港澳台资本	外商资本
12275	30	50	25	12170		
13619.6	5275.4		7158	516	670.2	
400.5		220.5		180		
854.4	10	374.4	150	320		
54412.1	100	1373	24409.8	22429.3	1100	5000
410		312		98		
51372.1	100	1061	23209.8	21901.3	100	5000
200			200			
1212.9				212.9	1000	
1217.1			1000	217.1		
16835.2	645.6	753.6	3745	10543.2	1147.8	
506				506		
100				100		
1214.8	645.6		559.2	10		
13314.4		753.6	3135.8	8277.2	1147.8	
50				50		
1000				1000		
600				600		
50			50			
113159.3	101673.3		6067.5	5418.5		
112959.3	101673.3		6067.5	5218.5		
200				200		
224071.1	7540	3226.4	130336.5	75597.7	7340.5	30
189951	1390	2926.9	109148.6	69115	7340.5	30
3200			100	3100		
30920.1	6150	299.5	21087.9	3382.7		
27723.4			3068	24655.4		
100			50	50		
17790.4			528	17262.4		
5877			700	5177		
1906			1750	156		
2050			40	2010		
2094.7			1220	874.7		
110			110			
610			110	500		
374.7				374.7		
1000			1000			
3753	503		2450	800		
2150			1650	500		
1603	503		800	300		
497845.8	119087.6	6881.1	204878.5	166935.1	33.5	30
2430.3	1736.2	69.9	624.2			
1834.7	10	1715.6	109.1			
299	299					
299	299					

12-5 续表 2-3

指 标	流动负债合计	#应付帐款	非流动负债合计	负债合计	所有者权益合计
有限责任公司	397362.5	148215.2	51406.9	439351.7	125416.4
国有独资公司	5079.8	1274.7	734.7	5814.5	1938.5
其他有限责任公司	392282.7	146940.5	50672.2	433537.2	123477.9
股份有限公司	774565.8	2567	136.9	774702.7	84752
私营企业	1907022	359043.1	176430	2067528.7	581301.2
私营独资企业	944.6	568.7		944.6	537.4
私营有限责任公司	1518576.2	337195.7	170806.4	1673459.3	541674.9
私营股份有限公司	387501.2	21278.7	5623.6	393124.8	39088.9
其他企业	780.9	700.6	100	880.9	6621.2
港、澳、台商投资企业	84661.9	19621.4	890.8	85552.7	47210.7
与港澳台商合资经营企业	37915.4	10555.2	2479.1	40394.5	29100.2
港澳台商独资企业	22544.4	6886	-1588.3	20956.1	19696.7
港澳台商投资股份有限公司	24202.1	2180.2		24202.1	-1586.2
外商投资企业	22304.3	6333.7	299	22603.3	-3536.7
中外合资经营企业	13246.4	2811.6		13246.4	-3557
外资企业	9057.9	3522.1	299	9356.9	20.3
3.按控股情况分					
国有控股	1010192.2	119232	10257.7	1020449.9	219997.8
集体控股	70885.1	24329.2	22260	83727.4	18279.6
私人控股	1913615.1	364977.7	176617	2074308.8	580508.8
港澳台商控股	64014.4	11527.3	2479.1	66493.5	41010.5
外商控股	33713.2	12974.1	-1289.3	32423.9	2373.7
其他	137571.6	18861.8	20000	157571.6	-530.9
4.按经营形式分					
独立门店	1605412.2	392505.6	171270.1	1766339.9	446248
连锁总店	464192.6	141131.5	58163.9	507362.6	379501.1
连锁门店	347911.3	12468.7	734.7	348646	26886.7
其他	812475.5	5796.3	155.8	812626.6	9003.7
5.按单位规模分					
大型	1964633.8	310559.8	100630.7	2065264.5	597966.5
中型	971637.7	157085.6	121854.1	1069080.2	147402.3
小型	262287.6	74430	7646.8	269005	98425.7
微型	31432.5	9826.7	192.9	31625.4	17845
6.按零售业态分					
有店铺零售	3226957.1	551453.7	230324.5	3431940.6	859630.5
便利店	53180.3	18520.1	6081.7	59262	11900.1
超市	1420.2	771.7	962.7	1420.3	2280.6
大型超市	437889.4	51149.9	5468.5	443357.9	6063.7
百货店	391483.8	120444.3	125989.9	517469	271424.1
专业店	1515014.8	215277.5	56584.9	1556615.8	404527.2
专卖店	722813.7	105260.6	31444.5	744868.4	176660.2
家居建材商店	3759.7	2105.6		3759.7	754.3
购物中心	73013	25689.3	3385.7	76398.7	-19510.5
厂家直销中心	28382.2	12234.7	406.6	28788.8	5530.8
无店铺零售	3034.5	448.4		3034.5	2009
网上商店	3034.5	448.4		3034.5	2009

单位：万元

实收资本						
	国家资本	集体资本	法人资本	个人资本	港澳台资本	外商资本
139160.9	111372.4	2068.6	18962.9	6757		
1836.4	1836.4					
137324.5	109536	2068.6	18962.9	6757		
5200	5000	200				
342741.9	640	2777	185093.3	154168.1	33.5	30
393.4				393.4		
331260.5	640	2523	177193.6	150840.4	33.5	30
11088		254	7899.7	2934.3		
6179	30	50	89	6010		
25769.3			4234.5	6296.3	10238.5	5000
17178.6			3734.5	6296.3	7147.8	
8090.7					3090.7	5000
500			500			
5648			1350			4298
3000			1350			1650
2648						2648
127490.7	118167.6	118.9	6950.2	2254		
6998.7	250	3335.2	2925.5	488		
343481.2	640	2777	185232.6	154768.1	33.5	30
20479.5			3944.7	6296.3	10238.5	
10648			1350			9298
20165	30	650	10060	9425		
459748.5	111221.8	6881.1	184277.9	148835.9	8501.8	30
53198.8	6020		16335.1	19875.5	1670.2	9298
7195.8	1795.8		4800	500	100	
9120	50		5050	4020		
245520.9	107020	1040.9	99156.1	33303.9		5000
173596.7	9348.1	4496.4	69615.2	76220.7	9588.3	4328
89813.1	2189.5	1010.5	31244.6	54684.8	683.7	
20332.4	530	333.3	10447.1	9022		
527113.1	119087.6	6881.1	208813	172731.4	10272	9328
5100	100		2518.6	2481.4		
1648.6	74.5	50	582	928.6	13.5	
26760.8	1736.4		5650	15076.4		4298
36632.7	1035.7	1053.7	26456	8087.3		
270958.8	109165.6	3679.4	98256.5	58087.1	1770.2	
165709.5	6265.4	1543.6	65739.9	83692.3	8468.3	
874.7			500	374.7		
15300			8000	2300		5000
4128	710	554.4	1110	1703.6	20	30
2150			1650	500		
2150			1650	500		

12-5 限额以上批发和

指　　标	营业收入	#主营业务收入	营业成本	#主营业务成本	营业税金及附加
总　计	**39863889.2**	**39619218.3**	**38376484.3**	**38253887.2**	**73359**
一、批发业	**33307708.2**	**33147608.7**	**32440790.8**	**32330718.6**	**50415.8**
1.按批发行业小类分					
农、林、牧产品批发	21000.6	20840.1	19717.2	19716.4	7.4
谷物、豆及薯类批发	21000.6	20840.1	19717.2	19716.4	7.4
食品、饮料及烟草制品批发	992236.9	990872.2	811011.5	810720.1	31306.2
米、面制品及食用油批发	68954.6	68887.6	67542.9	67536	43.9
糕点、糖果及糖批发	3358.1	3358.1	3258.3	3258.3	5.8
果品、蔬菜批发	165806.8	165806.8	159032.4	159032.4	33.9
肉、禽、蛋、奶及水产品批发	32463	32145.9	27128.1	27128.1	125.3
盐及调味品批发	68925.6	68543.4	52525.7	52447.8	208
营养和保健品批发	6368.7	6173.2	5996.9	5802.2	8.5
酒、饮料及茶叶批发	124271.7	124002.8	105965.6	105953.7	325.5
烟草制品批发	497696.8	497562.9	367706.4	367706.4	30516.9
其他食品批发	24391.6	24391.5	21855.2	21855.2	38.4
纺织、服装及家庭用品批发	385139.8	384347.6	344750.8	344144.5	916.3
服装批发	104400.4	104400.4	79377.4	79377.4	555.6
鞋帽批发	29506.4	29506.4	27317.7	27317.7	51.2
厨房、卫生间用具及日用杂货批发	3588.5	3539.3	3007.8	3007.8	12.1
家用电器批发	211695.1	210952.1	199686.4	199080.1	188.7
其他家庭用品批发	35949.4	35949.4	35361.5	35361.5	108.7
文化、体育用品及器材批发	441193.7	440193.7	420642.3	420142.3	481
文具用品批发	177621.8	177621.8	173043.2	173043.2	80.5
体育用品及器材批发	18156.3	18156.3	17408.9	17408.9	0.1
图书批发	179281.5	178281.5	165044.9	164544.9	329.4
首饰、工艺品及收藏品批发	66134.1	66134.1	65145.3	65145.3	71
其他文化用品批发					
医药及医疗器材批发	915461.7	912111.5	849817.9	849764.2	1226.7
西药批发	604721.5	602873	558794.9	558741.2	725.6
中药批发	166330.6	165619	153504.5	153504.5	275
医疗用品及器材批发	144409.6	143619.5	137518.5	137518.5	226.1
矿产品、建材及化工产品批发	26292914.7	26141477.7	25802404.9	25694332.4	14569.2
煤炭及制品批发	14746858	14683429.9	14362703.4	14344892.1	9061.7
石油及制品批发	557778.1	557305.7	527648.9	527290.7	1271.3
非金属矿及制品批发	28456.2	28456.2	23811.5	23811.5	113.3
金属及金属矿批发	9689398.9	9604424	9627865.5	9538907.8	3639.1
建材批发	798746.8	797260.9	797190.3	796548.9	263.4
化肥批发	379555.1	378480.7	373790.3	373486.4	197.8
其他化工产品批发	92121.6	92120.3	89395	89395	22.6
机械设备、五金产品及电子产品批发	3637188.4	3635852	3591797	3591254.5	1552
农业机械批发	20086.2	20086.2	19148.7	19148.7	26.2
汽车批发	6314.6	6314.6	6514.3	6514.3	0.6
五金产品批发	15791.4	15791.4	14863.1	14863.1	19.9
电气设备批发	7253.6	7253.6	6825.6	6825.6	7.6
计算机、软件及辅助设备批发	20300.8	20300.8	19670.3	19670.3	14.1

零售业法人企业财务状况(三)

单位：万元

主营业务税金及附加	其他业务利润	销售费用	管理费用	税金	财务费用	利息收入
70851.7	**298796.1**	**689147**	**402499.9**	**12392.7**	**211857**	**47052.1**
48532.8	**226658.9**	**342103.7**	**220616.5**	**9110.3**	**151637.5**	**43833**
7.4	2.3	1037.6	1869.9		218	85.3
7.4	2.3	1037.6	1869.9		218	85.3
31306.2	9392.7	40534.9	35725.6	729.5	3446.2	1714.8
43.9	39.5	894.5	1162.5	10.3	56.6	5.7
5.8		76.7			−0.1	
33.9	8046.1	8755.7	663.9		2898.2	
125.3	523.5	2981.3	1908	11.1	123.8	1.1
208	333.9	8131	4145.9	57.4	174.3	182.6
8.5		293.9	50.1			
325.5	315.8	12043.6	4678.6	117.8	1556.7	29.6
30516.9	133.9	5788.4	22411	523.4	−1490	1495.7
38.4		1569.8	705.6	9.5	126.7	0.1
914.8	2203.3	23601.6	9339.1	1007.6	873.6	155.4
555.6	789.8	8731.5	7625.6	889.3	590	−10.1
51.2	1312.7	1282.2	209	6.2	298.8	13.4
12.1		362.3	126.4		−0.1	0.4
187.2	100.8	12101.4	930.6	112.1	−94.9	151.7
108.7		1124.2	447.5		79.8	
481	82	4304.3	8963.2	469.9	732.6	887.6
80.5	82	1785.9	1113.2	32.2	39.3	597.7
0.1		99.3	410.8	15	545.5	
329.4		1785.7	7195.3	400	−171.6	281.6
71		633.4	243.9	22.7	319.4	8.3
1226.7	1549	26166	17278.6	1073.9	7023.7	170.9
725.6	1161.9	19801.3	10194.2	818.5	5510	90
275	385	3417.4	4979.4	221.8	1307.7	65.3
226.1	2.1	2947.3	2105	33.6	206	15.6
12689.2	212786.8	216866.5	122219.9	5445.3	134342.7	40543.8
7262.9	210501.1	157654.3	102657.2	3044.6	100812.9	32839.9
1271.3	739.1	19982.2	−6191.5	537.1	7656.8	6012.7
113.3	53	4031	583.3	8.4	415.9	11.2
3637	522.4	27000.9	16644.3	1450.6	17989.6	690.7
184.3	929.1	2726.1	5367.1	376.3	5345.3	535.7
197.8	42.1	3879.6	2573.2	6.6	1708.2	52.8
22.6		1592.4	586.3	21.7	414	400.8
1552	306.1	17114.5	19586.8	136	2165.6	159.2
26.2	282.4	1479	908.9	105.7	16	
0.6	1	31.7	62.3		92.2	
19.9		314.7	511.7	0.5	30.2	0.3
7.6		267.2	117.7	3	0.3	0.1
14.1	22.7	246.6	241.4	2.3	99.3	11.7

12-5 续表 3-1

指标	营业收入	#主营业务收入	营业成本	#主营业务成本	营业税金及附加
其他机械设备及电子产品批发	3567441.8	3566105.4	3524775	3524232.5	1483.6
贸易经纪与代理	344137.2	343904.2	336390.4	336390.4	213.1
贸易代理	344137.2	343904.2	336390.4	336390.4	213.1
其他批发业	278435.2	278009.7	264258.8	264253.8	143.9
再生物资回收与批发	21334.9	21132.1	19862.4	19857.8	21
其他未列明批发业	257100.3	256877.6	244396.4	244396	122.9
2.按登记注册类型分					
内资企业	33211503.5	33051721.1	32353720.4	32243648.2	50254.1
国有企业	5328891.7	5326108.2	5158989.1	5158881.6	31242.8
集体企业	141064.9	140329	133684.3	133422.8	95.7
有限责任公司	21044682.5	20900049.7	20549191.4	20440865.6	11174.3
国有独资公司	8082398.2	7953453	7806070.5	7702697.8	5840
其他有限责任公司	12962284.3	12946596.7	12743120.9	12738167.8	5334.3
股份有限公司	2696414.4	2689416.4	2652488.7	2651717.9	1731.3
私营企业	4000450	3995817.8	3859366.9	3858760.3	6010
私营有限责任公司	3832960.6	3828561	3710879.7	3710273.1	5570.4
私营股份有限公司	167489.4	167256.8	148487.2	148487.2	439.6
港、澳、台商投资企业	86569.7	86569.7	79127.8	79127.8	118.7
与港澳台商合资经营企业	60475.6	60475.6	57769.4	57769.4	0.1
港澳台商独资企业	26094.1	26094.1	21358.4	21358.4	118.6
外商投资企业	9635	9317.9	7942.6	7942.6	43
中外合资经营企业	9635	9317.9	7942.6	7942.6	43
3.按控股情况分					
国有控股	28097058	27945635.2	27447498.7	27339249.1	42967.3
集体控股	302452.3	301716.4	292365.9	292104.4	171
私人控股	4256410.9	4251364.8	4106874.8	4106268.2	6096.2
港澳台商控股	86569.7	86569.7	79127.8	79127.8	118.7
其他	565217.3	562322.6	514923.6	513969.1	1062.6
4.按经营形式分					
独立门店	18764152.3	18722910.9	18134730.8	18111194.3	41993.3
其他	14543555.9	14424697.8	14306060	14219524.3	8422.5
5.按单位规模分					
大型	10499162	10449434.7	10024451.9	10009122.1	37614
中型	12297292.6	12271793.2	11966290.3	11954134.5	10959.2
小型	3169829.8	3168241.5	3133423.1	3133109.4	1192.7
微型	7341423.8	7258139.3	7316625.5	7234352.6	649.9
二、零售业	**6556181**	**6471609.6**	**5935693.5**	**5923168.6**	**22943.2**
1.按零售行业小类分					
综合零售	1186992.9	1129012	1005947.4	1001112.6	8237.9
百货零售	477033.5	467662.3	391493.4	389467.6	5213.7
超级市场零售	537859.1	491605.9	454335.4	452049.4	2504.9
其他综合零售	172100.3	169743.8	160118.6	159595.6	519.3
食品、饮料及烟草制品专门零售	147457.6	147214.6	120051.2	119370.4	895.9
粮油零售	8773.2	8773.2	8404.6	8404.6	6.6
糕点、面包零售	17571	17541	11352.3	11352.3	7

单位：万元

主营业务税金及附加	其他业务利润	销售费用	管理费用	税金	财务费用	利息收入
1483.6		14775.3	17744.8	24.5	1927.6	147.1
213.1	92.4	2595	1917.1	137.1	1598.5	
213.1	92.4	2595	1917.1	137.1	1598.5	
142.4	244.3	9883.3	3716.3	111	1236.6	116
21		557.4	736.5		110.1	1.1
121.4	244.3	9325.9	2979.8	111	1126.5	114.9
48371.1	226341.8	336080.8	218637	8195.1	151834.9	43832.4
31242.8	543.2	27112.7	36014.9	689.3	-5289.3	1994.1
86.8	347.9	1091	4019.5	50	235.1	183.9
9554.3	218813.5	207907.9	126057.4	4867	87777.6	5374.9
4473.2	207539.7	108887.2	72738.1	3379.3	44864.3	3424.5
5081.1	11273.8	99020.7	53319.3	1487.7	42913.3	1950.4
1478.7		27279.8	3128.3	439.3	36406.3	34529.5
6008.5	6637.2	72689.4	49416.9	2149.5	32705.2	1750
5568.9	6343.7	67517.5	42829.7	2111.6	31572.6	1746.4
439.6	293.5	5171.9	6587.2	37.9	1132.6	3.6
118.7		5190.7	1179.5	915.2	-199.2	0.6
0.1		2240.4	52.8	52.7	-199	
118.6		2950.3	1126.7	862.5	-0.2	0.6
43	317.1	832.2	800		1.8	
43	317.1	832.2	800		1.8	
41096.2	211174.6	224651.2	152424.2	5891.9	107911.8	42014.1
162.1	347.9	1155.4	6313.2	50	4176.1	184.2
6094.7	14683.3	82646.1	51484	2170	35625.2	1763.5
118.7		5190.7	1179.5	915.2	-199.2	0.6
1061.1	453.1	28460.3	9215.6	83.2	4123.6	-129.4
40570	221958.1	235797.2	152624.7	4927.4	72452.6	14618.2
7962.8	4700.8	106306.5	67991.8	4182.9	79184.9	29214.8
36254.3	215970.6	157973.4	107896.8	4257.6	47849.5	5140.3
10525.7	10111.8	157344.7	89890.2	3459.1	97858.5	38754.8
1192.7	374.1	18482.9	13412.1	1215.5	10686.8	397.8
560.1	202.4	8302.7	9417.4	178.1	-4757.3	-459.9
22318.9	**72137.2**	**347043.3**	**181883.4**	**3282.4**	**60219.5**	**3219.1**
7938.4	54494.3	118663.7	36753.6	185.1	18668.8	175.3
5062.7	10473.4	32934	20096.9	111.4	14866.8	65.3
2356.4	42187.5	81405.9	11908.4	29	2625	105.2
519.3	1833.4	4323.8	4748.3	44.7	1177	4.8
891.9	524.1	12504.1	8180.1	72.7	1174.9	51.1
6.6		646.4	480.3	2.3	96.1	0.9
7	30	3590	1315		547	

12-5 续表 3-2

指　　标	营业收入	# 主营业务收入	营业成本	# 主营业务成本	营业税金及附加
果品、蔬菜零售	30166.3	30166.3	23848.5	23848.5	322.8
酒、饮料及茶叶零售	57145.9	57041.9	49231.9	48552.9	393.5
烟草制品零售	13858.3	13858.3	12045	12045	46.7
其他食品零售	19942.9	19833.9	15168.9	15167.1	119.3
纺织、服装及日用品专门零售	381202.7	368717.7	320006.8	319871.2	3603.1
纺织品及针织品零售	530.1	530.1	500	500	7.3
服装零售	358422.1	346730	301854.5	301811.2	3470.6
鞋帽零售	1501.1	1500.2	756.5	756.5	2.7
化妆品及卫生用品零售	6385.9	6362	5412.2	5412.2	19.3
钟表、眼镜零售	14363.5	13595.4	11483.6	11391.3	103.2
文化、体育用品及器材专门零售	167213.1	166355.2	148403.7	148201	2474.1
文具用品零售	1906.4	1906.4	1724.3	1724.3	3.5
体育用品及器材零售	4484.6	4484.6	3884.6	3884.6	6.2
图书、报刊零售	23151.9	22443.4	17610.8	17419	78.2
珠宝首饰零售	127587.1	127437.7	115953.6	115942.8	2372.1
工艺美术品及收藏品零售	698.6	698.6	618.2	618.2	0.4
乐器零售	2869.3	2869.3	2485.2	2485.1	3.3
照相器材零售	5562.8	5562.8	5213.9	5213.9	8.7
其他文化用品零售	952.4	952.4	913.1	913.1	1.7
医药及医疗器材专门零售	470583.4	469438.5	421114.2	421113.6	1135.1
药品零售	469521.2	468376.3	420391.2	420390.6	1132
医疗用品及器材零售	1062.2	1062.2	723	723	3.1
汽车、摩托车、燃料及零配件专门零售	3701375.3	3694631.6	3475557.6	3471896.4	5068.8
汽车零售	2791776.3	2787907.4	2634593.7	2633658.9	4122.1
汽车零配件零售	5795.2	5795.2	5598.3	5598.3	3.4
机动车燃料零售	903803.8	900929	835365.6	832639.2	943.3
家用电器及电子产品专门零售	455867.2	450931.4	409072	406144	1287.9
家用视听设备零售	1347.9	1340.4	1260	1260	2.8
日用家电设备零售	330708.6	327420.8	292870.7	292496.3	696
计算机、软件及辅助设备零售	53403.1	52977.7	49042.9	47978.6	180.8
通信设备零售	57676.6	56462.5	53483.2	51993.9	402.1
其他电子产品零售	12731	12730	12415.2	12415.2	6.2
五金、家具及室内装饰材料专门零售	14683.2	14683.2	12316	12316	56.8
五金零售	992.7	992.7	917.6	917.6	1.6
家具零售	4067.2	4067.2	3108.1	3108.1	27.8
陶瓷、石材装饰材料零售	5555	5555	4764.3	4764.3	14.3
其他室内装饰材料零售	4068.3	4068.3	3526	3526	13.1
货摊、无店铺及其他零售业	30805.6	30625.4	23224.6	23143.4	183.6
互联网零售	26949.8	26849.7	19879.9	19879.9	163
其他未列明零售业	3855.8	3775.7	3344.7	3263.5	20.6
2.按登记注册类型分					
内资企业	6281656.5	6198832.5	5699032.9	5686584.5	21712.3
国有企业	52298.7	51918.7	45416.9	45191.5	183.1
集体企业	106784.6	106675.6	98898.1	98896.3	295.8
联营企业	720	720	650	650	1.5
国有联营企业	720	720	650	650	1.5

单位：万元

主营业务税金及附加	其他业务利润	销售费用	管理费用		财务费用	
				税金		利息收入
322.8	0.5	2430	710.2	9.3	278.7	2.6
389.5	384.6	3517.6	3007.3	18.8	236.9	19.3
46.7		303.5	1129.5	2.7	7.6	25.8
119.3	109	2016.6	1537.8	39.6	8.6	2.5
3473.4	5477.9	36619.2	28247.5	572.5	5079.5	303.8
7.3			331.2	6	82	0.1
3369.4	5344.1	34573.2	26740.1	548.7	4490.6	281.9
2.7		61.8	465.2	6	156.8	6.2
19.3		555.8	163.9	0.4	−13.4	13.4
74.7	133.8	1428.4	547.1	11.4	363.5	2.2
2474	829	12309.8	4617.7	84.5	2009.5	20.9
3.5	178.6	171.9	0.2	0.1	0.1	0.2
6.2		130	231.5		1.6	
78.1	475.3	3994.6	1570.6	59.2	28.1	18.7
2372.1	175.1	7405.7	2670.8		1965.3	1.9
0.4		59.4	18.9	0.3	0.2	
3.3		336.7	33.6	24.9	2	0.1
8.7		175.1	91.8		11.7	
1.7		36.4	0.3		0.5	
1135.1	845.6	25389.6	14045.6	483	1488.9	156.3
1132	845.6	25210.5	13886.1	483	1488.9	156.3
3.1		179.1	159.5			
5031.8	6887.2	109929	67375.7	1624.9	30344.3	1786.1
4093.8	6691.3	75441.7	54498	1426.3	29564.3	1771.7
3.4		57	176	2.2	0.1	
934.6	195.9	34430.3	12701.7	196.4	779.9	14.4
1133.9	2933.6	30002.1	12561.6	96.2	1390.2	694.5
2.8	7.5	66.5	15.9			
613.8	2064.7	26003	11009.3	30.1	916.4	688
158.7	19.6	1405.8	616.7	57.8	317	3.3
352.4	840.8	2410.6	743	8.1	159.1	0.4
6.2	1	116.2	176.7	0.2	−2.3	2.8
56.8	146.6	1345.1	745.6	4.8	82.5	1
1.6		41.7	31.7		−0.1	
27.8		519.3	361.9	0.4	20.9	0.6
14.3		472.5	188.2	4.4	61	0.4
13.1	146.6	311.6	163.8		0.7	
183.6	−1.1	280.7	9356	158.7	−19.1	30.1
163		164.9	8676.7	150	−20.5	30
20.6	−1.1	115.8	679.3	8.7	1.4	0.1
21088	71445.2	323164.5	172941.9	3111.2	57835.1	2935.7
183	241.2	4478	2858.1	95.6	122	19.6
295.8	109	3379.9	3437.4	25.6	168.1	7.5
1.5			8		0.2	
1.5			8		0.2	

12-5 续表 3-3

指　　标	营业收入	#主营业务收入	营业成本	#主营业务成本	营业税金及附加
有限责任公司	1079426.2	1074560.5	964989.8	964660.3	3683.3
国有独资公司	12611.7	12611.7	11623.4	11623.4	30.2
其他有限责任公司	1066814.5	1061948.8	953366.4	953036.9	3653.1
股份有限公司	740017.4	737153.2	686165.1	683449.5	589.1
私营企业	4301655.8	4227050.7	3902341.2	3893165.1	16951.4
私营独资企业	9029.5	9029.5	7726.2	7726.2	3.9
私营有限责任公司	3732535.2	3701312.5	3414775.4	3408414.8	12860.7
私营股份有限公司	560091.1	516708.7	479839.6	477024.1	4086.8
其他企业	753.8	753.8	571.8	571.8	8.1
港、澳、台商投资企业	248728	246980.6	215286	215209.5	1061.7
与港澳台商合资经营企业	92315.9	91708.2	83329.1	83252.6	317
港澳台商独资企业	142235.6	142057.8	120300.5	120300.5	543.7
港澳台商投资股份有限公司	14176.5	13214.6	11656.4	11656.4	201
外商投资企业	25796.5	25796.5	21374.6	21374.6	169.2
中外合资经营企业	17156.3	17156.3	14387.5	14387.5	115.9
外资企业	8640.2	8640.2	6987.1	6987.1	53.3
3.按控股情况分					
国有控股	1407783.5	1400905	1272719.9	1269546.4	3160.8
集体控股	254023.9	253426.9	233269.2	233267.4	698.2
私人控股	4309084.9	4234479.8	3908538.2	3899362.1	16978.8
港澳台商控股	170957.9	169364.4	147280.8	147204.3	824.5
外商控股	94960.8	94806.9	81400.1	81400.1	406.4
其他	319370	318626.6	292485.3	292388.3	874.5
4.按经营形式分					
独立门店	4481717.8	4445456.8	4101305.1	4094514.9	17180.1
连锁总店	1233406.3	1229482.1	1106988.7	1106614.3	3247.4
连锁门店	445757.6	404768.4	374566.5	372281.1	2067.5
其他	395299.3	391902.3	352833.2	349758.3	448.2
5.按单位规模分					
大型	3453670.8	3391316.9	3104147.2	3097393.7	12195.6
中型	2385849.9	2365775.6	2165221.8	2162461.6	7880.2
小型	628604.1	626462	582828.5	581047.9	2309.1
微型	88056.2	88055.1	83496	82265.4	558.3
6.按零售业态分					
有店铺零售	6529231.2	6444759.9	5915813.6	5903288.7	22780.2
便利店	172767.1	170410.6	160702.3	160179.3	520.9
超市	10288.8	10285.5	8762.6	8333.4	118.9
大型超市	545695	499441.8	460635.4	458349.4	2544.7
百货店	532051.6	519434.8	436142.6	434467.7	5602.2
专业店	2832994.8	2823166.5	2598020.8	2593444.6	6126.1
专卖店	2191372	2186536.5	2046831.5	2043797.7	6026.2
家居建材商店	7473	7473	6512.8	6512.8	15.8
购物中心	196351.5	187882.8	162343.7	162343.7	1711
厂家直销中心	40237.4	40128.4	35861.9	35860.1	114.4
无店铺零售	26949.8	26849.7	19879.9	19879.9	163
网上商店	26949.8	26849.7	19879.9	19879.9	163

单位：万元

主营业务税金及附加	其他业务利润	销售费用	管理费用	税金	财务费用	利息收入
3530.6	10278.3	57372.7	34085.8	381.7	7684.5	496.9
30.2		270.5	1003.7	19	196.8	1.7
3500.4	10278.3	57102.2	33082.1	362.7	7487.7	495.2
588.1	1.2	22922.8	6420.3	177.6	619.5	1.4
16480.9	60815	234953	126061.9	2422.9	49193.1	2407.7
3.9		717.6	307.6	0.6	42.2	
12390.2	21879.5	164251.4	114412.6	2408.6	46535.7	2402.8
4086.8	38935.5	69984	11341.7	13.7	2615.2	4.9
8.1	0.5	58.1	70.4	7.8	47.7	2.6
1061.7	692	18524	6618.9	163.8	2008.7	247.3
317	531.1	7629.7	1522.1	101.8	1766.2	10.6
543.7	153.9	9252	3721.3	62	153.7	232.5
201	7	1642.3	1375.5		88.8	4.2
169.2		5354.8	2322.6	7.4	375.7	36.1
115.9		2971.1	2144.3	6.5	319.1	32.7
53.3		2383.7	178.3	0.9	56.6	3.4
3086.9	3584	64896	23977.7	571.8	3325.6	230.4
618.4	712.2	9576.3	7379.4	49.6	943.1	28.6
16508.3	60815	235512.2	126707.2	2429.8	49205.8	2407.7
824.5	538.1	13674.8	4594.8	163.8	2219.1	36.9
406.4	153.9	10204	4346.6	7.4	165.3	246.5
874.4	6334	13180	14877.7	60	4360.6	269
16656	32242	196009.1	130068.2	2599.3	49926.8	2114.9
3166.3	2517.1	68664.7	28392.8	356.9	6983.3	1021.7
2067.5	37072.7	68239.4	9393.1	20	1186.7	1.8
429.1	305.4	14130.1	14029.3	306.2	2122.7	80.7
11893.9	52332.9	193202.2	80032.2	961.9	24702.2	1509.1
7649.2	16635.7	125182.8	81560.2	1693.3	30750.2	933
2229.5	3132.4	25148.5	18584	578.3	4567.2	730.3
546.3	36.2	3509.8	1707	48.9	199.9	46.7
22155.9	72137.2	346878.4	173206.7	3132.4	60240	3189.1
520.9	1833.4	4365.4	4830.2	44.7	1177	4.8
118.9	152	912.6	219.4	12	35.8	0.5
2396.2	42187.5	83758	12017.8	29.9	2681.2	108.1
5434.2	13159.6	34734.5	25906.7	284.7	18061	83
5952.4	6167	120044.7	64174.7	1436.1	16367.8	1692.3
5981.3	6089.3	77839.3	45790.7	1008.6	20871.8	1054.8
15.8		553	312.5	4.4	61	0.4
1621.8	2437.9	22284.2	17166.6	36.9	914.9	245.8
114.4	110.5	2386.7	2788.1	275.1	69.5	-0.6
163		164.9	8676.7	150	-20.5	30
163		164.9	8676.7	150	-20.5	30

12-5 限额以上批发和

指　标	利息支出	资产减值损失	公允价值变动收益	投资收益	营业利润
总　计	**132738.3**	**14105.8**	**-333.2**	**58225.2**	**162828.3**
一、批发业	**100129**	**13973**	**-335.5**	**58123.9**	**147363**
1.按批发行业小类分					
农、林、牧产品批发	147.1				-1847.2
谷物、豆及薯类批发	147.1				-1847.2
食品、饮料及烟草制品批发	1697.3	-8.6		28	70455.5
米、面制品及食用油批发	33.5				-745.8
糕点、糖果及糖批发					17.4
果品、蔬菜批发					-5577.3
肉、禽、蛋、奶及水产品批发	124.9				402.9
盐及调味品批发	56.2			28	3768.7
营养和保健品批发					19.3
酒、饮料及茶叶批发	1369.7	-8.6			-289.7
烟草制品批发					72764.1
其他食品批发	113				95.9
纺织、服装及家庭用品批发	948.4	1960.7			3489.2
服装批发	601.3	1626.4			5893.9
鞋帽批发	306				139
厨房、卫生间用具及日用杂货批发					80
家用电器批发	41.1	334.3			-1451.4
其他家庭用品批发					-1172.3
文化、体育用品及器材批发	783.8				6070.3
文具用品批发	586.2				1559.7
体育用品及器材批发					-308.3
图书批发	7				5097.8
首饰、工艺品及收藏品批发	190.6				-278.9
其他文化用品批发					
医药及医疗器材批发	6054.4	580.2		-4.8	13363.8
西药批发	4864.4	412.1			9283.4
中药批发	1081.5	16.8		-4.8	2825
医疗用品及器材批发	108.5	151.3			1255.4
矿产品、建材及化工产品批发	88973.6	11233.9	-335.5	58099.4	50197.7
煤炭及制品批发	65266	1850.1	-328.3	26422.9	38506.3
石油及制品批发	1333.3	-80		-51.5	7438.9
非金属矿及制品批发	363.9				-445.8
金属及金属矿批发	16642.3	9384.9	-7.2	30809.1	17676.5
建材批发	4079.6	66.3		117.1	-11326.7
化肥批发	865.5			801.8	-1750.1
其他化工产品批发	423	12.6			98.6
机械设备、五金产品及电子产品批发	709.3	205.5		12.3	5026.6
农业机械批发	15				-1245.3
汽车批发	92.2				-386.5
五金产品批发					51.8
电气设备批发		4.3			30.9
计算机、软件及辅助设备批发	91.5				29.1

零售业法人企业财务状况(四)

单位：万元

营业外收入	补贴收入	利润总额	应交所得税	应付职工薪酬（本年贷方累计发生额）	应交增值税
38042.5	**11327.3**	**193540.6**	**75507.2**	**287362.3**	**301569.6**
25496.2	**9573.2**	**167155.4**	**57549.2**	**150778.9**	**193728.6**
2000.8	1981.5	153.2		620.1	1.6
2000.8	1981.5	153.2		620.1	1.6
4551.9	1374.1	73802	20861.3	30011.2	25540.7
666.1	654.1	−80	1.3	648.2	169.2
		17.4	5.8	22	39.8
2757.2		−2853		2136.8	35
17.3		414	149.3	2424.3	511.2
150.2		3915.9	926.5	3512.2	1252.2
		19.3	4.8	69	
946.4	720	604.9	56.8	2501.6	544.7
7.7		71661.8	19690.9	17852	22808.1
7		101.7	25.9	845.1	180.5
1262.5	62	4881	1943.8	9174.8	18463.9
6.5		5862.7	1771.8	3915.9	7487
50	50	389.6	127.7	291.2	360.6
12	12	92	1.8	154.2	45.1
33.6		−1451.4	22.7	4505.5	10506.2
1160.4		−11.9	19.8	308	65
368.3		6414.6	1277.5	3526.9	2780.6
3.3		1558.2	399.4	984.3	489.1
365		56.7	14.3	10	
		5097.7	855.4	2197.7	2253.5
		−298	8.4	334.9	38
1110.9	337.1	14148.8	3168	16285.6	8045.6
318.8	188.7	9501.5	2017.1	9807	4434.7
786.7	148.4	3553.9	905.9	2629.2	1491.3
5.4		1093.4	245	3849.4	2119.6
14960.5	4706.4	61089.7	27303	82336.6	131479.4
7026.1		42107.6	24014.1	60427.8	111389.7
423.1	43	6812.6	728.7	9318.2	10268.8
72.7	72.7	−373.1	2.9	152.9	826.3
779.4	121	19217.4	1521.1	9900.4	8549.5
1793.2	110	−9555.4	552.5	1859	304.1
4829.7	4334.2	3079	460.5	250.7	
36.3	25.5	−198.4	23.2	427.6	141
1150.7	1081.8	6015.5	1451.2	7209	5389.4
1057.7	1057.5	−202.8	15.2	388.5	181.7
		−386.5		35.2	5.5
0.1	0.1	51.9	13	226.1	142.2
		30.6	9.2	167	7.6
		49	10.8	195.2	61.4

12-5 续表 4-1

指　标	利息支出	资产减值损失	公允价值变动收益	投资收益	营业利润
其他机械设备及电子产品批发	510.6	201.2		12.3	6546.6
贸易经纪与代理					1423.1
贸易代理					1423.1
其他批发业	815.1	1.3		-11	-816
再生物资回收与批发	40				47.5
其他未列明批发业	775.1	1.3		-11	-863.5
2.按登记注册类型分					
内资企业	100326.2	13973	-335.5	58123.9	146195.4
国有企业	2839.4	2321.3		1623.2	80373
集体企业	38.5			28.8	1968.1
有限责任公司	73360.9	9693.5	-7.2	37648.5	90563.6
国有独资公司	43440.4	-2144.7		2550.4	48693.2
其他有限责任公司	29920.5	11838.2	-7.2	35098.1	41870.4
股份有限公司	2302.6	176.8		17888	-6908.8
私营企业	21784.8	1781.4	-328.3	935.4	-19800.5
私营有限责任公司	20854.1	1146.5		915.4	-24821.7
私营股份有限公司	930.7	634.9	-328.3	20	5021.2
港、澳、台商投资企业	-199				1152.2
与港澳台商合资经营企业	-199				611.9
港澳台商独资企业					540.3
外商投资企业	1.8				15.4
中外合资经营企业	1.8				15.4
3.按控股情况分					
国有控股	78357	4740.4		27587.8	144743.7
集体控股	38.5	7000	-7.2	29600.8	20864.3
私人控股	21695.4	1932.7	-328.3	935.4	-26528.8
港澳台商控股	-199				1152.2
其他	237.1	299.9		-0.1	7131.6
4.按经营形式分					
独立门店	61328.4	15469.5	-335.5	33432.3	144970.1
其他	38800.6	-1496.5		24691.6	2392.9
5.按单位规模分					
大型	43455.8	-3062.6		3207.7	129646.7
中型	47518.9	14542.3	-335.5	54110.7	15325
小型	7628.4	0.1		790.7	-6315.6
微型	1525.9	2493.2		14.8	8706.9
二、零售业	**32609.3**	**132.8**	**2.3**	**101.3**	**15465.3**
1.按零售行业小类分					
综合零售	7700.5	-44.7		11.5	3583.8
百货零售	6200.3	-44.6		0.7	17280.1
超级市场零售	516.4	-0.3			-14920.2
其他综合零售	983.8	0.2		10.8	1223.9
食品、饮料及烟草制品专门零售	946	-17.1	2.3	6.5	5106.7
粮油零售	63.8				-617.6
糕点、面包零售	547				759.7

单位：万元

营业外收入	补贴收入	利润总额	应交所得税	应付职工薪酬（本年贷方累计发生额）	应交增值税
92.9	24.2	6473.3	1403	6197	4991
59.5		1455.9	1450.8	64.4	1262.2
59.5		1455.9	1450.8	64.4	1262.2
31.1	30.3	−805.3	93.6	1550.3	765.2
		41.2	1.6	240.8	53.5
31.1	30.3	−846.5	92	1309.5	711.7
25466.3	9573.2	165958.6	57408.5	146415.4	180175.2
3038.7	2553.5	81838.6	20119.8	27125.8	25798.1
150.6		2118	512.7	1764.2	346.4
13756	3779	102578.6	27513.1	86728.5	128657.9
4639.2	30.3	53193.1	18212.2	45709.5	63875.5
9116.8	3748.7	49385.5	9300.9	41019	64782.4
497		−7553.8	25.2	8508.6	8731.4
8024	3240.7	−13022.8	9237.7	22188.3	16641.4
7876.5	3240.7	−16675.6	3082.3	21711.6	13631.3
147.5		3652.8	6155.4	476.7	3010.1
24.6		1176.1	134.9	3503.8	13532.8
24.6		636.5		1059.6	9096.8
		539.6	134.9	2544.2	4436
5.3		20.7	5.8	759.7	20.6
5.3		20.7	5.8	759.7	20.6
13139.7	5275	153574.7	45790.8	105580.2	155711.5
181		21041.9	513.2	2741.7	849.2
10781.3	3240.7	−17027	9238.3	25133.3	17026.2
24.6		1176.1	134.9	3503.8	13532.8
1369.6	1057.5	8389.7	1872	13519.9	6608.9
15448.6	5171.2	157553.5	47395	99171.2	106808.6
10047.6	4402	9601.9	10154.2	51507.7	86920
7630.5	188.7	135651.8	38894.4	82586.9	62052.8
12044.7	4849.1	23461.6	16272.8	61130	125211.5
5456.9	4535.4	−985.8	949.2	5370.6	4606.9
364.1		9027.8	1432.8	1591.4	1857.4
12546.3	**1754.1**	**26385.2**	**17958**	**136583.4**	**107841**
9016.2	303.7	9163.9	6711	37523.2	46929
3330.5	4.3	17605.1	6366.2	9029.4	34365.1
5474.9	299.4	−9849.8	1.1	26080.4	11245.8
210.8		1408.6	343.7	2513.4	1318.1
1136.8	904.9	5458.7	463.6	8473.5	4952.6
900.4	900.4	39.6	2	224.6	30.4
159		918.7	0.8	2343.7	

12-5 续表 4-2

指标	利息支出	资产减值损失	公允价值变动收益	投资收益	营业利润
果品、蔬菜零售	208.7	2.6	2.3	6.5	2582.3
酒、饮料及茶叶零售	125.5	-19.7			964.6
烟草制品零售					326
其他食品零售	1				1091.7
纺织、服装及日用品专门零售	3481.8	4.4		26.4	-12057.1
纺织品及针织品零售	81.9				-390.4
服装零售	2886	-1.7		23.2	-12407.7
鞋帽零售	163	6.1		3.2	55.2
化妆品及卫生用品零售					248.1
钟表、眼镜零售	350.9				437.7
文化、体育用品及器材专门零售	66			40.3	-2561.4
文具用品零售	0.1				6.4
体育用品及器材零售	1.5				230.7
图书、报刊零售	32.8				-130.4
珠宝首饰零售	17.5			40.3	-2740.1
工艺美术品及收藏品零售					1.5
乐器零售	1.9				8.5
照相器材零售	11.7				61.6
其他文化用品零售	0.5				0.4
医药及医疗器材专门零售	1418.6	0.9		6.5	7415.5
药品零售	1418.6	0.9		6.5	7418
医疗用品及器材零售					-2.5
汽车、摩托车、燃料及零配件专门零售	17706.1	177		10.1	14519.7
汽车零售	17118.2	140.7		10.1	-5200.1
汽车零配件零售					-39.6
机动车燃料零售	587.9	36.3			19759.4
家用电器及电子产品专门零售	1274.9				1553.4
家用视听设备零售					2.7
日用家电设备零售	1201.6				-786.8
计算机、软件及辅助设备零售	66.4				1839.9
通信设备零售	6.4				478.6
其他电子产品零售	0.5				19
五金、家具及室内装饰材料专门零售	15.4				137.2
五金零售					0.2
家具零售					29.2
陶瓷、石材装饰材料零售	15.4				54.7
其他室内装饰材料零售					53.1
货摊、无店铺及其他零售业		12.3			-2232.5
互联网零售					-1914.2
其他未列明零售业		12.3			-318.3
2.按登记注册类型分					
内资企业	31550.1	177.4	2.3	61	13952.1
国有企业	97.8				-516.2
集体企业	3.9	12.1		10.1	603.3
联营企业					60.3
国有联营企业					60.3

单位：万元

营业外收入	补贴收入	利润总额	应交所得税	应付职工薪酬（本年贷方累计发生额）	应交增值税
17.5	4.5	2586.4	5.7	331.6	294.4
3.8		484.4	179.2	3989.9	564.7
		326	84.5	546.3	141.1
56.1		1103.6	191.4	437.4	3922
167		-13264.9	831.6	10705.5	20844.4
		-392.4		108.2	42.9
93.1		-13691.2	628	8180	20250.2
73.3		128.5		785	6
		248.1	90.7	501	16.6
0.6		442.1	112.9	1131.3	528.7
82.4	9.7	-2614	255.6	2399.8	4721.6
		6.4	1.6	51.4	1906.4
		91	26.1	40.2	66.2
21.1	9.7	-117.8	8.5	441	460.8
61.3		-2665.6	201.2	1517.7	2194.6
		1.5	0.4	14.7	3.3
		8.5	2.1	123.1	24.9
		61.6	15.4	101.5	64.2
		0.4	0.3	10.2	1.2
270.5	80.9	7612.3	2125.2	16006.3	7639.4
270.5	80.9	7617	2125.2	15940.3	7617.9
		-4.7		66	21.5
1090.3	0.1	20572.1	7010.2	52401.2	18738.5
1085.9	0.1	-3333.9	3736.5	38576.1	16389.5
3.2		-49.5	3.9	229.5	16.5
1.2		23955.5	3269.8	13495.6	2332.5
242.8		1068.3	511.2	7495.6	3665.9
		2.7	1	51.2	10.4
240.5		-956.6	335.9	5915.9	2430.2
		1888.8	156.3	708.4	291.8
2.3		114.9	13.4	707.4	888.4
		18.5	4.6	112.7	45.1
52.2		290.3	38.7	707	313.4
0.2		0.2		51.6	12
		28	5.1	430.9	211.2
40.7		54.5	13.6	152.1	90.2
11.3		207.6	20	72.4	
488.1	454.8	-1901.5	10.9	771.3	36.2
455.4	454.8	-1527.5	8.1	515.3	0.4
32.7		-374	2.8	256	35.8
12341.9	1743.3	25085.9	15636.4	128126.8	102605.3
953.2	909.9	189.2	104.4	1126	769.7
87.4		588.4	119.4	2065	2595.2
		60.3	0.1	42	
		60.3	0.1	42	

12-5 续表 4-3

指 标	利息支出	资产减值损失	公允价值变动收益	投资收益	营业利润
有限责任公司	5572.8	139.7		7.2	17047.7
国有独资公司	195.1				-512.9
其他有限责任公司	5377.7	139.7		7.2	17560.6
股份有限公司	472.7				23300.6
私营企业	25389.4	23		37.2	-26547.5
私营独资企业	9.2				232
私营有限责任公司	24401.7	22.8		26.4	-19013.9
私营股份有限公司	978.5	0.2		10.8	-7765.6
其他企业	13.5	2.6	2.3	6.5	3.9
港、澳、台商投资企业	692.3			40.3	5269
与港澳台商合资经营企业	352.1			40.3	-2207.9
港澳台商独资企业	340.2				8264.4
港澳台商投资股份有限公司					-787.5
外商投资企业	366.9	-44.6			-3755.8
中外合资经营企业	325.3				-2781.6
外资企业	41.6	-44.6			-974.2
3.按控股情况分					
国有控股	2239.8	108.7		6.5	40030.7
集体控股	702.9	12.1		10.1	2276.8
私人控股	25389.4	23		37.2	-26560
港澳台商控股	692.3			40.3	2404.2
外商控股	366.9	-44.6			-1517
其他	3218	33.6	2.3	7.2	-1169.4
4.按经营形式分					
独立门店	28521.8	68.1	2.3	101.3	-5639.6
连锁总店	2258.6	-44.6			19174
连锁门店	196.3				-9695.6
其他	1632.6	109.3			11626.5
5.按单位规模分					
大型	13305.3	6.9		10.1	39394.6
中型	17135.2	-18.4		84.7	-19258.3
小型	2015.5	141.7			-3465.2
微型	153.3	2.6	2.3	6.5	-1205.8
6.按零售业态分					
有店铺零售	32609.3	132.8	2.3	101.3	17379.5
便利店	983.8	0.2		10.8	1181.9
超市	1.8				317.5
大型超市	557.9	-44.9			-15897.2
百货店	8952.6			23.9	16630.9
专业店	12669.4	58.6	2.3	26.3	29238.8
专卖店	9416.6	106.6		40.3	-5045.8
家居建材商店	15.4				17.9
购物中心	3				-8068.9
厂家直销中心	8.8	12.3			-995.6
无店铺零售					-1914.2
网上商店					-1914.2

单位：万元

营业外收入	补贴收入	利润总额	应交所得税	应付职工薪酬（本年贷方累计发生额）	应交增值税
1039.9	363.6	17310.8	5894.3	27617.4	14302.9
544.4	279.3	19	3.5	629.9	47.7
495.5	84.3	17291.8	5890.8	26987.5	14255.2
0.2		22996.5	3108.1	11230.2	493
10243.7	465.3	−16075.1	6404.4	85859.6	84432.2
		65.9	2.3	381.1	23.9
5200.2	360.3	−13075.7	6106.6	63416.9	72048.2
5043.5	105	−3065.3	295.5	22061.6	12360.1
17.5	4.5	15.8	5.7	186.6	12.3
137.7		5031.6	2321.6	5489.3	4587.2
62.9		−2207.1	133	3113.8	1462.9
67.8		8019.5	2188.6	1857.6	2882.6
7		−780.8		517.9	241.7
66.7	10.8	−3732.3		2967.3	648.5
56	10.8	−2768.8		2121.5	219.2
10.7		−963.5		845.8	429.3
1710.9	1273.5	41402.6	8342.1	29215.6	12145.5
312.4		2479.1	225.9	6795.9	4599.1
10243.7	465.3	−17249.2	6406.7	86293.6	84496
115.1		2144.2	1756.3	5242.2	2071.7
89.3	10.8	−1470.9	565.3	3058.9	1701.1
74.9	4.5	−920.6	661.7	5977.2	2827.6
2839.4	1009.2	311.3	11141.6	80927.2	87878.7
3978.7	115.8	18273.4	3547.6	28017.6	8965.4
5337.4	279.3	−4707.9	3.1	22291	10178.3
390.8	349.8	12508.4	3265.7	5347.6	818.6
8720.3	13.6	46708.4	11811.9	62585.6	50652
2557.8	834.4	−16479.2	5142.2	58616.5	45006.1
1067.8	901.6	−2776.8	920.4	13720.4	10814.8
200.4	4.5	−1067.2	83.5	1560.9	1368.1
12090.9	1299.3	27912.7	17949.9	136068.1	107840.6
210.8		1366.6	343.7	2536.2	1319.2
5.4		461	23.1	385.5	64
5485.6	299.4	−10816.1	0.2	26371.6	11647.3
3330.9	4.3	16928.9	6600	10344.6	36508.5
1042	354.1	33535.3	6417.1	49342.2	16524.5
1266.5	9.5	−4904.8	3964.2	41096.4	21709.6
51.6		25.2	13.6	174.5	90.2
46.3		−8087.4	567.6	3027.9	17768.3
651.8	632	−596	20.4	1289.2	2209
455.4	454.8	−1527.5	8.1	515.3	0.4
455.4	454.8	−1527.5	8.1	515.3	0.4

12-6 限额以上住宿和

指标	法人企业数(个)	执行《2006年企业会计准则》企业数(个)	年初存货	流动资产合计		
					应收帐款	存货
总计	**232**	**217**	**37406.1**	**309217.1**	**36284.4**	**25381.8**
一、住宿业	**87**	**78**	**8079.7**	**130449.3**	**15719.3**	**7081.2**
1.按住宿业行业小类分						
旅游饭店	50	44	5904.9	109542.8	11862.5	5059.4
一般旅馆	34	31	1776.5	19024.2	3621.3	1723.3
其他住宿业	3	3	398.3	1882.3	235.5	298.5
2.按登记注册类型分						
内资企业	86	77	7787.5	126458.8	15552.5	6818.3
国有企业	22	20	2876.6	64206.5	7060.5	2388.5
集体企业	5	3	91.9	1872.6	115.3	105.8
有限责任公司	11	9	1047.5	9721.8	2669.7	1036.9
国有独资公司	1	1	60.6	346.1	64.7	63.9
其他有限责任公司	10	8	986.9	9375.7	2605	973
股份有限公司	1	1	180.9	264.1	6.7	133.3
私营企业	47	44	3590.6	50393.8	5700.3	3153.8
私营独资企业	1	1	3	67.2		8.2
私营有限责任公司	44	41	3148.9	43583	4618	2710.4
私营股份有限公司	2	2	438.7	6743.6	1082.3	435.2
港、澳、台商投资企业	1	1	292.2	3990.5	166.8	262.9
与港澳台商合资经营企业	1	1	292.2	3990.5	166.8	262.9
3.按控股情况分						
国有控股	29	25	3626.1	72145.5	9415.5	3102.6
集体控股	5	3	91.9	1872.6	115.3	105.8
私人控股	49	46	3657.9	50951.6	6015	3277.1
港澳台商控股	1	1	292.2	3990.5	166.8	262.9
其他	3	3	411.6	1489.1	6.7	332.8
4.按经营形式分						
独立门店	86	77	8028.7	130027.6	15404.6	6974.2
连锁门店	1	1	51	421.7	314.7	107
5.按单位规模分						
大型	1	1	329	9596.9		264.2
中型	21	20	4100.3	60063.5	10360.2	3757.5
小型	65	57	3650.4	60788.9	5359.1	3059.5
6.按星级分						
五星	3	3	1775.8	18195.7	1069.7	1401.6
四星	12	12	1881.7	29656.5	6413	1874
三星	24	19	1947.6	51296	5203.9	1600.9
二星	5	4	59.4	1407	122.2	70.7
其他	43	40	2415.2	29894.1	2910.5	2134

餐饮业法人企业财务状况(一)

单位：万元

固定资产合计	固定资产原价	累计折旧	#本年折旧	在建工程	资产总计	流动负债合计	#应付帐款	非流动负债合计
283172	**502490.3**	**220277.6**	**29195.3**	**72341.7**	**789732.4**	**513236.3**	**111706.1**	**125706.8**
166079.4	**294221.5**	**128883.6**	**13381.9**	**55169.4**	**378308.6**	**199670.5**	**32839.3**	**80102.5**
145831.5	261775.9	116685.9	12485.3	54306.1	327089	165783.3	28188.4	77226.1
20051	31469.2	11418.2	833.3	788.6	48665.7	29688	4465	2876.4
196.9	976.4	779.5	63.3	74.7	2553.9	4199.2	185.9	
161829.6	287495.3	126407.2	13062.4	54660.5	369396.3	193707.6	32432.4	80102.5
82838.8	152617.2	69778.4	6760	37689.6	183430.5	80325.5	6206.6	51929
2503.3	4374.4	2612.5	318	8703.8	13672	6498.8	1229.6	6395
45366.2	75927.5	30561.3	2087.1	206.9	60763.5	25249.3	7204.1	10064.6
3330.4	6611.3	3280.9			3771.7	1271.[illegible]	11.9	
42035.8	69316.2	27280.4	2087.1	206.9	56991.8	23978.2	7192.2	10064.6
162.5	247.3	84.8	35.7		426.6	472.3	172.3	
30958.8	54328.9	23370.2	3861.6	8060.2	111103.7	81161.7	17619.8	11713.9
65.5	218.1	152.6	15.6		132.8	127		
29767.5	52723	22955.6	3746	8060.2	101938	76546.3	16718.6	9946.4
1125.8	1387.8	262	100		9032.9	4488.4	901.2	1767.5
4249.8	6726.2	2476.4	319.5	508.9	8912.3	5962.9	406.9	
4249.8	6726.2	2476.4	319.5	508.9	8912.3	5962.9	406.9	
120945	216298.7	95353.7	8273.8	37711.2	232251.6	95829.4	12191.3	59624.1
2503.3	4374.4	2612.5	318	8703.8	13672	6498.8	1229.6	6395
32752.3	56761	24008.8	3861.6	8060.2	114781.5	83186.6	18104.3	13083.4
4249.8	6726.2	2476.4	319.5	508.9	8912.3	5962.9	406.9	
5629	10061.2	4432.2	609	185.3	8691.2	8192.8	907.2	1000
165557.7	293593.3	128777.1	13381.9	55169.4	376633.3	197779.7	32394.4	80102.5
521.7	628.2	106.5			1675.3	1890.3	444.9	
12834.8	32129.6	19294.8	2568.1		22431.7	5859	594.6	10749.3
89403.4	143490.7	54087.3	5172.7	32356.8	202147.1	93264.3	12283.7	36393.6
63841.2	118601.2	55501.5	5641.1	22812.6	153729.8	100547.2	19961	32959.6
52236.1	81454.4	29218.3	3908.4	508.9	72207	14551	1508.1	10889.3
33009.5	67364.5	34355	3061.9	201.8	70765.9	32989.9	9706.3	17284.3
52723.6	103428.5	50705	5080	52249.3	160638.6	94248.2	8304.1	46249
1270.1	1348.5	819.8	173.2	22	2723.8	2168.4	207.7	92.9
26840.1	40625.6	13785.5	1158.4	2187.4	71973.3	55713	13113.1	5587

12-6 续表 1-1

指　　标	法人企业数(个)	执行《2006 年企业会计准则》企业数(个)	年初存货	流动资产合计	应收帐款	存货
二、餐饮业	**145**	**139**	**29326.4**	**178767.8**	**20565.1**	**18300.6**
1.按餐饮业行业小类分						
正餐服务	141	135	26645.8	173431.8	20478.9	16168
快餐服务	4	4	2680.6	5336	86.2	2132.6
2.按登记注册类型分						
内资企业	139	134	26157.1	172886.3	20387.4	15853.6
国有企业	8	7	606.6	4066.4	615.3	584.7
股份合作企业	1	1	9.4	76.3	24.4	10.1
有限责任公司	18	18	2952.1	37090.2	3342.6	3281
国有独资公司	1	1	22.2	817.4	16.1	12.6
其他有限责任公司	17	17	2929.9	36272.8	3326.5	3268.4
私营企业	111	107	22584.4	131243.5	16396.1	11960.6
私营独资企业	10	10	138.3	1601.8	291.2	171.6
私营有限责任公司	99	95	22255.8	112923	11766.2	11597.2
私营股份有限公司	2	2	190.3	16718.7	4338.7	191.8
其他企业	1	1	4.6	409.9	9	17.2
港、澳、台商投资企业	2	1	100.1	379.4	21.2	60.1
港澳台商独资企业	2	1	100.1	379.4	21.2	60.1
外商投资企业	4	4	3069.2	5502.1	156.5	2386.9
中外合资经营企业	1	1	132	91.7	66.2	20.3
中外合作经营企业	1	1	281.6	635.2	90.3	265.2
外资企业	2	2	2655.6	4775.2		2101.4
3.按控股情况分						
国有控股	14	13	2172.4	22646.4	864.8	2081.4
私人控股	119	115	23635	144243.6	19098.5	13438.9
港澳台商控股	3	2	381.7	1014.6	111.5	325.3
外商控股	3	3	2787.6	4866.9	66.2	2121.7
其他	6	6	349.7	5996.3	424.1	333.3
4.按经营形式分						
独立门店	136	132	25620.4	163345.6	20080.7	15132.9
连锁总店	4	3	3119.1	11773.1	203.5	2476.2
连锁门店	3	2	584.4	3359.7	232.9	586.6
其他	2	2	2.5	289.4	48	104.9
5.按单位规模分						
大型	3	3	3309.3	18054.1	-768.3	2973.9
中型	30	29	7834.5	89623.9	11651	8615.8
小型	103	99	8689.5	53256.9	9072.6	5793.7
微型	9	8	9493.1	17832.9	609.8	917.2

单位：万元

固定资产合计	固定资产原价	累计折旧	# 本年折旧	在建工程	资产总计	流动负债合计	# 应付帐款	非流动负债合计
117092.6	**208268.8**	**91394**	**15813.4**	**17172.3**	**411423.8**	**313565.8**	**78866.8**	**45604.3**
112373	199920.9	87765.7	13269.5	13845.9	385170.1	299388.9	76323.3	44910.5
4719.6	8347.9	3628.3	2543.9	3326.4	26253.7	14176.9	2543.5	693.8
112200.9	198573.3	86590.2	13214.4	15245.9	386206.2	299355.5	76030.9	44474
7066.9	11616.9	4550	780.8	146.3	13683.8	8400.2	4364.3	2909.1
60.3	105.2	44.9	5.7		136.6	11.7	5.3	
23114.8	50885.3	27770.5	3108.7	9618.2	84746.4	72578.8	20172.4	30904.7
433	682.4	249.4			2438.9	1938.9	113.4	
22681.8	50202.9	27521.1	3108.7	9618.2	82307.5	70639.9	20059	30904.7
81926.6	135933.6	54224.8	9319.2	5481.4	287197.1	217987.5	51344.3	10660.2
616.7	730	331.1	64	30.5	3511.1	1811.6	835.8	4
73317.3	124432.7	51115.4	9081.6	5450.9	252833.3	193148.6	36448.4	10651.7
7992.6	10770.9	2778.3	173.6		30852.7	23027.3	14060.1	4.5
32.3	32.3				442.3	377.3	144.6	
371.3	836.3	465	83.4		1171.2	133.6	69.6	436.5
371.3	836.3	465	83.4		1171.2	133.6	69.6	436.5
4520.4	8859.2	4338.8	2515.6	1926.4	24046.4	14076.7	2766.3	693.8
33.3	414.9	381.6	15.8		125	1333	538.8	
125	676	551	51		778.2	209		
4362.1	7768.3	3406.2	2448.8	1926.4	23143.2	12529.7	2227.5	693.8
17752	34175.8	16423.8	2544.6	169.4	48989.4	26397.2	6792.9	19626.8
92370.8	160568.1	68415.1	10471.7	15050.2	328352.8	268848.9	67556.8	24847.2
496.3	1512.3	1016	134.4		1949.4	342.5	69.6	436.5
4395.4	8183.2	3787.8	2464.6	1926.4	23268.2	13867.7	2766.3	693.8
2078.1	3829.4	1751.3	198.1	26.3	8864	4109.4	1681.2	
105855.7	187456.3	81818.4	13181.8	15145.9	354191.8	274724.7	71129.6	44266.4
8297.2	17028.2	8731	2483.7	1926.4	39483.7	25194.9	6186.1	1135.8
1795.2	2634.9	839.7	145.9	100	16209.9	11413	417.2	202.1
1144.5	1149.4	4.9	2		1538.4	2233.2	1133.9	
15151	25784.6	10633.6	3693.6	1926.4	50347.5	22069.6	3390.4	17411.5
64527.8	117637.9	53110.1	8064.1	12406	216709.4	180494.6	43820.9	23654.2
33219.2	55728	22726.6	3267.6	2839.9	122339.4	98427.8	31001.9	4538.6
4194.6	9118.3	4923.7	788.1		22027.5	12573.8	653.6	

12-6 限额以上住宿和

指　标	负债合计	所有者权益合计	实收资本			
				国家资本	集体资本	法人资本
总　计	**638943.2**	**150789.2**	**245651.4**	**96258.2**	**2790**	**53903.9**
一、住宿业	**279773.1**	**98535.5**	**158526.3**	**84991.1**	**2225**	**28427.3**
1.按住宿业行业小类分						
旅游饭店	243009.4	84079.6	131582.7	78785.7	1837.2	27252.8
一般旅馆	32564.5	16101.2	25575.6	6205.4	387.8	1064.5
其他住宿业	4199.2	-1645.3	1368			110
2.按登记注册类型分						
内资企业	273810.2	95586.1	150526.3	84991.1	2225	28427.3
国有企业	132254.5	51176	76651.8	75210.7		1441.1
集体企业	12893.8	778.2	2235	10	2225	
有限责任公司	35313.9	25449.6	28760.1	9770.4		17181.7
国有独资公司	1271.1	2500.6	4273			4273
其他有限责任公司	34042.8	22949	24487.1	9770.4		12908.7
股份有限公司	472.3	-45.7	110			110
私营企业	92875.7	18228	42769.4			9694.5
私营独资企业	127	5.8	110			
私营有限责任公司	86492.8	15445.2	39851.4			9444.5
私营股份有限公司	6255.9	2777	2808			250
港、澳、台商投资企业	5962.9	2949.4	8000			
与港澳台商合资经营企业	5962.9	2949.4	8000			
3.按控股情况分						
国有控股	155453.5	76798.1	102195.2	84981.1		17214.1
集体控股	12893.8	778.2	2235	10	2225	
私人控股	96270.1	18511.4	43339.4			9694.5
港澳台商控股	5962.9	2949.4	8000			
其他	9192.8	-501.6	2756.7			1518.7
4.按经营形式分						
独立门店	277882.3	98751	158416.3	84991.1	2225	28427.3
连锁门店	1890.8	-215.5	110			
5.按单位规模分						
大型	16608.3	5823.4	4895.5	4895.5		
中型	129657.9	72489.2	85545.6	52184.7		10262
小型	133506.9	20222.9	68085.2	27910.9	2225	18165.3
6.按星级分						
五星	25440.3	46766.7	50244.5	42244.5		
四星	50274.2	20491.7	28626	5000		13700
三星	140497.2	20141.4	50018.8	31165.1	1100	11842.8
二星	2261.3	462.5	1006	101.6	774.4	
其他	61300.1	10673.2	28631	6479.9	350.6	2884.5

餐饮业法人企业财务状况(二)

单位：万元

个人资本	港澳台资本	外商资本	营业收入	#主营业务收入	营业成本	#主营业务成本	营业税金及附加	#主营业务税金及附加
81462.8	**8509**	**2727.5**	**493504.9**	**491840**	**226406.8**	**226074.6**	**27045.6**	**27031.5**
35682.9	**7200**		**143536.9**	**142784.1**	**55092.6**	**54870.9**	**8325.5**	**8312.5**
16507	7200		112878.5	112365.5	42490	42272.8	6577.7	6567.6
17917.9			28287.2	28149.1	11806.9	11802.4	1613.3	1610.4
1258			2371.2	2269.5	795.7	795.7	134.5	134.5
34882.9			138764	138011.2	52618.6	52396.9	8052.3	8039.3
			46832.6	46674.3	12540.2	12486.3	2648.4	2638.3
			3488.4	3488.4	1287.2	1287.2	157.9	157.9
1808			26041.7	25841	10778.3	10778.2	1517	1517
			1940.7	1940.7	246.9	246.9	108.7	108.7
1808			24101	23900.3	10531.4	10531.3	1408.3	1408.3
			522.5	522.5	122.3	122.3	29.9	29.9
33074.9			61878.8	61485	27890.6	27722.9	3699.1	3696.2
110			235.8	235.8	54.2	54.2	14.9	14.9
30406.9			56879.3	56485.5	25420.5	25252.8	3137.2	3134.3
2558			4763.7	4763.7	2415.9	2415.9	547	547
800	7200		4772.9	4772.9	2474	2474	273.2	273.2
800	7200		4772.9	4772.9	2474	2474	273.2	273.2
			65422.6	65063.6	21464.2	21410.2	3688.1	3678
			3488.4	3488.4	1287.2	1287.2	157.9	157.9
33644.9			64401.7	64007.9	28399.3	28231.6	3851.5	3848.6
800	7200		4772.9	4772.9	2474	2474	273.2	273.2
1238			5451.3	5451.3	1467.9	1467.9	354.8	354.8
35572.9	7200		141298.3	140545.5	54733.9	54512.2	8189.2	8176.2
110			2238.6	2238.6	358.7	358.7	136.3	136.3
			12807.9	12803.4	2441.5	2441.5	726.5	726.5
15898.9	7200		77332.9	76977.4	31407.5	31353.5	4654.6	4654.6
19784			53396.1	53003.3	21243.6	21075.9	2944.4	2931.4
800	7200		23541.7	23383.4	6958.8	6904.9	1383.6	1383.6
9926			32192	32191.4	11072	11071.9	2056.9	2056.9
5910.9			43364.7	43164.6	18253.6	18090.4	2412	2401.9
130			2463.2	2463.2	1072.9	1072.9	141.6	141.6
18916			41975.3	41581.5	17735.3	17730.8	2331.4	2328.5

12-6 续表 2-1

指　　标	负债合计	所有者权益合计	实收资本	国家资本	集体资本	法人资本
二、餐饮业	**359170.1**	**52253.7**	**87125.1**	**11267.1**	**565**	**25476.6**
1.按餐饮业行业小类分						
正餐服务	344299.4	40870.7	84316.6	11267.1	565	24406.6
快餐服务	14870.7	11383	2808.5			1070
2.按登记注册类型分						
内资企业	343829.5	42376.7	82637.6	10826.1	565	25466.6
国有企业	11309.3	2374.5	3142.5	3116.1		26.4
股份合作企业	11.7	124.9	100			
有限责任公司	103483.5	-18737.1	15104.4	7710		3424.4
国有独资公司	1938.9	500	500	500		
其他有限责任公司	101544.6	-19237.1	14604.4	7210		3424.4
私营企业	228647.7	58549.4	64090.7		565	22015.8
私营独资企业	1815.6	1695.5	2150.9			546
私营有限责任公司	203800.3	49033	59993.8		565	20869.8
私营股份有限公司	23031.8	7820.9	1946			600
其他企业	377.3	65	200			
港、澳、台商投资企业	570.1	601.1	850			
港澳台商独资企业	570.1	601.1	850			
外商投资企业	14770.5	9275.9	3637.5	441		10
中外合资经营企业	1338	-1213	989			
中外合作经营企业	209	569.2	900	441		
外资企业	13223.5	9919.7	1748.5			10
3.按控股情况分						
国有控股	46024	2965.4	10972.5	10826.1		146.4
私人控股	293696.1	34656.7	68220.7		565	22475.8
港澳台商控股	779.1	1170.3	1750	441		
外商控股	14561.5	8706.7	2737.5			10
其他	4109.4	4754.6	3444.4			2844.4
4.按经营形式分						
独立门店	318991.1	35200.7	79151.6	11267.1	565	23386.6
连锁总店	26330.7	13153	5698.5			1010
连锁门店	11615.1	4594.8	2085			1000
其他	2233.2	-694.8	190			80
5.按单位规模分						
大型	39481.1	10866.4	4738.5	2000		1000
中型	204148.8	12560.6	37309.6	5500	565	8625
小型	102966.4	19373	36195.9	3767.1		15310.9
微型	12573.8	9453.7	8881.1			540.7

单位：万元

个人资本	港澳台资本	外商资本	营业收入	#主营业务收入	营业成本	#主营业务成本	营业税金及附加	#主营业务税金及附加
45779.9	**1309**	**2727.5**	**349968**	**349055.9**	**171314.2**	**171203.7**	**18720.1**	**18719**
45779.9	1309	989	262869.2	261957.1	124999.5	124889	14230	14228.9
		1738.5	87098.8	87098.8	46314.7	46314.7	4490.1	4490.1
45779.9			264513	263600.9	126091.3	125980.8	14364.5	14363.4
			8924.1	8754.1	4247.2	4247.2	483.9	483.9
100			519.5	519.5	298.2	298.2	29.5	29.5
3970			61553	61219.9	26106.7	26075	3575.1	3575.1
			4826.9	4826.9	4357.3	4357.3	271	271
3970			56726.1	56393	21749.4	21717.7	3304.1	3304.1
41509.9			193328.8	192919.8	95388.4	95309.6	10265.4	10264.3
1604.9			10299.7	10299.7	6341.4	6341.4	456	456
38559			172166.4	172129.2	83837.6	83758.8	9192.3	9191.2
1346			10862.7	10490.9	5209.4	5209.4	617.1	617.1
200			187.6	187.6	50.8	50.8	10.6	10.6
	850		1558.4	1558.4	630.5	630.5	89.5	89.5
	850		1558.4	1558.4	630.5	630.5	89.5	89.5
	459	2727.5	83896.6	83896.6	44592.4	44592.4	4266.1	4266.1
		989	3905.5	3905.5	2082.4	2082.4	221.6	221.6
	459		1597.1	1597.1	1055.1	1055.1	52.3	52.3
		1738.5	78394	78394	41454.9	41454.9	3992.2	3992.2
			38011.2	37841.2	13345.4	13329.9	2215.5	2215.5
45179.9			217435.7	216693.6	108542.2	108447.2	11631.4	11630.3
	1309		3155.5	3155.5	1685.6	1685.6	141.8	141.8
		2727.5	82299.5	82299.5	43537.3	43537.3	4213.8	4213.8
600			9066.1	9066.1	4203.7	4203.7	517.6	517.6
41714.9	1229	989	252468.1	251556	123699	123588.5	12935.5	12934.4
2950		1738.5	88513.6	88513.6	43524.7	43524.7	5076.3	5076.3
1005	80		8044.5	8044.5	3639	3639	642.8	642.8
110			941.8	941.8	451.5	451.5	65.5	65.5
		1738.5	97955.2	97955.2	43339.2	43339.2	5628.2	5628.2
22619.6			158156.2	157500.3	79589.1	79542.9	7857.6	7857.6
14819.9	1309	989	90704.6	90453.5	46887.8	46824.4	5053.2	5052.1
8340.4			3152	3146.9	1498.1	1497.2	181.1	181.1

12-6 限额以上住宿和

指标	其他业务利润	销售费用	管理费用	税金	财务费用	利息收入
总计	**17799**	**169828.6**	**94384.2**	**2513**	**9571**	**614.9**
一、住宿业	**10785.8**	**56804.7**	**40283.6**	**2088**	**1600.4**	**117.6**
1.按住宿业行业小类分						
旅游饭店	9968.6	46661.8	32985.1	1988	1420.2	95
一般旅馆	715.5	9044.9	6512.5	99.8	162.4	22.2
其他住宿业	101.7	1098	786	0.2	17.8	0.4
2.按登记注册类型分						
内资企业	10785.8	55952.5	38402.8	2088	1567.2	117.6
国有企业	9748.8	24062	16034.6	1499.5	500.7	88.2
集体企业		944.3	1323.5	109.2	2.2	0.5
有限责任公司	23.3	7014	7804.2	305.2	259	19.8
国有独资公司		1031.6	573.7		9.1	0.6
其他有限责任公司	23.3	5982.4	7230.5	305.2	249.9	19.2
股份有限公司		222.4	233.1		6	0.2
私营企业	1013.7	23709.8	13007.4	174.1	799.3	8.9
私营独资企业		120.8	29.4		0.2	
私营有限责任公司	1013.7	22537	12296	174.1	714	8.9
私营股份有限公司		1052	682		85.1	
港、澳、台商投资企业		852.2	1880.8		33.2	
与港澳台商合资经营企业		852.2	1880.8		33.2	
3.按控股情况分						
国有控股	9772.1	26659.9	22846.3	1702.6	549.3	107.7
集体控股		944.3	1323.5	109.2	2.2	0.5
私人控股	1013.7	25155.6	13474.8	174.1	816.4	8.9
港澳台商控股		852.2	1880.8		33.2	
其他		3192.7	758.2	102.1	199.3	0.5
4.按经营形式分						
独立门店	10785.8	55417	39871.6	2088	1586.4	117.6
连锁门店		1387.7	412		14	
5.按单位规模分						
大型	9639.9	9712	1.3	1.2	60.6	
中型	20.5	29291.6	20458.2	562.7	584.2	79.8
小型	1125.4	17801.1	19824.1	1524.1	955.6	37.8
6.按星级分						
五星	9639.9	14236.3	3460.4	2.5	114.6	7.3
四星	0.5	11940	11721.1	98.3	242.7	58.4
三星	160.3	15211.2	14243.4	1755.2	949.3	29.3
二星	303.8	582	773.7	46.3	35.7	0.1
其他	681.3	14835.2	10085	185.7	258.1	22.5

餐饮业法人企业财务状况（三）

单位：万元

	资产减值损失	公允价值变动收益	投资收益	营业利润	营业外收入		利润总额	应交所得税	应付职工薪酬（本年贷方累计发生额）
利息支出						补贴收入			
4856.7	**33.8**	**5.6**	**-352.5**	**-33103.5**	**1861.5**	**405.2**	**-29493**	**4818.1**	**91268.8**
662.3	**3.8**		**94.5**	**-18423.5**	**1304.2**	**305.2**	**-17051.6**	**450.9**	**33204.9**
621.3	3.8		87.3	-17088.1	1256.1	305.2	-16670.5	207.1	27034
41			7.2	-874.6	47.9		82.7	234.4	5330.5
				-460.8	0.2		-463.8	9.4	840.4
662.3	3.8		94.5	-17683	1278.6	305.2	-16335.6	450.9	31495.3
96.4	-2.1		94.5	-8803.4	1041.4	300	-9660	138.6	14054.6
0.9				-226.7	1		-228.5	10.3	912.3
223	5.9			-1336.7	184.6		-1206.2	108	5060.2
				-29.3	3.5		-28.6		256.8
223	5.9			-1307.4	181.1		-1177.6	108	4803.4
				-91.2			-91.2		205.1
342				-7225	51.6	5.2	-5149.7	194	11263.1
				16.3			16.3	4.7	60.8
341.9				-7223	51.6	5.2	-5147.8	189.3	10847.5
0.1				-18.3			-18.2		354.8
				-740.5	25.6		-716		1709.6
				-740.5	25.6		-716		1709.6
137.9	3.8		94.5	-9641.2	1145.9	300	-10433.7	246.4	18001.2
0.9				-226.7	1		-228.5	10.3	912.3
342				-7293.5	53.7	5.2	-5228.7	194.2	11501.9
				-740.5	25.6		-716		1709.6
181.5				-521.6	78		-444.7		1079.9
662.3	3.8		94.5	-18353.4	1302.1	305.2	-16971.6	450.9	33170.9
				-70.1	2.1		-80		34
				-134	171.4		33.5	8.3	2369.7
248.6	1.9		86.6	-8978.5	490.4		-9267.1	328.7	18916.2
413.7	1.9		7.9	-9311	642.4	305.2	-7818	113.9	11919
				-2612	504.7		-2164.9	8.3	7451
6.9	4.5		86.6	-4758.6	19		-3693.5	9	6624.1
565.4	-0.7		0.7	-7618.7	714.3	305.2	-8777.6	150.3	10943.4
31.9				-142.7			-142.7	6	640.3
58.1			7.2	-3291.5	66.2		-2272.9	277.3	7546.1

12-6 续表 3-1

指　标	其他业务利润	销售费用	管理费用		财务费用	
				税金		利息收入
二、餐饮业	**7013.2**	**113023.9**	**54100.6**	**425**	**7970.6**	**497.3**
1.按餐饮业行业小类分						
正餐服务	7013.2	92040.5	47882	422.5	7961.3	477.6
快餐服务		20983.4	6218.6	2.5	9.3	19.7
2.按登记注册类型分						
内资企业	7013.2	91861.9	47922.3	420.5	7858.9	477.5
国有企业	470	2858.5	3118.9	32.4	17.2	
股份合作企业		160.7	11		0.5	
有限责任公司	49	14232.7	19333.4	50.3	4335.6	424.9
国有独资公司		11.6	84.1		10.7	
其他有限责任公司	49	14221.1	19249.3	50.3	4324.9	424.9
私营企业	6494.2	74487	25453.6	337.8	3499.9	52.6
私营独资企业	3	2738	569.4	65.3	99.1	0.1
私营有限责任公司	5850.1	68639.7	23531.6	272.5	3067.1	48.9
私营股份有限公司	641.1	3109.3	1352.6		333.7	3.6
其他企业		123	5.4		5.7	
港、澳、台商投资企业		783.8	289	1.8	4.9	0.1
港澳台商独资企业		783.8	289	1.8	4.9	0.1
外商投资企业		20378.2	5889.3	2.7	106.8	19.7
中外合资经营企业		1501.3	284.2		114.9	
中外合作经营企业		568.2	10.6	0.2	7.6	
外资企业		18308.7	5594.5	2.5	-15.7	19.7
3.按控股情况分						
国有控股	470	6867.9	17590	82.7	2055.6	375.5
私人控股	6543.2	81065.3	29358.6	337.8	5770.6	101.9
港澳台商控股		1352	299.6	2	12.5	0.1
外商控股		19810	5878.7	2.5	99.2	19.7
其他		3928.7	973.7		32.7	0.1
4.按经营形式分						
独立门店	6811.3	83662.2	47009.8	423.2	7462.6	475.3
连锁总店	201.9	24600.8	6613.7		369.6	21.7
连锁门店		3629.3	463.3	1.8	116.9	
其他		1131.6	13.8		21.5	0.3
5.按单位规模分						
大型		20526.1	18391.9	38.7	1998.6	376.8
中型	4789.3	56346.7	20550	179.8	4201.6	106.3
小型	2219.8	34195	14921.9	202.8	1338.3	10.3
微型	4.1	1956.1	236.8	3.7	432.1	3.9

单位：万元

	资产减值损失	公允价值变动收益	投资收益	营业利润	营业外收入		利润总额	应交所得税	应付职工薪酬（本年贷方累计发生额）
利息支出						补贴收入			
4194.4	**30**	**5.6**	**-447**	**-14680**	**557.3**	**100**	**-12441.4**	**4367.2**	**58063.9**
4194.4	30	5.6	-447	-23762.7	351.2	100	-21508	2353.5	55580.7
				9082.7	206.1		9066.6	2013.7	2483.2
4192.8	30	5.6	-447	-23104.5	347.4	100	-20857.2	2334.6	55343.1
13.5				-1503.2	125.1	100	-1381.3	730.3	2727.4
				19.6			19.1	15.6	93.2
2376.9	21.8		-4.3	-6056.6	65.2		-6308.1	423.4	14003.9
	21.8			70.4	0.3		70.6	23.5	927.4
2376.9			-4.3	-6127	64.9		-6378.7	399.9	13076.5
1802.4	8.2	5.6	-442.7	-15556.4	156.8		-13179.4	1165.3	38371.6
0.4	1.2	-4	-53.5	37.1	0.1		12.4	29.9	1238.7
1546.2	7	9.6		-15834.1	147.2		-13441.9	1135.4	35198.7
255.8			-389.2	240.6	9.5		250.1		1934.2
				-7.9	0.3		-7.5		147
1.6				-239.3	5.3		-237.5	26.6	457.4
1.6				-239.3	5.3		-237.5	26.6	457.4
				8663.8	204.6		8653.3	2006	2263.4
				-298.9	0.3		-298.6		276
				-96.7			-96.7		500
				9059.4	204.3		9048.6	2006	1487.4
2382.1	21.8			-3786.6	125.5	100	-3966.2	760.5	11217.9
1809.5	8.2	5.6	-442.7	-18723.3	209.9		-16307.7	1524.7	42517.7
1.6				-336	5.3		-334.2	26.6	957.4
				8760.5	204.6		8750	2006	1763.4
1.2			-4.3	-594.6	12		-583.3	49.4	1607.5
4189.9	30	5.6	-447	-22021.5	342.4	100	-19761.9	1850.4	47662.8
2.9				8530.4	213.6		8511.6	2472.2	7160.1
1.6				-446.8	1.3		-449	26.6	3028.4
				-742.1			-742.1	18	212.6
2367.1				8071.2	204.3		8060.4	2396.9	10819.4
668.1	21.8	9.6		-10199.1	118		-8599.6	844.9	26170.2
749.2	8.2	-4	-447	-11399.9	216.2	100	-10768.3	1125.4	20395.8
410				-1152.2	18.8		-1133.9		678.5

12-7　对外贸易进出口情况（海关数）

单位：万美元

指　标	2013	2012	比 2012 年增长%
地区进出口总额	**916349**	**847422**	**8.1**
出口总额	529482	424212	24.8
进口总额	386867	423210	-8.6

12-8　三资企业情况

指　标	单位	2013	2012	比 2012 年增长%
年内新批三资企业	个	18	14	28.6
总投资额	万美元	112604	37548	199.9
合同外资额	万美元	15890.58	380	4085.0
直接到位外资额	万美元	94426	78232	20.7

12-9　旅游人数及收入

指　标	2013	2012
一、海外旅游人数（人次）	**465965**	**422451**
外国人	327396	297141
香港同胞	79445	71558
澳门同胞	8658	7918
台湾同胞	50466	45834
二、国内旅游人数（万人次）	**3644.73**	**2941.64**
三、旅游外汇收入（万美元）	**27567.04**	**24412.97**
四、国内旅游收入（亿元）	**413.52**	**339.69**

12-10　出境旅游人数

单位：人次

指　标	2013	2012
出境旅游人数	**509032**	**170275**
# 出国游	303465	85232
香港游	95575	37539
澳门游	66345	31594
台湾游	43647	15910
首站前往国家		
日本	4819	8481
泰国	109427	22186
韩国	61967	25817
德国	3650	1315
澳大利亚	7125	2149
新加坡	24108	6604
马来西亚	15011	7461
印度尼西亚	11304	1881
法国	4973	1924
其他	61081	7414

第13篇

财政、金融、税务和保险

资料整理、审核

师　超　　李红令　　马　娜　　陶姝钰

13-1 财政一般预算收入

单位：万元

指　　标	2013	2012
收入合计	**2473261**	**2156654**
增值税	251424	233271
营业税	734659	642826
企业所得税	258351	250274
个人所得税	86449	75082
资源税	21426	20527
城市维护建设税	186070	167344
房产税	92112	70313
印花税	61917	50327
城镇土地使用税	61023	47771
土地增值税	143576	68103
车船税	32505	27804
耕地占用税	24037	10400
契税	119743	59787
国有资本经营收入	5578	-417
国有资源(资产)有偿使用收入	31480	24822
行政事业性收费收入	95653	102012
罚没收入	58062	83843
专项收入	193114	203704
其他收入	16082	18861

13-2 财政一般预算支出

单位：万元

指　　标	2013	2012
支出合计	**2886300**	**2774437**
一般公共服务	232335	224998
国防	7125	5612
公共安全	202508	187891
教育	547273	550372
科学技术	112969	95583
文化体育与传媒	41757	38018
社会保障和就业	386625	334333
医疗卫生	190480	171514
节能环保	80181	129985
城乡社区事务	684705	455680
农林水事务	175671	182077
交通运输	125481	100711
资源勘探电力信息等事务	90104	54220
商业服务业等事务	23431	24588
粮油物资储备事务	6096	6745
金融监管等事务支出	191	10277
国土资源气象等事务	120482	148865
住房保障支出	150304	38904
援助其他地区支出	3448	66
储备事务支出		
国债还本付息支出	3901	4597
其他支出	6023	9401

13–3 财政收入分级情况

单位：万元

指　　标	全市	市级	县区
公共财政预算收入	**2473261**	**1261879**	**1211382**
增值税	251424	118821	132603
营业税	734659	286244	448415
企业所得税	258351	212552	45799
个人所得税	86449	58133	28316
资源税	21426	9085	12341
城市维护建设税	186070	104292	81778
房产税	92112	44369	47743
印花税	61917	29779	32138
城镇土地使用税	61023	29229	31794
土地增值税	143576	46621	96955
车船税	32505	238	32267
耕地占用税	24037		24037
契税	119743	105469	14274
国有资本经营收入	5578	3658	1920
国有资源（资产）有偿使用收入	31480	12521	18959
行政事业性收费收入	95653	63746	31907
罚没收入	58062	39586	18476
专项收入	193114	87371	105743
其他收入	16082	10165	5917

13–4 财政支出分级情况

单位：万元

指　　标	全市	市级	县级
支出合计	**3191090**	**1472014**	**1719076**
一般公共服务	232335	67486	164849
国防	7125	2113	5012
公共安全	202508	153233	49275
教育	547273	202327	344946
科学技术	112969	14043	98926
文化体育与传媒	41757	31548	10209
社会保障和就业	386625	139763	246862
医疗卫生	190480	86854	103626
节能环保	80181	57099	23082
城乡社区事务	684705	356984	327721
农林水事务	175671	25522	150149
交通运输	125481	97903	27578
资源勘探电力信息等事务	90104	44249	45855
商业服务业等事务	23431	18132	5299
金融监管等事务支出	191	186	5
援助其他地区支出	3448	1915	1533
国土资源气象等事务	120482	23581	96901
住房保障支出	150304	139886	10418
粮油物资储备事务	6096	5183	913
国债还本付息支出	3901	3735	166
其他支出	6023	272	5751

13-5　金融机构(含外资)本外币信贷收支

单位：万元

指　标	年末余额
资金来源	**97057862**
一、各项存款	99485053
1.单位存款	57255611
(1)活期存款	23090300
(2)定期存款	17071491
(3)通知存款	1702944
(4)保证金存款	8431522
2.个人存款	35080170
储蓄存款	33356844
保证金存款	105490
结构性存款	1617836
3.财政性存款	5566370
4.临时性存款	183129
5.委托存款	634654
6.其他存款	765119
二、金融债券	30
三、中长期借款	24120
四、应付及暂收款	2546868
#应付利息	1396000
五、同业往来(来源方)	1666194
六、系统内资金往来(来源方)	
七、外汇买卖(来源方)	2898119
#结售汇	2280612
八、各项准备	2301128
#贷款损失准备金	2101147
九、所有者权益	2759777
#实收资本	935245
十、其他	-14623426
资金运用	**97057862**
一、各项贷款	72223486
(一)境内贷款	72218047
1.短期贷款	24819799
2.中长期贷款	44386432
3.融资租赁	179303
4.票据融资	2753585
5.各项垫款	78929
(二)境外贷款	5439
二、有价证券	3048508
三、股权及其他投资	598534
四、应收及预付款	1169517
#应收利息	426823
五、同业往来(运用方)	689297
六、系统内资金往来(运用方)	15173851
七、金银占款	
八、外汇买卖(运用方)	2902861
#结售汇	2280200
九、固定资产	812027
十、库存现金	439299
十一、投资性房地产	483

13-6 金融机构(含外资)人民币信贷收支

单位：万元

指 标	年末余额
资金来源	**93602924**
一、各项存款	98196846
1.单位存款	56286250
(1)活期存款	22877924
(2)定期存款	16523950
(3)通知存款	1540767
(4)保证金存款	8384255
2.个人存款	34778565
储蓄存款	33079851
保证金存款	104895
结构性存款	1593818
3.财政性存款	5566370
4.临时性存款	171136
5.委托存款	633752
6.其他存款	760773
二、金融债券	30
三、中长期借款	14972
四、应付及暂收款	2492870
# 应付利息	1391525
五、同业往来(来源方)	1203590
六、系统内资金往来(来源方)	
七、外汇买卖(来源方)	1132205
# 结售汇	1132140
八、各项准备	2285306
# 贷款损失准备金	2085692
九、所有者权益	2746202
# 实收资本	930672
十、其他	-14469097
资金运用	**93602924**
一、各项贷款	71118722
(一)境内贷款	71117551
1.短期贷款	23944468
2.中长期贷款	44161435
3.融资租赁	179303
4.票据融资	2753585
5.各项垫款	78760
(二)境外贷款	1171
二、有价证券	3048508
三、股权及其他投资	598534
四、应收及预付款	1115330
# 应收利息	420583
五、同业往来(运用方)	682679
六、系统内资金往来(运用方)	14690241
七、金银占款	
八、外汇买卖(运用方)	1139276
# 结售汇	1132512
九、固定资产	811990
十、库存现金	397161
十一、投资性房地产	483

13-7 国税系统税收入库情况

单位：万元

指　标	2013	2012
合　计	**2319581**	**2260854**
一、按税种分		
国内增值税	1358903	1345418
国内消费税	182617	171243
企业所得税	589869	563940
储蓄利息个人所得税	203	407
车辆购置税	187989	179846
二、按经济类型分		
国有企业	370657	230114
集体企业	28619	30707
股份公司	1153256	1259405
私营企业	291743	290881
外商投资企业	223678	233086
个体	205757	196362

13-8 国税系统县（市、区）税收入库情况

单位：万元

指　标	2013	2012
合　计	**2319581**	**2260854**
市直分局	1180929	1183640
高新区	114480	135511
经济区	174304	137211
民营区	26308	26330
小店区	170194	146079
迎泽区	134684	135432
杏花岭区	120684	132544
尖草坪区	65290	63399
万柏林区	80960	73071
晋源区	49686	55876
古交市	40708	41828
清徐县	65359	43587
阳曲县	20146	19167
娄烦县	47454	41956
不锈钢园区局	28395	25223

13-9 地税系统(分税种)税收

单位：万元

指 标	2013	2012
合 计	**2120660**	**1724974**
营业税	947664	830668
企业所得税	239475	195382
个人所得税	266767	233261
资源税	18034	15240
城市维护建设税	158749	144653
房产税	80484	61348
印花税	52623	44524
城镇土地使用税	56446	44200
土地增值税	133469	63399
车船使用税	31316	26993
耕地占用税	21880	7570
契税	113753	57736

13-10 地税系统(分企业)税收

单位：万元

指 标	2013	2012
合 计	**2120660**	**1724974**
国有企业	208190	169873
集体企业	24776	20869
股份合作企业	1066	1003
联营企业	405	1134
股份有限公司	1565007	1222614
私营企业	44071	50596
其他企业	160630	159550
个体	61042	54056
港澳台投资企业	8449	5776
外商投资企业	47024	39503

13-11 地税系统县(市、区)税收

单位：万元

指 标	2013	2012
合 计	**2120660**	**1724974**
市直分局	933608	800184
不锈钢分局	10615	7734
迎泽区	192419	147727
杏花岭区	192001	148652
万柏林区	142755	108855
小店区	295018	225985
尖草坪区	66354	55454
晋源区	60490	42500
古交市	53005	51349
清徐县	42528	41006
阳曲县	34000	25999
娄烦县	36794	30644
民营区	61073	38885

13-12　保险事业基本情况

单位：万元

项目		原保险保费收入		赔付支出	
		金额	增长	金额	增长
合　计		**975529.17**	**35.16%**	**352885.51**	**39.12%**
人身险公司	国寿股份	117459.07	-10.17%	84972.84	89.36%
	国寿存续	8226.31	-1.83%	9697.07	-21.60%
	太保寿险	69446.39	8.28%	7417.02	18.42%
	平安人寿	107135.55	16.74%	15295.13	-15.77%
	新华人寿	59297.17	-8.19%	3503.65	24.76%
	泰康人寿	62449.90	6.97%	10629.34	152.54%
	太平人寿	40887.11	38.42%	2017.62	10.80%
	人保寿险	55938.43	1.80%	5463.88	132.19%
	农银人寿	8869.63	17.12%	6019.76	6721.52%
	人保健康	9409.38	26.36%	8049.06	89.03%
	合众人寿	2637.58	-12.28%	313.19	47.11%
	英大人寿	4092.31	-10.15%	345.27	-50.53%
	民生人寿	5986.33	-22.49%	413.33	156.34%
	平安养老	6042.13	-6.55%	3930.96	27.34%
	阳光人寿	14207.65	-27.79%	885.74	172.40%
	生命人寿	12536.59	-17.45%	1690.45	98.84%
	光大永明	6964.83	51.25%	199.62	28.96%
	国华人寿	1360.04	-67.18%	33.49	4487.33%
	幸福人寿	3475.95	8.92%	47.58	7.94%
	泰康养老	736.80		0.13	
财产险公司	人保产险	90218.90	2.88%	62005.98	32.74%
	太保产险	38926.14	3.76%	20103.81	9.65%
	永安产险	6477.97	-4.17%	4370.60	-13.81%
	平安产险	75322.44	25.33%	37015.02	28.85%
	天安产险	3363.35	63.95%	1783.87	36.61%
	大地产险	14138.16	19.58%	8619.57	19.50%
	太平产险	11173.81	28.58%	3610.79	52.12%
	华安产险	7582.70	35.44%	2304.69	38.23%
	安邦产险	328.97	-45.92%	202.64	112.17%
	永诚产险	6792.69	-1.46%	4474.31	-17.89%
	阳光产险	5446.55	1.63%	2943.05	-18.09%
	国寿产险	38560.00	20.05%	20124.36	20.32%
	渤海产险	323.47	34.07%	199.12	49.48%
	都邦产险	3119.74	18.61%	1194.00	-8.56%
	华泰产险	9636.55	-10.27%	4427.28	7.30%
	中国信保	3422.61	21.61%	675.78	105.72%
	天平车险	12095.40	56.75%	3798.60	48.72%
	安诚产险	2796.56	43.84%	764.86	23.46%
	信达产险	6049.32	-4.40%	1815.11	143.14%
	中银保险	4763.16	3.36%	380.20	178.90%
	中煤产险	15735.47	-2.65%	5041.37	-82.07%
	英大产险	13937.89	50.57%	4192.71	135.32%
	紫金产险	4597.12	196.23%	1606.90	710.76%
	中华联合	3550.03		275.49	
	众安在线	11.04		4.27	

注：众安在线财产保险股份有限公司（简称“众安产险”）于2013年9月29日获得中国保监会核准开业，注册地为上海，主要通过互联网平台销售保险产品。目前，该公司尚未设立各省分公司，无法按照真实数据机构实现业务统计。为及时反映各省互联网渠道保险业务的情况，保监会统信部要求该公司设置统计信息系统省级虚拟数据机构，按照业务来源分省统计业务财务数据。

13-13 上市公司主要经济指标

指　　标	营业收入（万元）	净利润（万元）	每股收益（元）	总股本（万元）	净资产（万元）	每股净资产（元）	经营活动现金净流量（万元）	每股经营现金净流量（元）	净资产收益率(%)
合　计	**25491006.07**	**296094.47**	**0.13**	**2239126.18**	**8728223.94**	**3.90**	**729547.15**	**0.32581**	**3.39**
太原刚玉	88884.15	-15861.27	-0.57	27680.00	22250.99	0.77	-13836.99	-0.4999	-74.19
煤气化	208565.17	4548.22	0.09	51374.70	354643.07	5.38	-31133.53	-0.606	1.65
西山煤电	2950013.15	105616.28	0.34	315120.00	1881677.14	5.08	248799.83	0.7895	6.59
太原重工	955141.33	2550.47	0.01	242395.50	540782.97	2.23	-82729.57	-0.3413	0.47
山水文化	1044.45	3356.37	0.17	20244.59	7642.27	0.22	276.36	0.0137	76.17
盛和资源	137469.97	14787.96	0.39	37641.58	110458.92	2.82	-25305.39	-0.6723	16.98
晋西车轴	283002.27	11438.42	0.34	41951.07	168479.63	7.04	16985.75	-0.4049	3.88
通宝能源	641354.68	38323.68	0.33	114650.25	390359.75	3.36	141824.59	1.2370	9.95
太钢不锈	10502032.48	62973.64	0.11	569624.78	2613706.75	4.32	399581.74	0.7015	2.56
ST 狮头	8199.66	-13016.59	-0.57	23000.00	71626.75	2.06	238.56	0.0104	-27.47
漳泽电力	915111.41	45545.43	0.22	225373.78	528221.93	2.06	221217.35	0.9816	9.81
太化股份	316984.89	-28290.90	-0.55	51440.20	69221.26	1.32	-38099.08	-0.7406	-41.75
美锦能源	126336.65	3686.76	0.13	27919.84	49287.74	1.62	13292.31	0.4761	8.13
山煤国际	8132856.26	24400.81	0.12	198245.61	1082009.42	4.02	115413.92	0.5822	3.06
山西证券	131602.51	25858.09	0.11	251872.52	732588.32	2.74	-243742.07	-0.9677	3.75
百圆裤业	44635.46	3149.07	0.24	13334.00	70098.58	5.21	-2337.32	-0.1753	4.53
*ST 生化	47771.58	7028.03	0.26	27257.76	35168.45	1.10	9100.69	0.3339	23.40

第14篇

科教、文卫、体育和民政

资料整理、审核

王翠莲　　刘红芳　　刘俊欢

14-1 规模以上工业企业 R&D 人员情况(一)

指 标	企业数（个）	R&D 人员合计（人）	#1.参加项目人员	2.管理和服务人员	# 女性	# 研究人员	#1.全时人员	2.非全时人员
总 计	**440**	**16192**	**14837**	**1355**	**3190**	**8261**	**7642**	**8550**
一、按企业规模分组								
大型企业	34	13409	12243	1166	2541	7037	5964	7445
中型企业	79	1973	1835	138	462	987	1201	772
小型企业	315	810	759	51	187	237	477	333
微型企业	12							
二、按登记注册类型分组								
内资企业	416	15999	14652	1347	3128	8216	7538	8461
港、澳、台商投资企业	4	90	86	4	26	4	63	27
外商投资企业	20	103	99	4	36	41	41	62
三、按国民经济行业分组								
采矿业	65	3988	3919	69	288	1874	929	3059
制造业	364	12204	10918	1286	2902	6387	6713	5491
电力、燃气及水的生产和供应业	11							
四、按隶属关系分组								
中央	32	4838	4191	647	1573	2984	2607	2231
地方	408	11354	10646	708	1617	5277	5035	6319

14-1 规模以上工业企业 R&D 人员情况(二)

指 标	R&D 人员折合全时当量合计（人年）	# 研究人员	#1.基础研究人员	2.应用研究人员	3.试验发展人员
总 计	**12763.2**	**6330.3**		**53.0**	**12710.2**
一、按企业规模分组					
大型企业	11177.2	5566.5		38.9	11138.2
中型企业	1250.3	672.2		14.1	1236.2
小型企业	335.7	91.5			335.7
微型企业					
二、按登记注册类型分组					
内资企业	12622.1	6297.2		48.8	12573.3
港、澳、台商投资企业	90.0	4.0			90.0
外商投资企业	51.1	29.1		4.2	46.9
三、按国民经济行业分组					
采矿业	3440.6	1611.5			3440.6
制造业	9322.6	4718.8		53.0	9269.6
电力、燃气及水的生产和供应业					
四、按隶属关系分组					
中央	4311.5	2628.4		9.2	4302.3
地方	8451.7	3701.9		43.8	8407.8

14-2 规模以上工业企业 R&D 经费支出(一)

单位：万元

指　标	R&D 经费内部支出合计	(一)按活动类型分组			(二)按支出用途分组				
		1.基础研究支出	2.应用研究支出	3.试验发展支出	1.经常费支出	# 人员劳务费	2.资产性支出	#①土建工程	②仪器设备
总　计	**596814.2**		**627.7**	**596186.5**	**500977.6**	**63381.0**	**95836.5**	**5478.9**	**90357.7**
一、按企业规模分组									
大型企业	553481.2		321.4	553159.8	460298.1	56146.6	93183.1	5455.3	87727.8
中型企业	28599.5		306.3	28293.2	27286.4	4004.6	1313.1	12.5	1300.6
小型企业	14733.5			14733.5	13393.1	3229.8	1340.4	11.1	1329.3
微型企业									
二、按登记注册类型分组									
内资企业	593384.6		384.2	593000.4	497706.0	63128.3	95678.6	5478.9	90199.7
港、澳、台商投资企业	2059.3			2059.3	2029.4	153.9	29.9		29.9
外商投资企业	1370.3		243.5	1126.8	1242.2	98.8	128.1		128.1
三、按国民经济行业分组									
采矿业	21940.3			21940.3	18624.9	9120.3	3315.4	196.6	3118.8
制造业	574873.9		627.7	574246.2	482352.7	54260.7	92521.2	5282.3	87238.9
四、按隶属关系分组									
中央	82664.4		71.1	82593.3	76854.1	18671.5	5810.3	115.1	5695.2
地方	514149.8		556.6	513593.2	424123.5	44709.5	90026.3	5363.8	84662.5

14-2 规模以上工业企业 R&D 经费支出(二)

单位：万元

指　标	(三)按资金来源分组				R&D 经费外部支出	对境内研究机构支出	对境内高等学校支出	对境外支出
	1.政府资金	2.企业资金	3.境外资金	4.其他资金				
总　计	**16971.3**	**577223.2**		**2619.7**	**9599.2**	**3328.6**	**2515.5**	**106.7**
一、按企业规模分组								
大型企业	14413.3	536448.2		2619.7	8981.0	3118.6	2308.4	106.7
中型企业	1248.8	27350.7			375.5	87.1	87.3	
小型企业	1309.2	13424.3			242.7	122.9	119.8	
微型企业								
二、按登记注册类型分组								
内资企业	16225.3	574539.6		2619.7	9567.3	3296.7	2515.5	106.7
港、澳、台商投资企业	746.0	1313.3						
外商投资企业		1370.3			31.9	31.9		
三、按国民经济行业分组								
采矿业	44.6	21895.7			2053.7	1150.1	903.6	
制造业	16926.7	555327.5		2619.7	7545.5	2178.5	1611.9	106.7
四、按隶属关系分组								
中央	9211.3	71035.2		2417.9	3246.0	1589.8	781.7	
地方	7760.0	506188.0		201.8	6353.2	1738.8	1733.8	106.7

14-3 各类学校及各级教育基本情况

单位：人

指　　标	学校数(所)	在校学生数	招生数	毕业生数	教职工数	# 专任教师
高等教育	**53**	**526279**	**171462**	**140587**	**36588**	**23988**
研究生教育		22658	7704	6479		
普通高等教育	44	378728	120022	99379	34913	22895
成人高等教育	9	124893	43736	34729	1675	1093
中等职业教育	**58**	**120481**	**32616**	**44906**	**6742**	**4732**
中等技术教育	32	70332	23036	24041	4376	2787
成人中等专业教育	11	26409	5353	7713	1258	1057
职业高中教育	15	23740	4227	13152	1108	888
技工学校	**32**	**41486**	**13131**	**14901**	**2211**	**1712**
普通中学	**226**	**222821**	**73141**	**79795**	**23848**	**18392**
高中	92	88514	29357	28835		6871
初中	134	134307	43784	50960		11521
小学	**543**	**254414**	**46148**	**46477**	**17180**	**16608**
幼儿园	**608**	**113446**	**43668**	**36945**	**12700**	**7090**
特殊教育	**5**	**993**	**135**	**147**	**239**	**199**
工读学校	**1**	**296**	**111**	**100**	**84**	**67**

14-4 研究生教育基本情况

单位：人

指　　标	在校学生数	招生数	毕业生数
合　计	**22658**	**7704**	**6479**
山西大学	4989	1693	1554
太原科技大学	1644	550	426
中北大学	3533	1111	807
太原理工大学	5438	1732	1488
山西医科大学	3483	1180	993
山西财经大学	3118	1255	1122
山西中医学院	280	123	43
中国辐射防护研究院	42	14	14
中国日用化学工业研究院	35	12	12
山西省中医药研究院	96	34	20

14-5 普通高等教育基本情况

单位：人

指　标	学校数(所)	在校学生数	招生数	毕业生数	教职工数	# 专任教师
总　计	**44**	**378728**	**120022**	**99379**	**34913**	**22895**
山西大学	1	21011	5476	4653	3692	2037
太原科技大学	1	15458	5361	3537	1632	1068
中北大学	1	28494	8662	6929	2633	1787
太原理工大学	1	27417	8248	5627	4095	2189
山西医科大学	1	19532	5846	4331	1944	1167
山西财经大学	1	15026	4222	2653	1736	1142
太原师范学院	1	15472	5165	3862	1676	806
山西中医学院	1	7114	2143	1364	566	438
山西传媒学院	1	5724	1971	1602	391	325
山西工商学院	1	12317	4655	2239	943	665
太原工业学院	1	13931	3888	3011	758	610
太原学院	1	10637	3557	4160	1167	733
山西大学商务学院	1	16056	4322	3360	1198	893
太原理工大学现代科技学院	1	13665	2908	2134	971	766
中北大学信息商务学院	1	13985	4076	3138	642	547
太原科技大学华科学院	1	6196	991	2063	519	456
山西医科大学晋祠学院	1	2434	589	678	489	260
山西财经大学华商学院	1	5167	786	1993	537	423
太原电力高等专科学校	1	4321	1400	1806	586	369
山西省财政税务专科学校	1	5079	2047	1969	385	259
山西警官高等专科学校	1	5848	2167	1562	586	348
山西艺术职业学院	1	1271	459	642	341	232
山西建筑职业技术学院	1	9423	3325	2848	532	393
山西药科职业学院	1	4331	1526	1529	315	193
山西工程职业技术学院	1	6915	2297	2364	377	279
山西交通职业技术学院	1	5139	2251	1480	350	276
山西兴华职业学院	1	4960	1905	1480	425	313
山西戏剧职业学院	1	801	302	373	285	175
山西财贸职业技术学院	1	4402	1436	1564	221	176
山西林业职业技术学院	1	5430	1761	1705	313	219
山西职业技术学院	1	10162	3760	3237	712	571
山西煤炭职业技术学院	1	6637	2371	2307	377	277
山西金融职业学院	1	3578	1224	1164	214	167
太原城市职业技术学院	1	5532	1780	1639	390	253
山西体育职业学院	1	1183	522	567	208	143
山西警官职业学院	1	1958	851	896	254	146
山西国际商务职业学院	1	2430	911	728	152	111
太原旅游职业学院	1	4712	1714	1418	366	276
山西旅游职业学院	1	5713	1974	1670	320	235
山西电力职业技术学院	1	4722	1704	1996	511	368
山西老区职业技术学院	1	2677	811	877	207	148
山西经贸职业学院	1	6459	2464	1453	497	359
山西轻工职业技术学院	1	3533	1201	1162	173	122
山西青年职业学院	1	3475	1609	726	227	175
山西职工医学院	–	3521	1508	741		
山西煤炭管理干部学院	–	3043	1193	1338		
山西省政法管理干部学院	–	1837	683	804		

14-6　成人高等教育基本情况

单位：人

指　标	学校数(所)	在校学生数	招生数	毕业生数	教职工数	#专任教师
总　计	**9**	**124893**	**43736**	**34729**	**1675**	**1093**
山西大学		15569	5138	4633		
太原科技大学		13915	4383	3351		
中北大学		3609	1152	1439		
太原理工大学		33484	12084	7399		
山西医科大学		8124	2907	2478		
山西财经大学		10307	3394	2329		
太原师范学院		4548	966	1820		
山西中医学院		2493	882	800		
山西传媒学院		36	13	23		
山西工商学院		392	42	666		
太原工业学院		3087	437	1355		
太原学院-专科		91	46	27		
太原电力高等专科学校		480	103	130		
山西省财政税务专科学校		756	259	180		
山西警官高等专科学校		496	9	123		
山西艺术职业学院		39	15	6		
山西建筑职业技术学院		122	19	51		
山西工程职业技术学院		319	64			
山西交通职业技术学院		8	8			
山西兴华职业学院		138	115	31		
山西戏剧职业学院		66	26	12		
山西林业职业技术学院		21	4	27		
太原城市职业技术学院		118	46	76		
山西旅游职业学院		117		48		
山西电力职业技术学院		156	35			
山西经贸职业学院		109	63			
山西青年职业学院				3		
山西职工医学院		1016	301	505		
太原化学工业集团有限公司职工大学	1	1192	336	332	60	42
山西机电职工学院	1	4836	2431	728	249	137
太原钢铁(集团)有限公司职工钢铁学院	1	632	266	159	91	45
山西职工医学院	1	2354	1071	1225	338	232
山西兵器工业职工大学	1	1937	1270	623	142	113
山西省职工工艺美术学院	1	1184	312	753	70	45
山西煤炭管理干部学院	1	9871	3998	2412	288	218
山西省政法管理干部学院	1	307	112	15	203	157
山西省广播电视大学	1	2964	1429	970	234	104

14-7 中等职业教育基本情况

单位：人

指 标	学校数(所)	在校学生数	招生数	毕业生数	教职工数	# 专任教师
总 计	**32**	**70332**	**23036**	**24041**	**4376**	**2787**
太原市卫生学校	1	2983	1020	1123	142	112
太原市财贸学校	1	1677	611	308	120	93
太原市文化艺术学校	1	743	115	196	138	98
太原市体育运动学校	1	437	127	121	97	48
太原生态工程学校	1	2283	136	344	216	149
太原市财政金融学校	1	1516	505	514	220	185
太原市交通学校	1	2180	857	555	170	123
太原幼儿师范学校	1	10154	3758	2864	363	313
太原铁路技术中等专业学校	1			289	343	146
山西省现代经贸学校	1	1059	80	296	36	19
山西省大众传媒学校	1	283	23	81	37	14
山西省四方中等技术学校	1	1540	644	1054	113	76
山西省中医学校	1	2153	613	523	62	33
山西广播电影电视学校	1	498	162	157	65	29
山西省经贸学校	1	1553	632	655	107	59
山西省司法学校	1	1926	858	798	133	76
山西省邮电学校	1				66	29

注:学校存在，但无招生、在校生、毕业生、教职工等的学校未列入本表。

14-7 续表 1

单位：人

指　　标	学校数(所)	在校学生数	招生数	毕业生数	教职工数	# 专任教师
山西省工贸学校	1	2434	1003	957	147	118
山西省财政会计学校	1					
山西省贸易学校	1	5017	1660	1474	140	90
山西省物流技术学校	1	692	120	39	125	78
太原铁路机械学校	1	4606	1594	2395	307	218
山西省工业管理学校	1	3055	1054	1561	249	137
山西省城乡建设学校	1	4349	1214	1710	128	73
山西省特殊教育中等专业学校	1	355	135	98	73	28
山西税务学校	1				73	45
山西省商务学校	1	895	373	495	188	113
山西省建筑工程技术学校	1	5370	1777	1046	144	83
山西省好艺中等专业学校	1	2093	864	435	65	37
山西省应用技术学校	1	666	190	346	102	49
山西省人民武装学校	1				62	30
山西省畜牧兽医学校	1	786	276	279	145	86
山西省农业广播电视学校		232		18		
山西艺术职业学院		707	179	169		
山西药科职业学院		650	290	273		

14-7 续表2

单位：人

指　　标	学校数(所)	在校学生数	招生数	毕业生数	教职工数	# 专任教师
山西交通职业技术学院		636	215	260		
山西兴华职业学院		100	30	44		
山西戏剧职业学院		952	283	206		
山西职业技术学院		578	155	415		
山西煤炭职业技术学院				30		
山西金融职业学院				23		
山西体育职业学院		1751	670	272		
山西国际商务职业学院		45	24	44		
山西旅游职业学院		71		30		
山西老区职业技术学院		95	17	31		
山西煤炭职工联合大学		316	78	135		
山西兵器工业职工大学		58		54		
山西省广播电视大学				309		
山西省政法管理干部学院		128	62	67		
太原广播电视中等专业学校		384	105	86		
太原大学外语师范学院		1327	277	512		
太原城市职业技术学院		86				
太原旅游职业学院		913	250	350		

14-8 成人中等专业教育基本情况

单位：人

指 标	学校数(所)	在校学生数	招生数	毕业生数	教职工数	# 专任教师
总 计	**11**	**26409**	**5353**	**7713**	**1258**	**1057**
太原广播电视中等专业学校	1				77	40
太原市小店区教师进修学校	1				35	25
太原市迎泽区教师进修学校	1				23	18
太原市杏花岭区教师进修学校	1				25	24
太原市尖草坪区教师进修学校	1				18	16
太原市万柏林区教师进修学校	1				18	15
清徐县教师进修学校	1				23	20
阳曲县教师进修学校	1				29	23
娄烦县教师进修学校	1				26	25
古交市教师进修学校	1				22	17
山西省农业广播电视学校	1	22991	3884	7424	962	834
山西煤炭职工联合大学		3418	1469	289		

14-9 职业高中教育基本情况(一)

单位：人

指 标	学校数(所)	在校学生数	招生数	毕业生数	教职工数	# 专任教师
总 计	**15**	**23740**	**4227**	**13152**	**1108**	**888**
太原市第四职业中学校	1	351	69	263	84	67
太原市第五职业中学校	1	708	247	257	138	108
太原第七职业中学	1	486	118	183	106	87
太原市第八职业中学校	1			881	108	86
太原市综合高级中学校	1	227	87	1079	152	126
太原市小店区第一职业中学校	1	644	185	372	54	49
太原市杏花岭区中等职业技术学校	1	177	63	356	30	28
太原市尖草坪区第一职业中学	1	1911	759	1675	89	84
太原市晋源区高级职业中学	1	104	37	316	17	8
清徐县职业教育中心	1	1704	620	335	104	95
阳曲县高级职业中学校	1	989	260	286	69	53
娄烦县职业高中	1	140	42	158	17	12
古交市职业中学校	1	562	221	157	43	31

14-9 职业高中教育基本情况(二)

单位：人

指 标	学校数(所)	在校学生数	招生数	毕业生数	教职工数	# 专任教师
山西大昌汽车专业学校	1	1257	576	367	72	36
山西立达中等职业学校	1	465	271	125	25	18
太原生态工程学校		11352				
太原市财政金融学校		669	175	183		
太原市交通学校				308		
太原第九中学校		259		136		
太原市信息技术学校		1053	362	449		
太原广播电视大学附属中学		36		187		
太原市第十职业中学校		300	52	147		
太原市聋人学校		138	50	31		
太原市盲童学校		36	11	11		
山西长安综合高级中学校		172	22	4		
山西省农业广播电视学校				4886		

14-10　技工学校基本情况

单位：人

指　　标	在校生数	招生数	毕业生数	教职工数	# 专任教师
总　计	**41486**	**13131**	**14901**	**2211**	**1712**
晋西机器工业集团有限责任公司技工学校	90	38		38	38
山西冶金高级技工学校	10791	2928	3570	352	296
山西省水利技工学校	385	175	265	28	25
山西五一技工学校	621		133	23	11
山西电子高级技工学校					
山西矿机技工学校	312	56	115	13	11
山西机械高级技工学校	4177	1439	2168	211	184
山西纺织印染技校				16	12
山西盛世餐饮旅游技校	1386	653	385	74	56
山西三飞技工学校	1017	356	386	50	43
山西省劳动保障技术学校	1112	311	422	58	44
太原市高级技工学校	5024	1512	1750	179	167
山西省林业技工学校	263	145	63	52	42
太原市粮食技工学校	1084	221	385	56	28
太原塑料工业技工学校	91	33	24	21	21
山西烹饪技工学校	500	179	184	40	26
西山煤电(集团)有限责任公司技工学校	1999		701	188	113
山西国防军星技工学校	644	155	208	30	30
山西工业造型设计技工学校	1378	155	693	65	47
山西通用技术学校	584		467	25	18
江阳化工厂技工学校	53	53	45	18	18
山西省建筑安装技工学校	2034	678	1408	147	89
山西晋阳技工学校	897	709	223	46	30
太原煤炭气化(集团)有限责任公司技工学校	466	176	294	39	35
燃气工程技术学校	658	246	206	72	43
山西新华印刷技工学校	146		103	5	5
山西省劳动技术学校	766	164	316	52	52
山西现代经贸技工学校	1766	769	52	87	82
山西大众技工学校	954	954		63	63
山西阳煤化工技校	921	489	286	52	33
山西高新技工学校	1062	232	49	45	21
太原市慈善技工学校	305	305		66	29
山西省民爆技工学校					

注：资料来自人社局。

14-11 中学基本情况(一)

单位：人

指 标	学校(所)	班数(个)			在校生数			招生数		
		合计	高中	初中	合计	高中	初中	合计	高中	初中
总 计	**226**	**4698**	**1849**	**2849**	**222821**	**88514**	**134307**	**73141**	**29357**	**43784**
1.教育部门办	176	3391	1235	2156	159983	60418	99565	51905	20404	31501
地方企业办										
民 办	48	1281	604	677	61934	27751	34183	21031	8925	12106
其它部门办	2	26	10	16	904	345	559	205	28	177
2.城区	159	3626	1528	2098	172373	73016	99357	57253	24384	32869
镇区	32	745	252	493	36372	12397	23975	11585	3984	7601
乡村	35	327	69	258	14076	3101	10975	4303	989	3314
3.清 徐 县	20	420	156	264	20973	7923	13050	6578	2623	3955
阳 曲 县	12	154	48	106	7218	2262	4956	2150	787	1363
娄 烦 县	10	126	33	93	6682	1844	4838	2097	560	1537
古 交 市	20	302	72	230	14070	3782	10288	4710	1367	3343
迎 泽 区	21	636	269	367	31798	13190	18608	10418	4354	6064
杏花岭区	40	870	371	499	41077	17950	23127	13702	6115	7587
万柏林区	27	599	242	357	28398	11611	16787	9601	4023	5578
小 店 区	42	922	375	547	41883	16528	25355	14034	5367	8667
尖草坪区	22	396	176	220	17386	8287	9099	5489	2498	2991
晋 源 区	12	273	107	166	13336	5137	8199	4362	1663	2699

14-11 中学基本情况(二)

单位：人

指 标	毕业生数			教职工数	专任教师			代课教师	兼任教师
	合计	高中	初中		合计	高中	初中		
总 计	**79795**	**28835**	**50960**	**23848**	**18392**	**6871**	**11521**	**556**	**202**
1.教育部门办	60834	19760	41074	17964	14949	5180	9769	355	15
地方企业办									
民 办	18632	8913	9719	5803	3368	1648	1720	201	187
其它部门办	329	162	167	81	75	43	32		
2.城区	60288	24003	36285	18360	14090	5680	8410	482	202
镇区	13299	3946	9353	3629	2833	971	1862	55	
乡村	6208	886	5322	1859	1469	220	1249	19	
3.清 徐 县	8738	2396	6342	1990	1764	645	1119	46	
阳 曲 县	2654	587	2067	670	534	138	396		
娄 烦 县	2450	582	1868	614	505	121	384		
古 交 市	5230	1189	4041	1559	1215	274	941	57	
迎 泽 区	10886	4429	6457	2877	2346	1034	1312	8	47
杏花岭区	14222	5810	8412	4299	3225	1297	1928	117	44
万柏林区	9787	3717	6070	3069	2518	911	1607	168	101
小 店 区	13873	5401	8472	5573	3500	1318	2182	99	
尖草坪区	6636	2906	3730	1851	1640	659	981		10
晋 源 区	5319	1818	3501	1346	1145	474	671	61	

注：按教育局资料分类整理。

14-12 小学基本情况

单位：人

指　　标	学校(所)	班数(个)	在校生数	招生数	毕业生数	教职工数	专任教师	代课教师	兼任教师
总　　计	**543**	**6761**	**254414**	**46148**	**46477**	**17180**	**16608**	**436**	**7**
1.教育部门办	260	6302	237142	43054	43273	16519	15517	409	4
地方企业办									
民　　办	8	369	12770	2328	2440	437	393		3
其它部门办	7	90	4502	766	764	224	198	27	
2.城区	275	4548	202792	37718	35591	12250	12020	247	3
镇区	66	703	25651	4175	5067	1968	1804	44	1
乡村	202	1510	25971	4255	5819	2962	2784	145	3
3.清 徐 县	112	803	21230	3503	4346	1737	1519	10	
阳 曲 县	36	343	6504	932	1642	650	508		
娄 烦 县	23	319	8194	1268	1668	840	775		3
古 交 市	54	582	18018	3006	3750	1712	1555	86	
迎 泽 区	36	720	32414	6003	5719	2200	2030		
杏花岭区	57	907	39973	7370	7468	2399	2227	4	
万柏林区	57	936	42986	7902	7203	3127	2931	85	
小 店 区	72	1100	49650	9856	8183	2047	2495	34	1
尖草坪区	49	646	21630	3746	3719	1543	1490	18	
晋 源 区	47	405	13815	2562	2779	925	878	199	3

注：按教育局资料分类整理。

14-13 幼儿园基本情况

单位：人

指　标	幼儿园(所)	班数(个)	在园幼儿	教职工数		
				合计	# 专任教师	保育员
总　　计	**608**	**4350**	**113446**	**12700**	**7090**	**2070**
1.教育部门办	52	983	25612	1539	1012	178
集 体 办	278	1018	25080	2052	1364	181
地 方 办	57	473	16333	2096	1165	370
事业单位办	14	133	4268	586	295	121
部 队 办	3	28	1049	105	33	24
民　　办	194	1627	38103	5908	3005	1131
其它部门办	10	88	3001	414	216	65
2.城区	416	3216	90188	11477	6292	1917
镇区	50	429	11484	764	483	118
乡村	142	705	11774	459	315	35
3.清 徐 县	38	469	9813	459	296	49
阳 曲 县	59	127	2789	73	53	14
娄 烦 县	7	142	3202	207	130	37
古 交 市	34	223	5964	516	287	91
迎 泽 区	71	598	14721	2037	1076	348
杏花岭区	87	584	15524	1970	1026	325
万柏林区	70	558	17990	2245	1308	389
小 店 区	112	825	20924	2711	1482	467
尖草坪区	58	466	13223	1534	841	243
晋 源 区	72	358	9296	948	591	107

注：按教育局资料分类整理。

14-14 文化事业情况

指　　标	单　位	2013
影剧院数	个	19
影厅数	个	106
专业、民营艺术表演团体	个	18
演职人员	人	1235
博物馆	个	11
图书馆	个	12
图书馆藏书量	万册	659.11
文化宫	个	4
文化馆(包括群众艺术馆)	个	12
少年宫	个	3

14-15 专业表演团体情况

指　　标	演职人数(人)	演出场次(场)	演出收入(万元)	观众人数(万人次)	总支出(万元)	全部职工工资(万元)
总　计	**1235**	**1691**	**4575**	**227.75**	**15768**	**4701**
山西省京剧院	131	68	277	17.0	1768	964
山西省晋剧院	225	431	815	32.0	4215	701
山西省歌舞剧院	270	202	752	21.0	3748	1028
山西省话剧院	116	64	919	10.0	2329	327
山西省曲艺团	23	94	90	9.0	282	91
山西华晋舞剧团	41	50	446	5.0	635	234
山西华夏之根艺术团	31	100	90	17.0	191	111
太原市实验晋剧艺术团有限责任公司	70	219	246	53.0	224	163
太原市实验晋剧艺术院有限责任公司	75	219	388	61.0	272	179
太原市歌舞杂技团	160	200	209	1.5	1133	557
太原市话剧团	33	19	81	1.0	292	99
太原舞蹈团	60	25	262	0.3	679	247

注：另有规模民营艺术团体456人。

14-16 影剧院及票房收入情况

指　标	影厅数(个)	座位数(座)	票房收入（万元）
总　计	**106**	**15931**	**10635.74**
中影国际新影都	6	1017	3066.7
横店王府井电影城	7	713	1929.44
横店贵都电影城	5	530	1143.51
横店同至人电影城	7	1552	487.6
横店铜锣湾电影城	7	875	75.59
太原奥斯卡国际影城	10	1453	2133.54
太原影都	8	1100	651.84
山西剧院	10	1524	1507
解放数码	6	1055	252.51
太原星美电影城	4	530	346.89
长风剧场	3	982	895.1
宽影幕电影院	3	844	439.71
尖草坪柴村影院	2	750	5.66
金刚里电影城	5	423	437.01
大地影院	4	422	164.26
金逸影城	7	813	2279.86
太原天亿国际影城	5	438	185.63
红灯笼汽车影院	1	120	3
今典影院	6	790	30.89

14–17　图书出版情况

指　标	图书种数(种)			租型种数（种）	总印数（册）	总印张（千印张）	定价总金额（万元）
	合计	新出	重印				
使用《中国标准编号》分类合计	**4025**	**2650**	**1375**	**276**	**13452**	**1293222**	**202982**
马列主义、毛泽东思想	6	5	1		2	352	80
哲学	31	29	2		20	2375	638
社会科学总论	15	15			5	725	198
政治、法律	78	59	19		87	6579	1719
军事	10	10			2	338	114
经济	123	117	6		36	7311	2875
文化、科学、教育、体育	2696	1559	1137	276	12771	1207791	177016
语言、文字	46	42	4		17	2428	552
文学	300	256	44		185	21654	6022
艺术	119	108	11		61	7565	3165
历史、地理	253	189	64		95	15230	5802
自然科学总论	3	3			1	142	26
数理科学、化学	14	11	3		3	348	83
天文学、地球科学	1	1				33	10
生物科学	5	4	1		1	170	49
医药、卫生	240	170	70		143	16420	3017
农业科学	19	16	3		4	573	401
工业技术	37	32	5		10	1766	682
交通运输	2	2				44	28
航空、航天	2	2			1	108	17
环境科学	5	5			2	156	81
综合性图书	20	15	5		4	1112	408

注：图书种类中不含租型；总印数、总印张、定价总额数据中包含租型。

14-18 报纸出版情况

指　标	种数	刊期	实际出版期数(期)	平均期印数(万份)	期末期印数(万份)	总印数(万份)	总印张(千印张)
总　计	**43**		**8112**	**2300.97**	**2974.86**	**198688**	**2582683**
1、综合报	**17**						
山西日报		周七刊	365	18.92	18.88	6906	207178
山西农民报		周二刊	96	6.26	5.91	601	12015
山西工人报		周七刊	339	7.30	7.30	2475	24747
山西政协报		周二刊	104	1.40	1.43	146	1460
山西经济日报		周七刊	345	4.60	4.48	1587	31740
老友报		周二刊	95	6.40	6.40	608	6080
太原日报		周七刊	350	5.38	5.38	1882	56448
生活晨报		周六刊	288	4.37	4.34	1249	40585
朔州日报		周六刊	300	1.70	1.70	510	5100
三晋都市报		周七刊	294	12.00	12.30	3528	141120
人民代表报		周三刊	156	7.56	7.56	1179	23581
铁路工程报		周一刊	50	1.00	1.00	50	500
太钢日报		周六刊	288	1.10	1.10	317	1584
山西晚报		周七刊	350	25.00	25.00	8750	437500
发展导报		周二刊	94	1.80	1.80	169	5076
山西市场导报		周二刊	93	4.00	4.00	372	14880
山西青年报		周七刊	312	3.50	3.50	1092	32760
2、专业报	**23**						
山西妇女报		周一刊	150	2.50	2.50	375	6250
山西法制报		周五刊	252	6.50	6.50	1638	32760
山西科技报		周四刊	150	2.30	2.50	345	6900
山西广播电视报		周一刊	52	20.00	20.00	1040	52000
山西邮电报		周一刊	50	3.00	3.00	150	750
健康生活报		周五刊	250	2.40	2.40	600	6000
科学导报		周四刊	192	8.50	9.50	1632	32640
市场信息报		周四刊	200	3.00	3.00	600	12000
太原晚报		周七刊	350	19.82	19.82	6937	277480
人民摄影		周一刊	52	3.00	3.00	156	7800
山西电力报		周二刊	96	4.00	4.00	384	3880
瓜果蔬菜报		周一刊	50	2.60	2.60	130	1300
生活文摘报		周二刊	104	17.49	16.95	1818	36369
山西集邮报社		周一刊	52	0.76	0.78	39	590
山西商报		周七刊	350	5.50	5.50	1925	38500
德育报		周二刊	100	10.00	10.00	1000	10000
作文周刊		周六刊	288	4.50	4.20	1296	25920
学英语报		周三刊	156	93.15	93.33	14532	145317
语文报		周七刊	365	26.10	26.10	9527	95265
英语周报		周一刊	52	1450.00	1450.00	75400	377000
数理报		周五刊	260	28.00	28.50	7280	36400
学习报		周六刊	312	55.00	55.00	17160	85800
学习方法报		周一刊	52	385.00	650.00	20020	169000
3、生活服务类报	**2**						
现代消费导报		周二刊	102	1.10	1.10	112	4488
太原广播电视报		周一刊	52	8.00	416.00	416	20800
4、文摘类报	**1**						
良友周报		周二刊	104	26.50	26.50	2756	55120

14-19 期刊出版情况

期刊类别	期刊名称	种类	刊期	实际出版期数(期)	平均期印数(册)	期末期印数(册)	总印数(万册)	总印张数(千印张)
		171		**2429**	**1548954**	**1752959**	**3199.83**	**209360**
哲学宗教	**五台山研究**	**1**	**季刊**	**4**	**10000**	**10000**	**4**	**202**
社会科学总论		**14**						
	山西老年		月刊	12	208975	209300	250.77	13993
	生活潮		月刊	31	30000	29000	93	5189
	青少年日记		半月刊	24	15000	15780	36	1114
	小学生		旬刊	36	9652	10230	34.75	1042
	山西青年		半月刊	22	5000	5000	11	818
	理论探索		双月刊	6	2500	2500	1.5	120
	经济与社会发展研究		月刊	12	2000		2.4	139
	山西大学学报		双月刊	6	1800	1800	1.08	122
	晋阳学刊		双月刊	6	1500	1500	0.9	102
	山西高等学校社会科学学报		月刊	12	1100	1100	1.32	108
	太原理工大学学报		双月刊	6	1000	1000	0.6	38
	太原师范学院学报		双月刊	6	1000	1000	0.6	83
	中北大学学报		双月刊	6	1000	1000	0.6	49
	太原城市职业技术学院学报		月刊	12	1000	12000	1.2	197
工作指导类		**15**						
	中共山西省委党校省直分校学报		双月刊	6	1000	1000	0.6	37
	先锋队		旬刊	36	60000	60000	216	9374
	前进		月刊	12	26600	26600	31.92	1385
	党史文汇		月刊	12	26000	26000	31.2	1248
	政府法制		旬刊	36	24400	24400	87.84	4357
	法制博览		旬刊	36	23000	25500	82.8	4140
	山西政报		半月刊	24	10000	10000	24	600
	中共山西省委党校学报		双月刊	6	3000	3000	1.8	181
	太原市人民政府公报		半月刊	24	2000	2000	4.8	238
	山西省政法管理干部学院学报		季刊	4	2000	8000	0.8	81
	中共太原市委党校学报		双月刊	6	1500	9000	0.9	57
	山西青年管理干部学院学报		季刊	4	1000	1000	0.4	28
	山西社会主义学院学报		季刊	4	1000	1000	0.4	23
	山西警官高等专科学校学报		季刊	4	800	800	0.32	19
	山西煤炭管理干部学院学报		季刊	4	500	500	0.2	35
经济		**14**						
	山西财税		月刊	12	23000	23000	27.6	1027
	银行家		月刊	12	13000	13000	15.6	1443
	经济师		月刊	12	7000	7300	8.4	1554
	当代金融家		月刊	13	5000	5000	6.5	569
	品牌		半月刊	24	5000	5000	12	756
	新晋商		月刊	12	5000	5000	6	480
	会计之友		旬刊	37	4865	4865	18	1786
	山西财经大学学报		月刊	12	2000	2000	2.4	234
	生产力研究		月刊	12	2000	2000	2.4	341
	技术经济与管理研究		月刊	12	1800	1800	2.16	214
	经济问题		月刊	12	1500	1500	1.8	186
	山西财政税务专科学校学报		双月刊	6	1200	1200	0.72	45

14-19 续表 1

期刊类别	期刊名称	种类	刊期	实际出版期数(期)	平均期印数(册)	期末期印数(册)	总印数(万册)	总印张数(千印张)
	山西经济管理干部学院学报		季刊	4	1000	1000	0.4	44
	山西农经		双月刊					
文化、科学、教育、体育		**25**						
	新作文		旬刊	36	45000	48000	162	7517
	新课程		旬刊	36	31200	31200	112.32	16983
	小学语文教学		旬刊	36	30000	30000	108	5011
	语文教学通讯		周刊	52	29138	29138	151.52	7394
	小学教学设计		旬刊	36	28000	24000	100.8	4092
	山西教育		旬刊	36	20200	20200	72.72	2909
	NBA 特刊		半月刊	24	15000	15500	36	2722
	世界高尔夫		月刊	12	10000	10000	12	1550
	教学与管理		旬刊	36	7000	7000	25.2	1386
	记者观察		月刊	12	7000	7000	8.4	833
	教育		旬刊	36	6300	6300	22.68	1052
	搏击		旬刊	36	6000	6000	21.6	1607
	编辑之友		月刊	12	5000	5000	6	521
	教育理论与实践		旬刊	36	5000	5000	18	907
	中学课程辅导		旬刊	36	5000	5000	18	1814
	山西广播电视大学学报		季刊	4	3600	3500	1.44	125
	山西档案		双月刊	7	3000	3000	2.1	156
	文化产业		月刊	12	3000	3000	3.6	216
	新闻采编		双月刊	6	2500	2500	1.5	45
	科学技术哲学研究		双月刊	6	2180	2180	1.31	115
	晋图学刊		双月刊	6	1500	1500	0.9	57
	山西财经大学学报		季刊	4	1000	1000	0.4	30
	太原大学学报		季刊	4	800	800	0.32	36
	太原大学教育学院学报		季刊	4	800	800	0.32	31
	新课程学习		旬刊	36	30900	30900	111.24	16819
语言、文字	**语文研究**	**1**	**季刊**	**4**	**3000**	**3000**	**1.2**	**60**
文学		**11**						
	神州印象		月刊	12	30000	30000	36	2160
	对联·民间对联故事		半月刊	24	20000	20000	48	1440
	童话大王		半月刊	24	13000	13000	31.2	1248
	中外童话故事		旬刊	36	10000	10000	36	1339
	火花		月刊	12	10000	120000	12	744
	山西文学		月刊	12	9200	9300	11.04	662
	民间传奇故事		旬刊	30	8000	8000	24	1080
	名作欣赏		旬刊	36	5300	5177	19.08	2164
	都市		月刊	12	3000	3050	3.6	180
	黄河		双月刊	6	2500	2500	1.5	188
	映像		双月刊	6	3800	3500	2.28	226
艺术		**4**						
	娱乐		旬刊	36	42000	42000	151.2	14969
	黄河之声		半月刊	24	12000	12000	28.8	2673
	影视圈		月刊	12	7000	7000	8.4	937
	新美域		季刊	4	5000	5000	2	150

14–19　续表 2

期刊类别	期刊名称	种类	刊期	实际出版期数(期)	平均期印数(册)	期末期印数(册)	总印数(万册)	总印张数(千印张)
历史		**4**						
	文史月刊		月刊	12	14000	14000	16.8	974
	沧桑		双月刊	6	5000	30000	3	335
	文物世界		双月刊	6	2000		1.2	74
	旅游时代		月刊	12	58000	61000	69.6	5394
自然科学总论		**12**						
	系统科学学报		季刊	4	1000	1000	0.4	30
	美术与市场		季刊	4	3200	3500	1.28	63
	现代工业经济和信息化		半月刊	24	9500	9500	22.8	1555
	科技情报开发与经济		半月刊	24	5300	5300	12.72	1643
	新科幻		半月刊	24	4150	4500	9.96	398
	科技创新与生产力		月刊	12	3800	3800	4.56	319
	山西科技		双月刊	6	3500	3500	2.1	265
	科学之友		半月刊	24	3200	3500	7.68	581
	山西大学学报		季刊	4	1800	1800	0.72	82
	太原理工大学学报		双月刊	6	1500	1500	0.9	91
	太原科技大学学报		双月刊	6	1100	1100	0.66	42
	太原师范学院学报		季刊	4	1000	1000	0.4	40
数理科学和化学	**量子光学学报**	**1**	**季刊**	**4**	**400**	**400**	**0.16**	**9**
地理		**3**						
	炎黄地理		月刊	12	5000	5000	6	570
	华北国土资源		双月刊	6	5200	5200	3.12	310
	山西地震		季刊	4	1000	1000	0.4	15
医药、卫生		**22**						
	健康向导		双月刊	6	40000	40000	24	1114
	人人健康		半月刊	24	14500	12500	34.8	2158
	中国保健营养		半月刊	24	11000	11000	26.4	2450
	校园心理		双月刊	6	5200	5200	3.12	163
	母婴世界		月刊	12	5000	5500	6	756
	实用医技杂志		月刊	12	4300	4300	5.16	419
	实用骨科杂志		月刊	12	4000		4.8	357
	临床医药实践		月刊	12	4000	4000	4.8	298
	中华风湿病学杂志		月刊	12	3000	3000	3.6	188
	山西中医学院学报		双月刊	6	3000		1.8	112
	山西医药杂志		半月刊	24	3000		7.2	626
	山西中医		月刊	12	2800	4	3.36	156
	中国中西医结合肾病杂志		月刊	12	2500	30000	3	227
	中西医结合心脑血管病杂志		月刊	12	1984	1830	2.38	236
	护理研究		旬刊	36	1700	1700	6.12	617
	实用医学影像杂志		双月刊	6	1500	1500	0.9	56
	全科护理		旬刊	36	1200	1200	4.32	340
	基础医学教育		月刊	12	1000	1000	1.2	89
	山西医科大学学报		月刊	12	1000	1000	1.2	93
	山西职工医学院学报		双月刊	6	1000	1000	0.6	38
	世界华人消化杂志		旬刊					
	世界胃肠病学杂志		周刊					

14-19 续表 3

期刊类别	期刊名称	种类	刊期	实际出版期数(期)	平均期印数(册)	期末期印数(册)	总印数(万册)	总印张数(千印张)
农业技术		**8**						
	山西水土保持科技		季刊	4	2100	2100	0.84	32
	村委主任		半月刊	24	40000	40000	96	4234
	当代农机		月刊	12	16000	16000	19.2	1190
	农产品加工		旬刊	36	14310	14900	51.52	3194
	种子科技		月刊	12	5000	5000	6	265
	山西林业		双月刊	6	3000	3000	1.8	68
	山西农业科学		月刊	12	1500	1500	1.8	136
	山西林业科技		季刊	4	1500	1500	0.6	30
工业技术		**34**						
	大众标准化		月刊	12	46600	46600	55.92	2796
	农业技术与装备		半月刊	24	17000	17000	40.8	2040
	建材技术与应用		月刊	12	8500	8500	10.2	373
	铸造设备与工艺		双月刊	6	8000	8500	4.8	265
	日用化学工业		双月刊	6	6000	6000	3.6	420
	山西化工		双月刊	6	5500	5500	3.3	166
	山西建筑		旬刊	36	5000	5000	18	3629
	电子工艺技术		双月刊	6	5000	3000	3	151
	山西能源与节能		月刊	12	5000	5000	6	480
	日用化学品科学		月刊	12	5000	5300	6	491
	山西冶金		双月刊	6	4500	4500	2.7	170
	煤化工		双月刊	6	4500	4500	2.7	119
	食品工程		季刊	4	4100	4100	1.64	83
	电力学报		双月刊	6	4000	4000	2.4	120
	山西电力		双月刊	6	4000	4000	2.4	139
	机械工程与自动化		双月刊	6	4000	4000	2.4	431
	山西煤炭		月刊	12	4000	5	4.8	302
	山西水利		月刊	12	3100	37200	3.72	164
	山西电子技术		双月刊	6	3000	3000	1.8	136
	机械管理开发		双月刊	6	3000	3000	1.8	306
	山西水利科技		季刊	4	3000	3000	1.2	91
	电脑开发与应用		月刊	12	2400	2400	2.88	167
	山西焦煤科技		月刊	12	2000	2000	2.4	97
	火力与指挥控制		月刊	13	2000	2000	2.6	339
	煤炭转化		季刊	4	1500	1500	0.6	45
	辐射防护		双月刊	6	1200	1200	0.72	37
	燃料化学学报		月刊	12	1000	1000	1.2	119
	新型炭材料		双月刊	6	1000	1000	0.6	37
	中北大学学报		双月刊	6	1000	1000	0.6	45
	测试技术学报		双月刊	6	1000	1000	0.6	45
	测试科学与仪器		季刊	4	1000	1000	0.4	33
	辐射防护通讯		双月刊	6	1000	1000	0.6	18
	科技与创新		月刊					
	烹调知识		旬刊	36	15000	15000	54	3348
交通运输	**山西交通科技**	**1**	**双月刊**	**6**	**6000**	**6000**	**3.6**	**249**
综合	**山西画报**	**1**	**旬刊**	**36**	**5700**	**5000**	**20.52**	**1527**

14-20 广播、电视主要指标

指 标	单位	省级	市级(教育电视台)	县级
电视台	座		1	
广播电视台	座	1	1	4
中短波转播发射台	座	12	1	
	千瓦	439	10	
电视转播发射台	座	5	1	4
	千瓦	78.3	2	4.4
有线广播电视传输网络干线总长	公里	8301	6314	
有线广播电视用户	户	1169	1056516	
数字电视用户	户	1169	1003474	
广播人口覆盖率	%		99.9	
电视人口覆盖率	%		100	
有线电视入户率	%		96.2	

14-21 电视节目主要情况

指 标	单位	省级	市级	县级
节目套数	套	9	6	3
全年播出节目时间	时、分	54884:26	49229:45	11877:03
新闻资讯类节目	时、分	988345	5349:50	962
专题服务类节目	时、分	2608:51	3876:30	970:03
综艺益智类节目	时、分	3011:06	5438:10	2196
影视剧类节目	时、分	22211	13990:50	5979
广告类节目	时、分	7559:50	6951:20	1170
其它类节目	时、分	9609:54	13623:05	600

14-22 广播节目主要情况

指 标	单位	省级	市级	县级
节目套数	套	7	3	2
全年播出节目时间	时、分	57670.00	25908:35	6308:03
新闻资讯类节目	时、分	5854:03	7045:30	336
专题服务类节目	时、分	11729:30	3847:35	378:03
综艺益智类节目	时、分	12683:15	7052:30	3770
广播剧类节目	时、分	1101	4001	1824
广告类节目	时、分	8251:12	3597	
其它类节目	时、分	18051	365	

14-23 卫生机构、床位和人员情况(一)

指　　标	机构数（个）	床位数（张）	卫生人员(人)					
			合计	卫生技术人员				
				小计	执业医师	执业助理医师	注册护士	药剂人员
总计(含村卫生室)	**3590**	**35247**	**57726**	**47388**	**17860**	**1053**	**21056**	**2171**
总计(不含村卫生室)	**2638**	**35247**	**56110**	**47194**	**17758**	**967**	**21050**	**2171**
一、医院	182	32584	41991	34846	12074	386	16761	1796
综合医院	95	19344	27379	23047	7736	223	11484	1177
中医医院	28	3318	3521	3014	1248	54	1161	249
中西医结合医院	7	1449	1806	1530	516	25	744	83
专科医院	52	8473	9285	7255	2574	84	3372	287
口腔医院	6	69	560	413	197	9	142	1
眼科医院	3	415	530	391	172	2	139	19
耳鼻喉科医院	1							
肿瘤医院	1	2151	1626	1363	472	6	568	48
心血管病医院	1	501	786	634	210		353	21
妇产(科)医院	4	179	274	205	71	4	90	9
儿童医院	1	800	1991	1662	724	2	806	53
精神病医院	5	1450	726	531	114	17	295	19
传染病医院	1	682	733	553	130		308	31
皮肤病医院	1	24	18	12	4		5	2
结核病医院	1	500	418	318	88	2	146	18
骨科医院	3	226	234	193	56	5	80	8
康复医院	5	832	535	370	130	18	161	19
整形外科医院	2	40	121	64	22	2	33	3
美容医院	3	58	80	59	19	4	31	2
其他专科医院	14	546	653	487	165	13	215	34
二、疗养院	3	605	312	114	40	2	48	6
三、社区卫生服务中心(站)	277	587	3264	2922	1174	161	1241	147
四、卫生院	62	931	714	622	178	123	176	49
五、门诊部	159	152	1812	1553	731	57	626	42
六、诊所、卫生所、医务室	1893		4612	4524	2621	146	1641	72
七、急救中心(站)	1		236	170	128		32	6
八、采供血机构	1		123	88	22		31	1
九、妇幼保健院(所、站)	12	378	850	707	235	17	339	36
十、专科疾病防治院(所、站)	1	10	90	73	35	1	18	1
十一、疾病预防控制中心	15		888	708	367	60	21	9
十二、卫生监督所(中心)	12		458	377				
十三、医学科学研究机构	1		60	48	7			4
十四、健康教育所(站、中心)	1		24	13				
十五、计划生育技术服务机构	6		46	35	17	3	11	2
十六、其他卫生机构	12		630	394	129	11	105	
村卫生室	**952**		**1616**	**194**	**102**	**86**	**6**	

14–23 卫生机构、床位和人员情况(二)

指标	卫生人员(人)				其他技术人员	管理人员	药剂人员
	卫生技术人员						
	技师(士)		其他				
		#检验师	合计	见习医师			
总计(含村卫生室)	**2366**	**1664**	**2882**	**534**	**2254**	**2853**	**3809**
总计(不含村卫生室)	**2366**	**1664**	**2882**	**534**	**2254**	**2853**	**3809**
一、医院	1772	1157	2057	489	1963	2336	2846
综合医院	1106	759	1321	402	1040	1460	1832
中医医院	171	99	131	14	154	198	155
中西医结合医院	96	63	66	9	60	104	112
专科医院	399	236	539	64	709	574	747
口腔医院	4	1	60	11	35	49	63
眼科医院	9	7	50	5	75	42	22
肿瘤医院	92	26	177		159	33	71
心血管病医院	38	24	12		70	32	50
妇产(科)医院	14	12	17		9	28	32
儿童医院	70	56	7	5	95	39	195
精神病医院	28	14	58	5	60	61	74
传染病医院	30	27	54	24	79	60	41
皮肤病医院	1	1				4	2
结核病医院	26	17	38		29	24	47
骨科医院	32	12	12	9	2	27	12
康复医院	16	11	26	5	31	82	52
整形外科医院	4	2			27	18	12
美容医院	3	2			3	12	6
其他专科医院	32	24	28		35	63	68
二、疗养院	6	5	12		16	50	132
三、社区卫生服务中心(站)	86	63	113	17	82	137	123
四、卫生院	18	12	78	6	14	16	62
五、门诊部	55	36	42	4			259
六、诊所、卫生所、医务室	22	15	22	2			88
七、急救中心(站)	4	1			26	6	34
八、采供血机构	13	12	21		19	7	9
九、妇幼保健院(所、站)	54	49	26	11	42	57	44
十、专科疾病防治院(所、站)	10	7	8		7	10	
十一、疾病预防控制中心	207	199	44	5	48	75	57
十二、卫生监督所(中心)			377		3	63	15
十三、医学科学研究机构	3	3	34		12		
十四、健康教育所(站、中心)			13		7	4	
十五、计划生育技术服务机构	2	2			1	5	5
十六、其他卫生机构	114	103	35		14	87	135
村卫生室							

注：资料来自卫生局。含村卫生室合计总数中包括了乡村医生及卫生员 1422 人。

14-24 律师工作情况

指　标	单　位	2013	2012
律师事务所	个	152	141
律师工作人员(注册)	人	1167	1066
专职律师	人	1084	985
兼职律师	人	83	81
聘请常年法律顾问的单位	个	1570	1109
民事、经济诉讼代理	件	5031	5343
刑事辩护及代理	件	2970	3159
非诉讼法律事务	件	3144	3233

14-25 公证和调解工作情况

指　标	单　位	2013	2012
公证工作			
公证处	个	7	7
公证员(含公证员助理)	人	108	109
国内民事公证	件	28331	25193
国内经济公证	件	8024	7975
涉外公证	件	20842	20192
涉港澳台公证	件	359	245
调解工作			
专职司法助理员	人	105	199
人民调解委员会	个	1934	1987
调解人员	人	10442	10289
调解各类纠纷	件	35516	35395
防止民间纠纷引起自杀	人	14	10
防止民间纠纷转化为刑事案件	件	22	28

14-26 体育运动员及教练员项目分布情况

单位：人

项 目	运动员	教练员
合 计	**1102**	**81**
田径	196	19
自行车	62	6
击剑	25	1
举重	64	6
柔道	48	2
国际摔跤	67	4
跆拳道	37	1
拳击	36	
武术套路	52	3
武术散打	18	
射击	56	7
射箭	48	1
游泳	98	9
跳水	16	2
乒乓球	79	5
篮球	109	8
网球	23	2
体操	36	3
蹦床	32	2

14-27 等级裁判员项目分布情况

单位：人

项 目	一级以上裁判员合计	#女性	1、国际级裁判员	2、国家级裁判员	3、一级裁判员	二级裁判员
合 计	**1089**	**342**	**28**	**141**	**920**	**399**
田径	72	25	1	12	59	89
游泳	58	24		10	48	5
跳水	11	3	1	1	9	
自行车	54	14	1	16	37	2
举重	16	11	3	2	11	
射击	76	33	1	4	71	3
射箭	45	18		3	42	
国际摔跤	21	2	1	2	18	1
柔道	13	4	1	7	5	1
跆拳道	30	8	1	3	26	18
拳击	13				13	
体操	32	13	6		26	
蹦床	22	12	5		17	
武术套路	70	28	2	10	58	51
武术散打	15	1	1	1	13	
击剑	10	5		1	9	
足球	37	4		3	34	
篮球	98	9		8	90	123
排球	29	7	1	6	22	26
沙滩排球	6	2	1	5		
乒乓球	63	29		10	53	36
网球	67	12	1	13	53	5
羽毛球	57	16		5	52	38
门球	24	13		2	22	
台球	3	1			3	
中国象棋	1			1		1
国际象棋	11	3		1	10	
围棋	7	2		3	4	
健美操	30	21		2	28	
体育舞蹈	13	5		2	11	
健美	10	4	1	1	8	
健身气功	8	4		1	7	
跳伞	1	1			1	
拔河	2	1		1	1	
毽球	12	4			12	
健身秧歌	2	2		1	1	
电子竞技	6			1	5	
信鸽	30				30	
航模	9			2	7	
定向	5	1		1	4	

14–28 等级运动员项目分布情况

单位：人

项 目	等级运动员合计	# 女性	1、一级运动员	2、二级运动员
合 计	**505**	**190**	**138**	**367**
田径	57	10	3	54
游泳	20	9	6	14
跳水	1		1	
自行车	12	6	7	5
举重	1			1
射击	21	9	14	7
射箭	6	3	2	4
国际摔跤	19	8	6	13
柔道	6	2	5	1
跆拳道	28	15	22	6
拳击	6	2	4	2
体操	2	2	2	
蹦床	1		1	
武术套路	15	6	5	10
武术散打	16	6	7	9
击剑	3	3	2	1
足球	38	5	5	33
篮球	74	29	17	57
排球	75	34	19	56
沙滩排球				
乒乓球	31	15		31
网球	20	9		20
羽毛球				
手球	6	4		6
门球				
台球				
中国象棋	16	5	3	13
国际象棋	16	5	5	11
围棋	14	3	2	12
健美操				
体育舞蹈				
健美				
健身气功				
跳伞				
拔河				
毽球				
健身秧歌				
电子竞技				
信鸽				
航模	1			1
定向				
橄榄球				

14-29 体育彩票发行情况

年 份	体育彩票发行额(万元)	全省体育彩票发行额(万元)	体育彩票网点数(个)	体育彩票发行额在全省占比(%)
2005	8106	38877	354	20.9
2006	12269	55930	376	21.9
2007	12984	50780	392	25.6
2008	27276	92377	409	29.5
2009	22230	80709	470	27.5
2010	26391	82260	475	32.1
2011	35297	96358	520	36.0
2012	34073	101566	520	33.5
2013	50649	156171	530	32.4

14-30 婚姻登记情况

指 标	结婚登记数(对)	初婚人数(人)	再婚人数(人)			离婚登记数(对)
				#女	恢复结婚(对)	
总 计	**42895**	**78610**	**7180**	**3440**	**613**	**6411**
市本级	17	20	14	6		3
小店区	9442	17517	1367	640	143	1128
迎泽区	5459	10186	732	309	98	948
杏花岭区	6753	11830	1676	775	153	1321
尖草坪区	3125	6012	238	115	40	611
万柏林区	6181	10983	1379	656	83	1048
晋源区	2225	3965	485	231	49	325
清徐县	2960	5484	436	242	30	294
阳曲县	1798	3349	247	152	17	175
娄烦县	1625	3047	203	103		273
古交市	3310	6217	403	211		285

14-31 社会救济、收养对象情况

单位：人、个、张

指　　标	城市居民最低生活保障人数	农村居民最低生活保障人数	农村集中五保供养人　数	农村分散五保供养人　数	收养类单位数	收养类单位床位数	收养类单位在院人　数
总　计	**41676**	**48189**	**3266**	**973**	**39**	**5191**	**3036**
市本级					5	639	615
小店区	1090	1151	120	47	1	200	166
迎泽区	2772	760	6	18	1	100	8
杏花岭区	10527	2033	28	39	3	233	
尖草坪区	4884	2931	69	253	4	290	69
万柏林区	4707	5893	59	13	2	90	72
晋源区	2143	4966	78	151	1	108	78
清徐县	2106	5346	458	175	5	633	633
阳曲县	5367	10175	1124	145	11	1269	
娄烦县	4001	10508	978		5	1125	1049
古交市	4079	4426	346	132	1	504	346

14-32 优抚对象优待抚恤情况

单位：人、户

指　　标	抚恤、补助优抚对象人数	定期抚恤人　数	定期补助人　数	伤残人数	优待优抚对象户数	优抚对象享受医保人数
总　计	**10178**	**262**	**6591**	**3325**	**6065**	**6739**
小 店 区	1415	27	736	652	1415	360
迎 泽 区	1026	43	203	780	1026	830
杏花岭区	889	41	193	655		20
尖草坪区	717	21	465	231	717	691
万柏林区	667	24	247	396	239	120
晋 源 区	830	6	679	145		210
清 徐 县	2465	22	2288	155	269	2465
阳 曲 县	1022	25	889	108	1138	1022
娄 烦 县	621	41	491	89	735	621
古 交 市	526	12	400	114	526	400

第15篇

县(市、区)经济概况

资料整理、审核

张妙莲

15-1 小店区国民经济主要指标

指　标	单　位	2013
一、基本情况		
行政区域面积	平方公里	295
乡个数	个	2
镇个数	个	1
街道办事处个数	个	6
二、人口与就业		
常住人口	万人	82
户籍人口	万人	62.47
其中:农业户籍人口	万人	15.21
第一产业从业人员	人	269
第二产业从业人员	人	85509
第三产业从业人员	人	91520
三、综合经济		
(一)地区生产总值	万元	3117852.9
第一产业增加值	万元	77543.9
农业	万元	58644.2
林业	万元	3629.3
牧业	万元	15172.2
渔业	万元	98.2
第二产业增加值	万元	840679
其中:工业	万元	195438
第三产业增加值	万元	2199630
其中:农林牧渔服务业	万元	2100.0
(二)财政、金融		
公共财政收入	万元	220732
各项税收	万元	210950
公共财政支出	万元	296653
其中:农林水事务支出	万元	28941
科学技术支出	万元	3539
医疗卫生支出	万元	16624
教育支出	万元	42378
四、农业		
(一)生产条件		
耕地面积	公顷	10833.54
设施农业占地面积	公顷	292
农业机械总动力	万千瓦特	21.9
化肥使用量(折纯量)	吨	3402
农药使用量	吨	57
地膜使用量	吨	61

15-1　续表 1

指　标	单　位	2013
有效灌溉面积	公顷	10050
机电井数	眼	383
机收面积	公顷	6796.33
(二)农作物播种面积	公顷	13945.38
粮食作物播种面积	公顷	8982.98
其中：小麦	公顷	164.95
玉米	公顷	8685.87
大豆	公顷	7.81
蔬菜播种面积	公顷	4960.4
(三)农产品产量		
粮食总产量	吨	74759.64
其中：小麦	吨	952.59
玉米	吨	73449.43
大豆	吨	19.33
园林水果产量	吨	1419
肉类总产量	吨	4307
其中：猪肉产量	吨	2207
年末生猪存栏	头	19046
年末牛存栏	头	8290
年末羊存栏	只	17731
禽蛋产量	吨	4466
奶类产量	吨	38929
蔬菜产量	吨	274849.5
水产品产量	吨	138
五、工业及建筑业		
规模以上工业企业单位数	个	49
规模以上工业总产值	万元	690624.3
规模以上工业企业从业人员年平均人数	人	11349
规模以上工业企业主营业务收入	万元	689292.3
建筑业企业单位数	个	235
六、交通、通讯与能源		
公路里程	公里	341.5
七、贸易、外经、旅游		
社会消费品零售总额	万元	3887429
出口总额	万美元	21772.8
当年实际使用外资金额	万美元	2
八、固定资产投资		
固定资产投资	万元	3662583

15-1　续表 2

指　标	单　位	2013
新增固定资产	万元	1044889
房地产开发投资	万元	1154321
其中：住宅	万元	715462
九、教育、科技、文化、卫生		
普通中学	所	42
小学数	所	72
普通中学专任教师数	人	3500
小学专任教师数	人	2047
普通中学在校学生数	人	41883
小学在校学生数	人	49650
全年专利授权数	件	1013
公共图书馆图书总藏量	千册	85.21
剧场、影剧院个数	个	3
体育场馆个数	个	2
医疗卫生机构床位数	床	5932
医疗卫生机构技术人员	人	8338
其中：执业(助理)医师	人	3217
十、居民收入		
城镇居民人均可支配收入	元	25207
农村居民人均纯收入	元	15414
十一、社会保障		
各种社会福利收养性单位数	个	1
各种社会福利收养性单位床位数	床	200
城镇基本养老保险参保人数	人	74266
城镇基本医疗保险参保人数	人	213900
失业保险参保人数	人	35498
新型农村合作医疗参保人数	人	153303
新型农村社会养老保险参保人数	人	74575
城镇居民最低生活保障人数	人	1090
农村居民最低生活保障人数	人	1151
十二、资源与环境		
森林面积	公顷	1247
工业二氧化硫排放量	吨	81
氮氧化物排放量	吨	42
烟(粉)尘排放量	吨	608
污水处理厂数	座	1
垃圾处理站数	个	12
城区空气质量优良以上天数	天	162

15-2 迎泽区国民经济主要指标

指标	单位	2013
一、基本情况		
行政区域面积	平方公里	117
乡个数	个	
镇个数	个	1
街道办事处个数	个	6
二、人口与就业		
常住人口	万人	60.11
户籍人口	万人	52.11
其中：农业户籍人口	万人	1.95
第一产业从业人员	人	230
第二产业从业人员	人	34483
第三产业从业人员	人	137474
三、综合经济		
(一)地区生产总值	万元	4540608
第一产业增加值	万元	4222.0
农业	万元	110.6
林业	万元	3604.0
牧业	万元	481.5
渔业	万元	25.9
第二产业增加值	万元	631296
其中：工业	万元	342724
第三产业增加值	万元	3905090
其中：农林牧渔服务业	万元	
(二)财政、金融		
公共财政收入	万元	149882
各项税收	万元	137565
公共财政支出	万元	150955
其中：农林水事务支出	万元	8852
科学技术支出	万元	2062
医疗卫生支出	万元	10522
教育支出	万元	50474
年末金融机构各项存款余额	万元	
其中：居民储蓄存款余额	万元	
年末金融机构各项贷款余额	万元	
四、农业		
(一)生产条件		
耕地面积	公顷	709.73
设施农业占地面积	公顷	2
农业机械总动力	万千瓦特	1.2
化肥使用量（折纯量）	吨	3
农药使用量	吨	2

15-2 续表 1

指　标	单 位	2013
地膜使用量	吨	1
有效灌溉面积	公顷	100
机电井数	眼	52
机收面积	公顷	
(二)农作物播种面积	公顷	209.46
粮食作物播种面积	公顷	203.36
其中：稻谷	公顷	
小麦	公顷	
玉米	公顷	83.65
大豆	公顷	8.7
油料播种面积	公顷	0.8
花生	公顷	
棉花播种面积	公顷	
蔬菜播种面积	公顷	5.3
(三)农产品产量		
粮食总产量	吨	399.39
其中：稻谷	吨	
小麦	吨	
玉米	吨	182.63
大豆	吨	7.44
油料产量	吨	1.7
花生	吨	
棉花产量	吨	
园林水果产量	吨	20.7
肉类总产量	吨	440
其中：猪肉产量	吨	380
年末生猪存栏	头	3956
年末牛存栏	头	10
年末羊存栏	只	5115
禽蛋产量	吨	210
奶类产量	吨	30
蔬菜产量	吨	282.7
水产品产量	吨	50
五、工业及建筑业		
规模以上工业企业单位数	个	13
规模以上工业总产值	万元	625981.8
规模以上工业企业从业人员年平均人数	人	3097
规模以上工业企业主营业务收入	万元	611316.9
建筑业企业单位数	个	267
六、交通、通讯与能源		
公路里程	公里	77.5

15-2 续表2

指标	单位	2013
七、贸易、外经、旅游		
社会消费品零售总额	万元	3075199.7
出口总额	万美元	24657.6
当年实际使用外资金额	万美元	310
八、固定资产投资		
固定资产投资	万元	1554941
新增固定资产	万元	461162
房地产开发投资	万元	746462
其中：住宅	万元	551100
住宅竣工面积	万平方米	252380
九、教育、科技、文化、卫生		
普通中学	所	21
小学数	所	36
普通中学专任教师数	人	2346
小学专任教师数	人	2200
普通中学在校学生数	人	31798
小学在校学生数	人	32414
全年专利授权数	件	423
剧场、影剧院个数	个	8
体育场馆个数	个	1
医疗卫生机构床位数	床	8669
医疗卫生机构技术人员	人	12309
其中：执业(助理)医师	人	4681
十、居民收入		
城镇居民人均可支配收入	元	25275
农村居民人均纯收入	元	15092
十一、社会保障		
各种社会福利收养性单位数	个	1
各种社会福利收养性单位床位数	床	100
城镇基本养老保险参保人数	人	56332
城镇基本医疗保险参保人数	人	129600
失业保险参保人数	人	18750
新型农村合作医疗参保人数	人	22856
新型农村社会养老保险参保人数	人	14391
城镇居民最低生活保障人数	人	2772
农村居民最低生活保障人数	人	760
十二、资源与环境		
森林面积	公顷	1760
工业二氧化硫排放量	吨	353
氮氧化物排放量	吨	1246
烟(粉)尘排放量	吨	125
垃圾处理站数	个	11
城区空气质量优良以上天数	天	162

15-3 杏花岭区国民经济主要指标

指 标	单 位	2013
一、基本情况		
行政区域面积	平方公里	170
乡个数	个	2
街道办事处个数	个	10
二、人口与就业		
常住人口	万人	65.39
户籍人口	万人	59.52
其中：农业户籍人口	万人	3.32
第一产业从业人员	人	187
第二产业从业人员	人	58550
第三产业从业人员	人	107793
三、综合经济		
(一)地区生产总值	万元	4197479
第一产业增加值	万元	6877.0
农业	万元	2504.3
林业	万元	2971.2
牧业	万元	1401.5
渔业	万元	
第二产业增加值	万元	917266
其中：工业	万元	229330
第三产业增加值	万元	3273336
(二)财政、金融		
公共财政收入	万元	162281
各项税收	万元	154554
公共财政支出	万元	183584
其中：农林水事务支出	万元	15156
科学技术支出	万元	2890
医疗卫生支出	万元	8290
教育支出	万元	55298
四、农业		
(一)生产条件		
耕地面积	公顷	953.2
设施农业占地面积	公顷	12
农业机械总动力	万千瓦特	1.8
化肥使用量(折纯量)	吨	46
农药使用量	吨	13
地膜使用量	吨	5

15–3　续表 1

指　　标	单　位	2013
有效灌溉面积	公顷	100
机电井数	眼	2
机收面积	公顷	
(二)农作物播种面积	公顷	712.73
粮食作物播种面积	公顷	641.53
其中：玉米	公顷	329.4
大豆	公顷	177.73
油料播种面积	公顷	3.1
蔬菜播种面积	公顷	68.1
(三)农产品产量		
粮食总产量	吨	887.17
其中：玉米	吨	565.65
大豆	吨	159
油料产量	吨	3.1
园林水果产量	吨	856.3
肉类总产量	吨	1674
其中：猪肉产量	吨	1476
年末生猪存栏	头	16485
年末牛存栏	头	69
年末羊存栏	只	6270
禽蛋产量	吨	431
奶类产量	吨	32
蔬菜产量	吨	2171.4
五、工业及建筑业		
规模以上工业企业单位数	个	43
规模以上工业总产值	万元	710243
规模以上工业企业从业人员年平均人数	人	17061
规模以上工业企业主营业务收入	万元	747196
建筑业企业单位数	个	176
六、交通、通讯与能源		
公路里程	公里	134.5
七、贸易、外经、旅游		
社会消费品零售总额	万元	1397134
出口总额	万美元	45143
八、固定资产投资		
固定资产投资	万元	1982860
新增固定资产	万元	708690

15-3　续表2

指　标	单　位	2013
房地产开发投资	万元	879793
其中：住宅	万元	643316
住宅竣工面积	万平方米	1157854
九、教育、科技、文化、卫生		
普通中学	所	40
小学数	所	57
普通中学专任教师数	人	3225
小学专任教师数	人	2399
普通中学在校学生数	人	41077
小学在校学生数	人	39973
全年专利授权数	件	347
公共图书馆图书总藏量	千册	150
剧场、影剧院个数	个	2
体育场馆个数	个	1
医疗卫生机构床位数	床	8809
医疗卫生机构技术人员	人	11349
其中：执业(助理)医师	人	4711
十、居民收入		
城镇居民人均可支配收入	元	25207
农村居民人均纯收入	元	13335
十一、社会保障		
各种社会福利收养性单位数	个	3
各种社会福利收养性单位床位数	床	233
城镇基本养老保险参保人数	人	67815
城镇基本医疗保险参保人数	人	141300
失业保险参保人数	人	37884
新型农村合作医疗参保人数	人	29625
新型农村社会养老保险参保人数	人	19333
城镇居民最低生活保障人数	人	10527
农村居民最低生活保障人数	人	2033
十二、资源与环境		
森林面积	公顷	1687
工业二氧化硫排放量	吨	2891
氮氧化物排放量	吨	3938
烟(粉)尘排放量	吨	2151
垃圾处理站数	个	15
城区空气质量优良以上天数	天	162

15-4　尖草坪区国民经济主要指标

指　　标	单　位	2013
一、基本情况		
行政区域面积	平方公里	285
乡个数	个	3
镇个数	个	2
街道办事处个数	个	9
二、人口与就业		
常住人口	万人	42.43
户籍人口	万人	34.72
其中：农业户籍人口	万人	10.77
第一产业从业人员	人	12
第二产业从业人员	人	58960
第三产业从业人员	人	9732
三、综合经济		
(一)地区生产总值	万元	2610879.5
第一产业增加值	万元	27365.5
农业	万元	16633.3
林业	万元	4056.0
牧业	万元	6546.3
渔业	万元	129.9
第二产业增加值	万元	2101537
其中：工业	万元	1869659
第三产业增加值	万元	481977
其中：农林牧渔服务业	万元	330.0
(二)财政、金融		
公共财政收入	万元	59008
各项税收	万元	62600
公共财政支出	万元	95958
其中：农林水事务支出	万元	7953
科学技术支出	万元	1342
医疗卫生支出	万元	8398
教育支出	万元	26934
四、农业		
(一)生产条件		
耕地面积	公顷	4925.75
设施农业占地面积	公顷	166
农业机械总动力	万千瓦特	4.1
化肥使用量(折纯量)	吨	1548
农药使用量	吨	80

15-4 续表 1

指 标	单 位	2013
地膜使用量	吨	106
有效灌溉面积	公顷	4510
机电井数	眼	183
机收面积	公顷	1333.33
(二)农作物播种面积	公顷	5776.25
粮食作物播种面积	公顷	4717.65
其中：玉米	公顷	3797.99
大豆	公顷	230.31
油料播种面积	公顷	42.2
蔬菜播种面积	公顷	966
(三)农产品产量		
粮食总产量	吨	14018.17
其中：玉米	吨	12574.42
大豆	吨	428
油料产量	吨	40.1
园林水果产量	吨	11486.6
肉类总产量	吨	4763
其中：猪肉产量	吨	4189
年末生猪存栏	头	32290
年末牛存栏	头	3057
年末羊存栏	只	19047
禽蛋产量	吨	2041
奶类产量	吨	8829
蔬菜产量	吨	69365
水产品产量	吨	284
五、工业及建筑业		
规模以上工业企业单位数	个	56
规模以上工业总产值	万元	8778381.9
规模以上工业企业从业人员年平均人数	人	12467
规模以上工业企业主营业务收入	万元	14665905
建筑业企业单位数	个	66
六、交通、通讯与能源		
公路里程	公里	203.4
七、贸易、外经、旅游		
社会消费品零售总额	万元	632571
出口总额	万美元	98206.5
八、固定资产投资		
固定资产投资	万元	1925436

15-4 续表 2

指 标	单 位	2013
新增固定资产	万元	613483
房地产开发投资	万元	88125
其中：住宅	万元	80251
九、教育、科技、文化、卫生		
普通中学	所	22
小学数	所	49
普通中学专任教师数	人	1640
小学专任教师数	人	1543
普通中学在校学生数	人	17386
小学在校学生数	人	21630
全年专利授权数	件	708
公共图书馆图书总藏量	千册	93.85
剧场、影剧院个数	个	1
体育场馆个数	个	2
医疗卫生机构床位数	床	2602
医疗卫生机构技术人员	人	3198
其中：执业(助理)医师	人	1429
十、居民收入		
城镇居民人均可支配收入	元	25072
农村居民人均纯收入	元	10785
十一、社会保障		
各种社会福利收养性单位数	个	4
各种社会福利收养性单位床位数	床	290
城镇基本养老保险参保人数	人	58110
城镇基本医疗保险参保人数	人	97900
失业保险参保人数	人	30399
新型农村合作医疗参保人数	人	107558
新型农村社会养老保险参保人数	人	62703
城镇居民最低生活保障人数	人	4884
农村居民最低生活保障人数	人	2931
十二、资源与环境		
森林面积	公顷	4993
工业二氧化硫排放量	吨	42514
氮氧化物排放量	吨	42703
烟(粉)尘排放量	吨	9044
污水处理厂数	座	2
垃圾处理站数	个	13
城区空气质量优良以上天数	天	162

15-5 万柏林区国民经济主要指标

指 标	单 位	2013
一、基本情况		
行政区域面积	平方公里	305
乡个数	个	1
镇个数	个	
街道办事处个数	个	14
二、人口与就业		
常住人口	万人	76.6
户籍人口	万人	56.75
其中：农业户籍人口	万人	4.37
第一产业从业人员	人	
第二产业从业人员	人	165264
第三产业从业人员	人	44326
三、综合经济		
(一)地区生产总值	万元	3361655.9
第一产业增加值	万元	6954.9
农业	万元	673.3
林业	万元	5390.7
牧业	万元	878.9
渔业	万元	12.0
第二产业增加值	万元	2409049
其中：工业	万元	1692621
第三产业增加值	万元	945652
其中：农林牧渔服务业	万元	690.0
(二)财政、金融		
公共财政收入	万元	106169
各项税收	万元	97833
公共财政支出	万元	165917
其中：农林水事务支出	万元	16165
科学技术支出	万元	1789
医疗卫生支出	万元	9764
教育支出	万元	48326
年末金融机构各项贷款余额	万元	
四、农业		
(一)生产条件		
耕地面积	公顷	1782.54
农业机械总动力	万千瓦特	3.9
化肥使用量(折纯量)	吨	58

15-5　续表 1

指　标	单　位	2013
农药使用量	吨	1
地膜使用量	吨	1
有效灌溉面积	公顷	1350
机电井数	眼	44
机收面积	公顷	333.33
(二)农作物播种面积	公顷	963.36
粮食作物播种面积	公顷	888.66
其中：玉米	公顷	550.85
蔬菜播种面积	公顷	41.4
(三)农产品产量		
粮食总产量	吨	1796.07
其中：玉米	吨	1294.29
园林水果产量	吨	192.2
肉类总产量	吨	878
其中：猪肉产量	吨	828
年末生猪存栏	头	8043
年末牛存栏	头	143
禽蛋产量	吨	484
奶类产量	吨	347
蔬菜产量	吨	1490.8
水产品产量	吨	19
五、工业及建筑业		
规模以上工业企业单位数	个	36
规模以上工业总产值	万元	5412910.6
规模以上工业企业从业人员年平均人数	人	131031
规模以上工业企业主营业务收入	万元	7640038.3
建筑业企业单位数	个	147
六、交通、通讯与能源		
公路里程	公里	206.1
七、贸易、外经、旅游		
社会消费品零售总额	万元	1933480.8
出口总额	万美元	19933.4
当年实际使用外资金额	万美元	5
八、固定资产投资		
固定资产投资	万元	2617375
新增固定资产	万元	1161307
房地产开发投资	万元	620852

15-5 续表2

指　标	单　位	2013
其中：住宅	万元	453185
住宅竣工面积	万平方米	277666
九、教育、科技、文化、卫生		
普通中学	所	27
小学数	所	57
普通中学专任教师数	人	2518
小学专任教师数	人	3127
普通中学在校学生数	人	28398
小学在校学生数	人	42986
全年专利授权数	件	793
公共图书馆图书总藏量	千册	85
剧场、影剧院个数	个	5
体育场馆个数	个	3
医疗卫生机构床位数	床	4588
医疗卫生机构技术人员	人	7563
其中：执业(助理)医师	人	2995
十、居民收入		
城镇居民人均可支配收入	元	25004
农村居民人均纯收入	元	15835
十一、社会保障		
各种社会福利收养性单位数	个	2
各种社会福利收养性单位床位数	床	90
城镇基本养老保险参保人数	人	54481
城镇基本医疗保险参保人数	人	168400
失业保险参保人数	人	28098
新型农村合作医疗参保人数	人	81150
新型农村社会养老保险参保人数	人	38425
城镇居民最低生活保障人数	人	4707
农村居民最低生活保障人数	人	5893
十二、资源与环境		
森林面积	公顷	4620
工业二氧化硫排放量	吨	13310
氮氧化物排放量	吨	5356
烟(粉)尘排放量	吨	3704
污水处理厂数	座	1
垃圾处理站数	个	28
城区空气质量优良以上天数	天	162

15-6 晋源区国民经济主要指标

指　标	单 位	2013
一、基本情况		
行政区域面积	平方公里	288
镇个数	个	3
街道办事处个数	个	3
二、人口与就业		
常住人口	万人	22.58
户籍人口	万人	19.86
其中：农业户籍人口	万人	12.98
第一产业从业人员	人	
第二产业从业人员	人	10666
第三产业从业人员	人	6144
三、综合经济		
(一)地区生产总值	万元	460092.5
第一产业增加值	万元	34893.5
农业	万元	24570.9
林业	万元	3116.8
牧业	万元	6174.6
渔业	万元	1031.2
第二产业增加值	万元	157281
其中：工业	万元	91576
第三产业增加值	万元	267918
其中：农林牧渔服务业	万元	450.0
(二)财政、金融		
公共财政收入	万元	48428
各项税收	万元	42180
公共财政支出	万元	89747
其中：农林水事务支出	万元	5809
科学技术支出	万元	1728
医疗卫生支出	万元	7995
教育支出	万元	23367
四、农业		
(一)生产条件		
耕地面积	公顷	4866.38
设施农业占地面积	公顷	236
农业机械总动力	万千瓦特	17.2
化肥使用量（折纯量）	吨	1119
农药使用量	吨	88
地膜使用量	吨	84
有效灌溉面积	公顷	4030

15-6 续表1

指 标	单 位	2013
机电井数	眼	324
机收面积	公顷	650
(二)农作物播种面积	公顷	5691.16
粮食作物播种面积	公顷	3390.36
其中：稻谷	公顷	212.28
小麦	公顷	33.73
玉米	公顷	2996.48
大豆	公顷	26.13
蔬菜播种面积	公顷	2300.8
(三)农产品产量		
粮食总产量	吨	22972.79
其中：稻谷	吨	1145.68
小麦	吨	189.15
玉米	吨	20962.15
大豆	吨	38.31
园林水果产量	吨	2538.8
肉类总产量	吨	3268
其中：猪肉产量	吨	2212
年末生猪存栏	头	25964
年末牛存栏	头	2846
年末羊存栏	只	16306
禽蛋产量	吨	4036
奶类产量	吨	11564
蔬菜产量	吨	154452.7
水产品产量	吨	1495
五、工业及建筑业		
规模以上工业企业单位数	个	19
规模以上工业总产值	万元	380831.3
规模以上工业企业从业人员年平均人数	人	4823
规模以上工业企业主营业务收入	万元	825394.6
建筑业企业单位数	个	32
六、交通、通讯与能源		
公路里程	公里	244.3
七、贸易、外经、旅游		
社会消费品零售总额	万元	243747.2
出口总额	万美元	1417.6
当年实际使用外资金额	万美元	580
八、固定资产投资		
固定资产投资	万元	1047733

15-6　续表 2

指　标	单　位	2013
新增固定资产	万元	403712
房地产开发投资	万元	211327
其中：住宅	万元	170357
九、教育、科技、文化、卫生		
普通中学	所	12
小学数	所	47
普通中学专任教师数	人	1145
小学专任教师数	人	925
普通中学在校学生数	人	13336
小学在校学生数	人	13815
全年专利授权数	件	35
公共图书馆图书总藏量	千册	8.37
剧场、影剧院个数	个	1
体育场馆个数	个	1
医疗卫生机构床位数	床	1104
医疗卫生机构技术人员	人	1240
其中：执业(助理)医师	人	508
十、居民收入		
城镇居民人均可支配收入	元	24981
农村居民人均纯收入	元	10488
十一、社会保障		
各种社会福利收养性单位数	个	1
各种社会福利收养性单位床位数	床	108
城镇基本养老保险参保人数	人	17906
城镇基本医疗保险参保人数	人	20000
失业保险参保人数	人	7208
新型农村合作医疗参保人数	人	120587
新型农村社会养老保险参保人数	人	76168
城镇居民最低生活保障人数	人	2143
农村居民最低生活保障人数	人	4966
十二、资源与环境		
森林面积	公顷	4840
工业二氧化硫排放量	吨	17529
氮氧化物排放量	吨	23044
烟(粉)尘排放量	吨	2538
污水处理厂数	座	1
垃圾处理站数	个	3
城区空气质量优良以上天数	天	162

15-7 清徐县国民经济主要指标

指　标	单　位	2013
一、基本情况		
行政区域面积	平方公里	609
乡个数	个	5
镇个数	个	4
二、人口与就业		
常住人口	万人	34.84
户籍人口	万人	32.5
其中：农业户籍人口	万人	25.64
第一产业从业人员	人	27
第二产业从业人员	人	8840
第三产业从业人员	人	14206
三、综合经济		
(一)地区生产总值	万元	1131974.6
第一产业增加值	万元	135855.6
农业	万元	104461.3
林业	万元	2988.6
牧业	万元	27518.4
渔业	万元	887.3
第二产业增加值	万元	681071
其中：工业	万元	617610
第三产业增加值	万元	315048
其中：农林牧渔服务业	万元	3850.0
(二)财政、金融		
公共财政收入	万元	62503
各项税收	万元	40407
公共财政支出	万元	134864
其中：农林水事务支出	万元	23340
科学技术支出	万元	1258
医疗卫生支出	万元	15986
教育支出	万元	32289
年末金融机构各项存款余额	万元	1592620
其中：居民储蓄存款余额	万元	1130369
年末金融机构各项贷款余额	万元	1172274
四、农业		
(一)生产条件		
耕地面积	公顷	25608.11
设施农业占地面积	公顷	881
农业机械总动力	万千瓦特	33.3
化肥使用量（折纯量）	吨	12560
农药使用量	吨	462
地膜使用量	吨	702
有效灌溉面积	公顷	24800
机电井数	眼	1388
机收面积	公顷	13480

15-7 续表 1

指　标	单　位	2013
（二）农作物播种面积	公顷	30609.19
粮食作物播种面积	公顷	20634.39
其中：小麦	公顷	149.79
玉米	公顷	19507.77
大豆	公顷	249.37
油料播种面积	公顷	30.2
花生	公顷	13
棉花播种面积	公顷	39.8
蔬菜播种面积	公顷	9600.7
（三）农产品产量		
粮食总产量	吨	120274.07
其中：小麦	吨	903.23
玉米	吨	114485.54
大豆	吨	448.87
油料产量	吨	57.7
花生	吨	20.5
棉花产量	吨	52
园林水果产量	吨	29897.1
肉类总产量	吨	21338
其中：猪肉产量	吨	16182
年末生猪存栏	头	116705
年末牛存栏	头	7952
年末羊存栏	只	74988
禽蛋产量	吨	6469
奶类产量	吨	16644
蔬菜产量	吨	625202.1
水产品产量	吨	1372
五、工业及建筑业		
规模以上工业企业单位数	个	79
规模以上工业总产值	万元	2064152.6
规模以上工业企业从业人员年平均人数	人	13289
规模以上工业企业主营业务收入	万元	2081214.4
建筑业企业单位数	个	19
六、交通、通讯与能源		
公路里程	公里	529.1
民用汽车拥有量	辆	40026
年末公交车路数	路	24
年末实有公共汽（电）车营运车辆数	辆	66
年末实有出租汽车数	辆	100
固定电话用户	户	42084
移动电话用户	户	234670
互联网宽带接入用户	户	46297
全社会用电量	万千瓦时	74766.06
其中：居民生活用电量	万千瓦时	13614.46

15-7 续表 2

指　标	单 位	2013
七、贸易、外经、旅游		
社会消费品零售总额	万元	379347.1
出口总额	万美元	1686.6
当年实际使用外资金额	万美元	12
八、固定资产投资		
固定资产投资	万元	699579
新增固定资产	万元	133194
房地产开发投资	万元	46026
其中：住宅	万元	34143
住宅竣工面积	万平方米	34916
九、教育、科技、文化、卫生		
普通中学	所	20
小学数	所	112
普通中学专任教师数	人	1764
小学专任教师数	人	1737
普通中学在校学生数	人	20973
小学在校学生数	人	21230
全年专利授权数	件	91
公共图书馆图书总藏量	千册	134.23
剧场、影剧院个数	个	1
体育场馆个数	个	1
医疗卫生机构床位数	床	778
医疗卫生机构技术人员	人	620
其中：执业(助理)医师	人	291
十、居民收入		
城镇居民人均可支配收入	元	23903.113
农村居民人均纯收入	元	13052.226
十一、社会保障		
各种社会福利收养性单位数	个	5
各种社会福利收养性单位床位数	床	633
城镇基本养老保险参保人数	人	30235
城镇基本医疗保险参保人数	人	39200
失业保险参保人数	人	14716
新型农村合作医疗参保人数	人	252472
新型农村社会养老保险参保人数	人	157299
城镇居民最低生活保障人数	人	2106
农村居民最低生活保障人数	人	5346
十二、资源与环境		
森林面积	公顷	5993
工业二氧化硫排放量	吨	3965
氮氧化物排放量	吨	2786
烟(粉)尘排放量	吨	3776
污水处理厂数	座	1
城区空气质量优良以上天数	天	202

15-8　阳曲县国民经济主要指标

指　　标	单　位	2013
一、基本情况		
行政区域面积	平方公里	2059
乡个数	个	6
镇个数	个	4
二、人口与就业		
常住人口	万人	12.14
户籍人口	万人	15.11
其中：农业户籍人口	万人	11.70
第一产业从业人员	人	170
第二产业从业人员	人	3020
第三产业从业人员	人	5498
三、综合经济		
(一)地区生产总值	万元	.359544.4
第一产业增加值	万元	45658.4
农业	万元	30126.5
林业	万元	3307.4
牧业	万元	12200.3
渔业	万元	24.2
第二产业增加值	万元	208318
其中：工业	万元	203594
第三产业增加值	万元	105568
其中：农林牧渔服务业	万元	1400.0
(二)财政、金融		
公共财政收入	万元	44561
各项税收	万元	27565
公共财政支出	万元	103504
其中：农林水事务支出	万元	17453
科学技术支出	万元	3676
医疗卫生支出	万元	8682
教育支出	万元	15100
年末金融机构各项存款余额	万元	509121
其中：居民储蓄存款余额	万元	353873
年末金融机构各项贷款余额	万元	186696
四、农业		
(一)生产条件		
耕地面积	公顷	28254.38
设施农业占地面积	公顷	469
农业机械总动力	万千瓦特	18.8
化肥使用量（折纯量）	吨	8486
农药使用量	吨	109
地膜使用量	吨	1042
有效灌溉面积	公顷	1340
机电井数	眼	245

15-8 续表 1

指　标	单 位	2013
机收面积	公顷	12067
(二)农作物播种面积	公顷	27350.28
粮食作物播种面积	公顷	22206.48
其中：玉米	公顷	16313.46
大豆	公顷	1116.45
油料播种面积	公顷	516.8
花生	公顷	2.1
蔬菜播种面积	公顷	3038.2
(三)农产品产量		
粮食总产量	吨	67659.97
其中：稻谷	吨	
玉米	吨	58704.82
大豆	吨	1831.93
油料产量	吨	609.1
花生	吨	2.8
园林水果产量	吨	3235
肉类总产量	吨	6719
其中：猪肉产量	吨	4822
年末生猪存栏	头	39235
年末牛存栏	头	7724
年末羊存栏	只	90116
禽蛋产量	吨	5233
奶类产量	吨	19015
蔬菜产量	吨	95218.4
水产品产量	吨	39
五、工业及建筑业		
规模以上工业企业单位数	个	22
规模以上工业总产值	万元	897069.6
规模以上工业企业从业人员年平均人数	人	3591
规模以上工业企业主营业务收入	万元	752805.7
建筑业企业单位数	个	6
六、交通、通讯与能源		
公路里程	公里	742.9
民用汽车拥有量	辆	5863
年末公交车路数	路	29
年末实有公共汽(电)车营运车辆数	辆	68
年末实有出租汽车数	辆	60
固定电话用户	户	16108
移动电话用户	户	94064
互联网宽带接入用户	户	14911
全社会用电量	万千瓦时	53681.9
其中：居民生活用电量	万千瓦时	3708.91
七、贸易、外经、旅游		
社会消费品零售总额	万元	86527.9

15-8 续表2

指 标	单 位	2013
出口总额	万美元	590.5
当年实际使用外资金额	万美元	2447
八、固定资产投资		
固定资产投资	万元	357220
新增固定资产	万元	150490
房地产开发投资	万元	52807
其中：住宅	万元	46172
住宅竣工面积	万平方米	129779
九、教育、科技、文化、卫生		
普通中学	所	12
小学数	所	36
普通中学专任教师数	人	534
小学专任教师数	人	650
普通中学在校学生数	人	7218
小学在校学生数	人	6504
全年专利授权数	件	11
公共图书馆图书总藏量	千册	57.8
剧场、影剧院个数	个	1
体育场馆个数	个	1
医疗卫生机构床位数	床	1032
医疗卫生机构技术人员	人	635
其中：执业(助理)医师	人	216
十、居民收入		
城镇居民人均可支配收入	元	18024
农村居民人均纯收入	元	5834
十一、社会保障		
各种社会福利收养性单位数	个	11
各种社会福利收养性单位床位数	床	1269
城镇基本养老保险参保人数	人	16920
城镇基本医疗保险参保人数	人	20900
失业保险参保人数	人	6225
新型农村合作医疗参保人数	人	106888
新型农村社会养老保险参保人数	人	72442
城镇居民最低生活保障人数	人	5367
农村居民最低生活保障人数	人	10175
十二、资源与环境		
森林面积	公顷	38820
工业二氧化硫排放量	吨	2420
氮氧化物排放量	吨	4457
烟(粉)尘排放量	吨	4055
污水处理厂数	座	1
城区空气质量优良以上天数	天	294

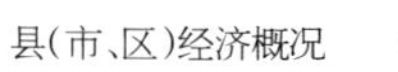

15-9 娄烦县国民经济主要指标

指 标	单 位	2013
一、基本情况		
行政区域面积	平方公里	1276
乡个数	个	5
镇个数	个	3
二、人口与就业		
常住人口	万人	10.74
户籍人口	万人	12.69
其中：农业户籍人口	万人	9.87
第一产业从业人员	人	58
第二产业从业人员	人	1259
第三产业从业人员	人	4847
三、综合经济		
(一)地区生产总值	万元	171331.8
第一产业增加值	万元	17446.8
农业	万元	10033.7
林业	万元	3001.5
牧业	万元	4209.4
渔业	万元	202.2
第二产业增加值	万元	82811
其中：工业	万元	81227
第三产业增加值	万元	71074
其中：农林牧渔服务业	万元	744.0
(二)财政、金融		
公共财政收入	万元	60492
各项税收	万元	32901
公共财政支出	万元	114686
其中：农林水事务支出	万元	15360
科学技术支出	万元	1403
医疗卫生支出	万元	8171
教育支出	万元	13200
年末金融机构各项存款余额	万元	410000
其中：居民储蓄存款余额	万元	245000
年末金融机构各项贷款余额	万元	94000
四、农业		
(一)生产条件		
耕地面积	公顷	18717.65
设施农业占地面积	公顷	175
农业机械总动力	万千瓦特	10.7
化肥使用量(折纯量)	吨	961
农药使用量	吨	9

15-9 续表 1

指　标	单 位	2013
地膜使用量	吨	76
有效灌溉面积	公顷	1280
机电井数	眼	37
机收面积	公顷	2700
(二)农作物播种面积	公顷	12213.71
粮食作物播种面积	公顷	10727.31
其中：玉米	公顷	1661.91
大豆	公顷	1115.97
油料播种面积	公顷	1150.1
蔬菜播种面积	公顷	276.8
(三)农产品产量		
粮食总产量	吨	14673.37
其中：玉米	吨	2900.7
大豆	吨	1438.43
油料产量	吨	1456.8
园林水果产量	吨	861.3
肉类总产量	吨	2190
其中：猪肉产量	吨	1051
年末生猪存栏	头	7892
年末牛存栏	头	2616
年末羊存栏	只	57045
禽蛋产量	吨	396
蔬菜产量	吨	9489.8
水产品产量	吨	430
五、工业及建筑业		
规模以上工业企业单位数	个	16
规模以上工业总产值	万元	295700.9
规模以上工业企业从业人员年平均人数	人	2237
规模以上工业企业主营业务收入	万元	116973.8
建筑业企业单位数	个	1
六、交通、通讯与能源		
公路里程	公里	421.2
民用汽车拥有量	辆	5452
年末公交车路数	路	5
年末实有公共汽(电)车营运车辆数	辆	35
年末实有出租汽车数	辆	30
固定电话用户	户	14465
移动电话用户	户	70589
互联网宽带接入用户	户	13547

15-9 续表 2

指　　标	单　位	2013
全社会用电量	万千瓦时	18576.56
其中：居民生活用电量	万千瓦时	3063.48
七、贸易、外经、旅游		
社会消费品零售总额	万元	33427.6
八、固定资产投资		
固定资产投资	万元	136310
新增固定资产	万元	39788
九、教育、科技、文化、卫生		
普通中学	所	10
小学数	所	23
普通中学专任教师数	人	505
小学专任教师数	人	840
普通中学在校学生数	人	6682
小学在校学生数	人	8194
全年专利授权数	件	2
公共图书馆图书总藏量	千册	50.95
医疗卫生机构床位数	床	326
医疗卫生机构技术人员	人	322
其中：执业(助理)医师	人	154
十、居民收入		
城镇居民人均可支配收入	元	15754
农村居民人均纯收入	元	4602
十一、社会保障		
各种社会福利收养性单位数	个	5
各种社会福利收养性单位床位数	床	1125
城镇基本养老保险参保人数	人	10377
城镇基本医疗保险参保人数	人	14100
失业保险参保人数	人	6394
新型农村合作医疗参保人数	人	104567
新型农村社会养老保险参保人数	人	46856
城镇居民最低生活保障人数	人	4001
农村居民最低生活保障人数	人	10508
十二、资源与环境		
森林面积	公顷	19980
工业二氧化硫排放量	吨	1474
氮氧化物排放量	吨	282
烟(粉)尘排放量	吨	3304
污水处理厂数	座	1
城区空气质量优良以上天数	天	286

15-10 古交市国民经济主要指标

指　标	单 位	2013
一、基本情况		
行政区域面积	平方公里	1584
乡个数	个	7
镇个数	个	3
街道办事处个数	个	4
二、人口与就业		
常住人口	万人	20.94
户籍人口	万人	22.21
其中：农业户籍人口	万人	7.66
第一产业从业人员	人	19
第二产业从业人员	人	6279
第三产业从业人员	人	11074
三、综合经济		
(一)地区生产总值	万元	275119.1
第一产业增加值	万元	17181.1
农业	万元	7697.0
林业	万元	3865.5
牧业	万元	5575.9
渔业	万元	42.7
第二产业增加值	万元	106697
其中：工业	万元	78576
第三产业增加值	万元	151241
其中：农林牧渔服务业	万元	1850.0
(二)财政、金融		
公共财政收入	万元	84513
各项税收	万元	41799
公共财政支出	万元	131450
其中：农林水事务支出	万元	10402
科学技术支出	万元	1490
医疗卫生支出	万元	8707
教育支出	万元	33849
年末金融机构各项存款余额	万元	1489254
其中：居民储蓄存款余额	万元	1149673
年末金融机构各项贷款余额	万元	472756
四、农业		
(一)生产条件		
耕地面积	公顷	20091.12
设施农业占地面积	公顷	56
农业机械总动力	万千瓦特	20.8
化肥使用量（折纯量）	吨	783
农药使用量	吨	30
地膜使用量	吨	131

15-10 续表 1

指　标	单　位	2013
有效灌溉面积	公顷	750
机电井数	眼	149
机收面积	公顷	4116
(二)农作物播种面积	公顷	9710.69
粮食作物播种面积	公顷	8088.79
玉米	公顷	1133.9
大豆	公顷	1512.26
油料播种面积	公顷	759.2
蔬菜播种面积	公顷	524.2
(三)农产品产量		
粮食总产量	吨	10345.38
玉米	吨	1774.72
大豆	吨	1456.31
油料产量	吨	887.6
园林水果产量	吨	638.3
肉类总产量	吨	4582
其中：猪肉产量	吨	2637
年末生猪存栏	头	21298
年末牛存栏	头	2183
年末羊存栏	只	70216
禽蛋产量	吨	3578
奶类产量	吨	162
蔬菜产量	吨	39821
水产品产量	吨	80
五、工业及建筑业		
规模以上工业企业单位数	个	32
规模以上工业总产值	万元	236772.4
规模以上工业企业从业人员年平均人数	人	5609
规模以上工业企业主营业务收入	万元	248524.2
建筑业企业单位数	个	10
六、交通、通讯与能源		
公路里程	公里	725.9
民用汽车拥有量	辆	9215
年末公交车路数	路	21
年末实有公共汽(电)车营运车辆数	辆	164
年末实有出租汽车数	辆	237
固定电话用户	户	37978
移动电话用户	户	190124
互联网宽带接入用户	户	36329
全社会用电量	万千瓦时	27298.49
其中：居民生活用电量	万千瓦时	5063.18

15-10 续表 2

指 标	单 位	2013
七、贸易、外经、旅游		
社会消费品零售总额	万元	385154
出口总额	万美元	36.3
八、固定资产投资		
固定资产投资	万元	693493
新增固定资产	万元	315364
房地产开发投资	万元	86808
其中：住宅	万元	79757
住宅竣工面积	万平方米	27757
九、教育、科技、文化、卫生		
普通中学	所	20
小学数	所	54
普通中学专任教师数	人	1215
小学专任教师数	人	1712
普通中学在校学生数	人	14070
小学在校学生数	人	18018
全年专利授权数	件	8
公共图书馆图书总藏量	千册	42.53
剧场、影剧院个数	个	1
体育场馆个数	个	1
医疗卫生机构床位数	床	1407
医疗卫生机构技术人员	人	1814
其中：执业(助理)医师	人	711
十、居民收入		
城镇居民人均可支配收入	元	23262
农村居民人均纯收入	元	11109
十一、社会保障		
各种社会福利收养性单位数	个	1
各种社会福利收养性单位床位数	床	504
城镇基本养老保险参保人数	人	43160
城镇基本医疗保险参保人数	人	63300
失业保险参保人数	人	43004
新型农村合作医疗参保人数	人	75330
新型农村社会养老保险参保人数	人	37584
城镇居民最低生活保障人数	人	4079
农村居民最低生活保障人数	人	4426
十二、资源与环境		
森林面积	公顷	27167
工业二氧化硫排放量	吨	15621
氮氧化物排放量	吨	20231
烟(粉)尘排放量	吨	11820
污水处理厂数	座	4
城区空气质量优良以上天数	天	310

中国统计出版社最新图书简目

(仅供参考，以最后出书为准)

统计资料

综合类：中国统计年鉴　中国统计摘要　中国发展报告

国际资料类：国际统计年鉴　金砖国家联合统计手册　世界能源资源年鉴

区域资料类：中国区域经济统计年鉴　中国县域统计年鉴　中国城市统计年鉴　中国农村统计年鉴　中国地区经济监测报告

经贸与投资类：中国贸易外经统计年鉴　中国对外直接投资统计公报　中国商品交易市场统计年鉴　大中型批发零售和住宿餐饮企业统计年鉴　中国零售和餐饮连锁企业统计年鉴

住户与物价类：中国住户调查年鉴　中国价格统计年鉴　中国农产品价格调查年鉴　全国农产品成本收益资料汇编

资源与环境类：中国环境统计年鉴　中国能源统计年鉴

产业类：中国工业统计年鉴　中国建筑业统计年鉴　中国房地产统计年鉴　中国第三产业统计年鉴　中国证券期货统计年鉴

科技类：中国科技统计年鉴　中国高技术产业统计年鉴　工业企业科技活动资料

人口与就业类：中国劳动统计年鉴　中国人口和就业统计年鉴　中国人才资源统计报告

社会与文化类：中国社会统计年鉴　中国文化及相关产业统计年鉴

公共管理类：中国民政统计年鉴　中国民族统计年鉴　中国乡镇街道行政区域简册

省级综合统计年鉴系列

北京　天津　河北　山西　内蒙古　辽宁　吉林　黑龙江　上海　江苏　浙江　安徽　福建　江西　山东
河南　湖北　湖南　广东　广西　海南　重庆　四川　贵州　云南　西藏　陕西　甘肃　青海　宁夏　新疆
新疆生产建设兵团

市（县）级综合统计年鉴系列

天津滨海新区　石家庄　唐山　邯郸　太原　大同　阳泉　长治　晋城　朔州　晋中　运城　忻州　临汾　呼和浩特
鄂尔多斯　包头　沈阳　大连　长春　吉林市　四平　哈尔滨　黑龙江垦区　上海浦东新区　南京　无锡　徐州
常州　苏州　南通　连云港　淮安　盐城　扬州　镇江　泰州　宿迁　江阴　丹阳　杭州　宁波　温州　嘉兴　绍兴　金华
衢州　舟山　台州　合肥　福州　厦门　宁德　福州经济技术开发区　南昌　济南　青岛　郑州　洛阳　平顶山
三门峡　南阳　武汉　十堰　荆州　宜昌　荆门　咸宁　长沙　广州　深圳　惠州　东莞　南宁　柳州　桂林　来宾　海口
三亚　成都　贵阳　昆明　西安　兰州　庆阳　银川　乌鲁木齐　兵团一师　兵团十师

调查年鉴系列

山西　内蒙古　吉林　辽宁　上海　福建　湖北　广西　重庆　四川　云南　甘肃　宁夏　新疆　南宁　桂林

“十二五”规划教材

统计学（经济管理类专业本科适用，单薇　等）　抽样调查理论与方法（冯士雍　等）
贝叶斯统计（茆诗松　等）　统计学（黄良文　等）　试验设计（茆诗松　等）
统计学：从数据到结论（吴喜之）　医学统计学（于浩）　统计学（经济、管理类专业基础教材，张小斐）
概率论与数理统计三十三讲（魏振军）　概率论与数理统计三十三：学习指导与习题解答（魏振军）
非参数统计（吴喜之　等）　统计学：经济与管理中的数据分析（李慧云　等）
卫生管理统计学（新编医学院校基础课教材，尚磊）　医院统计学（新编医学院校基础课教材，徐天和　等）
社会统计学（蒋萍　等）　现代金融投资统计分析（李腊生　等）
国民经济核算初级教程（经济类、统计类、管理类专业适用，蒋萍　等）

重点图书

新中国 65 年　新编英汉汉英统计大词典　中华医学统计百科全书
挑大学选专业 2014–考研择校指南　挑大学选专业 2014–高考志愿填报指南

中国统计出版社发行部电话：(010)63376907,63376908　同樽行书店电话：68783171,68783172
通讯地址：北京市西城区三里河月坛南街 57 号　邮政编码：100826
网址：http://csp.stats.gov.cn